[문화와 커뮤니케이션]

문화와 커뮤니케이션

초판인쇄	2009년 8월 25일
초판발행	2009년 8월 31일

지 은 이	양춘희 · 권용만 · 황규일 · 신형재 · 오창환
펴 낸 이	이찬규
펴 낸 곳	북코리아
등록번호	제03-01240호
주 소	121-801 서울시 마포구 공덕동 115-13번지 2층
전 화	(02) 704-7840
팩 스	(02) 704-7848
이 메 일	sunhaksa@korea.com
홈페이지	www.sunhaksa.com

값 18,000원

ISBN 978-89-6324-039-8 (93320)

문화와 커뮤니케이션

양춘희 · 권용만 · 황규일 · 신형재 · 오창환 공저

북코리아

■ 서 문

   사람과의 관계가 모여 집단이 되고 조직이 되며 조직에 속한 개인은 소통을 하며 생활한다. 소통의 문제는 일상생활뿐 아니라 경영을 위한 중요한 화두가 되었다. 그리하여 소통이란 어휘가 영어인 커뮤니케이션으로 통용되는 것이 어색하지 않고 익숙하다.

   조직론의 대가인 바나드(C. I. Barnard)는 조직이 성립하고 지속가능하려면 세 가지 조건이 필요하다고 했다. 첫째는 공통의 목적(common purpose)이 있어야 하고, 둘째는 조직구성원이 기꺼이 협동하려는 의지(willingness to cooperate)가 필요하며, 셋째는 효율적인 의사소통 체계(communication)가 있어야 한다는 것이다. 공통의 목적이 존재하고, 협동할 의향은 있으나 커뮤니케이션이 효율적으로 작동하지 않는다면 위대한 목적을 성공적으로 달성한다는 것을 담보할 수 없다.

   커뮤니케이션을 잘 한다는 것이 개인이 속한 조직에 어떠한 영향을 주는 것인가를 탐구하고 싶었다. 조직의 구성원 모두가 수평적 · 수직적으로 의사소통하면서 조직생활을 만족하게 하도록 도와주는 기법이 무엇인가를 연구하였다. 조직의 바탕은 개인적 차원에서 시작한다. 개인적으로 사람과의 만남에서 어떻게 메시지를 주고받는가에 따라 인간관계가 긍정적으로 발전할 수도 있고 그 반대일 수도 있다. 개인에게 어릴 적 형성된 자아상태를 판단하여 의사소통을 위한 개선의 단서를 찾기로 하였다. 따라서 자아상태의 문제점을 파악하는 워크시트 형태의 도구를 개발하여 자신을 정확히 진단한 후, 의식적으로 훈련하면 커뮤니케이션 방식이 개선된다는 행동수정이론에 근거를 두고 이 책을 집필하였고 실증연구결과 유효하다고 밝혀졌다.

   커뮤니케이션 주제가 조직에서 중요한 문제로 부각된 것은 함께 일하고 있는 사람간의 관계에서 빚어지는 갈등이 사람의 내면적 정서와 감정을 전달하는 방법이 적절하지 않음에 기인하기 때문이다. 이미 생긴 갈등과 오해를 해결하려면 상당한 시간과 힘을 낭비하게 된다.

길에서 외국인을 점점 더 많이 만난다. 경영조직에는 다양한 사람들이 모이게 된다. 문화는 각기 다른 사고방식과 행동양식을 가진 어떤 범주의 사람들로 경계가 지어진다. 따라서 문화는 다양성의 어휘를 동반한다. 다양성을 이루고 있는 요인을 크게 보면 인종 및 민족과 국가가 된다. 미시적으로 보면 같은 민족이나 국가라 하더라도 성별 및 연령이 다르다. 이러한 다름과 차이를 문화 간의 차이라고 판단하였다. 책의 제목을 문화와 커뮤니케이션이라 정한 것은 문화의 차이가 커뮤니케이션의 차이를 결정짓는 중요인자라고 보았기 때문이다.

경영학 교수로서 학생들에게 조직행동이론과 인사관리를 강의하면서 대인관계를 원만히 하기 위해서는 커뮤니케이션 영역의 교육이 필요함을 느꼈다. 대인관계를 만족스럽게 하려면 효과적인 다문화 커뮤니케이션을 위한 이론을 공부해야 한다. 그러나 이론적으로 배우는 것은 인지만 했을 뿐이므로 지속적으로 행동이 개선되기 위한 실천적 도구를 학습해야만 완전학습이 되는 것이다. 저자는 행동수정이론에 근거를 두고 자기를 정확히 진단하고, 토론시간을 가지며 타인과 내가 다름을 확인한 후, 문제점을 극복하는 행동지침을 알아가는 방법으로 워크숍 활동을 하도록 책을 편성하였다.

이 책은 경영학을 공부하는 대학생에게는 인간관계론 혹은 비즈니스 커뮤니케이션 과목에 강의하는 교재로 쓰일 수 있다. 또한 기업체나 기타 모든 조직현장에서 조직문화를 받아들이고 조직구성원간의 원활한 관계형성을 위해 유용하도록 구성하였다.

커뮤니케이션을 한다는 것은 단순히 정보를 전달하는 것을 넘어 자신의 사고와 철학을 담아 타인과 교류하는 것이다. 커뮤니케이션의 스킬이나 기교를 학습한다 해서 소통이 잘된다고 볼 수 없다. 이 책은 자신에 대한 인생태도를 타인과의 관계속에서 비교한 다음, 자신을 개방하도록 자아 차원의 커뮤니케이션을 우선적으로 다룬다. 자아를 확실하게 알고 나서 집단차원의 커뮤니케이션을 하게 된다. 그런 연후에 조직의 커뮤니케이션을 하도록 구성하였다.

이 책이 바쁘고 지친 현대인들에게 이런 생각을 갖게 하면 좋겠다고 소망한다. 사람들끼리 부비고 사는 것이 가치 있고 살 만한 것이라는 믿음을 주고 싶다. 이 책을 통해서 우리 모두가 조금만 노력한다면 내 주변의 사람들과 아름답게 살아갈 수 있다고 느끼게 해주고 싶다.

또 다시 겸허해진다. 이 책을 세상에 내놓게 되고, 역시 미흡한 부분이 아프게 다가오면서 돌이켜보아 더욱 성심을 다하지 못함을 후회한다.

대학교재 출판계의 척박한 현실을 알면서도 이 분야에서 한결같은 마음으로 정성을 다하고 저자들을 격려해 주신 북코리아 이찬규 사장님과 출판사 식구들에게 진심으로 감사드린다.

2009년 8월
저자 씀

■ 차 례

제1부

커뮤니케이션의 기초

제1장

커뮤니케이션의 이해

제1절 커뮤니케이션의 정의와 기능

① 커뮤니케이션의 정의

커뮤니케이션(communication)은 개인과 집단이나 조직을 통합·연결시킨다. 조직은 커뮤니케이션을 하지 않고는 존재할 수 없다. 인간의 만남이 물리적인 측면이라면 이 만남에 의미를 부여하는 일이 커뮤니케이션이라고 할 수 있다. 따라서 커뮤니케이션은 외면적·일상적인 대화뿐만 아니라, 인간의 심층을 이해하는 도구이기도 하며, 인간의 일상을 지배하는 문화의 범주까지 그 영역을 확대하여 이해하여야 할 것이다.

옷을 입고, 어떤 종류의 음식을 먹고, 어떠한 생활양식에 의해 살아가는지에 대한 관습적인 것도 커뮤니케이션의 산물이다. 인간의 생활을 영위하는 모든 것이 필연에 의해 주어지는 것이 아니라, 학습이라는 커뮤니케이션의 방법에 의하여 인간의 행동양식으로 자라 왔기 때문이다.

또한 인간의 많은 상징체계나 행동 역시 인간생존에 필수불가결한 요소가 되고 있으며, 사회는 자신에게 맞는 상징체계를 개발·발전시켜 나간다.

커뮤니케이션이란 일반적인 언어적 수단뿐만 아니라, 다양한 비언어적인 수단을 포괄하는 개념으로 이해하여야 하는데, 행동심리학자인 멜라비언은 "신체적인 표현, 즉 보이는 부분이 55%를 차지하게 되고, 대화의 억양에서 38%, 그리고 대화의 내용에서 7%가 상대방에게 인상적이 된다."라고 하여 비언어적 중요성을 이야기하고 있다. 현대의 커뮤니케이션은 면 대 면 커뮤니케이션(face to face communication)보다는 다양한 커뮤니케이션 매체를 활용하고 있으며, 특히 비즈니스 커뮤니케이션에서는 다양한 문화적 요소, 즉 좁게는 기업문화에서, 넓게는 문화권 전체에 대한 이해도 필요하다.

커뮤니케이션의 정의는 이러한 측면, 즉 일상적·보편적인 개념에서 벗어나 역동적이고 광범위한 개념의 정의가 필요하다.

커뮤니케이션의 어원은 라틴어의 '코뮤니스(communis)' 또는 '코뮤니케이트(communicate)'에서 유래되었다. 전자 코뮤니스는 '공통성을 이루기 위해 상호의사교환으로 공통의 경험과 지식을 확대하는 것'으로, 'com + munis'의 합성어이며 '하나로(with one)'를 의미한다. 후자는 '신(神)이 자신의 덕(德)을 인간에게 나누어 준다거나 열(熱)이 어떤 물체로부터 다른 물체로 전해지는 것과 같이 넓은 의미에서 분여(分與), 전도(傳導), 전위(轉位) 등을 뜻하는 말'의 의미가 있다.

일반적으로 커뮤니케이션은 정보(informations), 의견(opinions)과 감정(sentiments)을 주고받는 것으로 정의하고, 매체의 종류에 따라, 정보교류의 방향에 따라, 또는 공식적인 커뮤니케이션과 비공식적인 커뮤니케이션 등으로 구분하기도 한다.

비즈니스 상황에서는 위와 같은 보편적인 커뮤니케이션뿐만 아니라 상대방과 상대방의 처한 상황을 이해하여 어떻게 커뮤니케이션할 것인가 하는 점이 개인, 조직의 성공과 직접적으로 연관되어 있다. 더욱이 직무를 수행하고 관리하는 과정에서 계획과 조직, 지시, 통제 등의 활동을 전개하는 과정에서 커뮤니케이션이 필수적으로 요구되고 있다. 이러한 커뮤니케이션은 유인의 성격에 따라 조직에서 잘못 수행되고 있는 모든 일에 원인요소가 되고 있다. 대인 간 갈등의 가장 빈번한 원인이 잘못된 커뮤니케이션이며, 기업의 경영효율의 장애요인에서 가장 중요한 요인으로 커뮤니케이션의 장애라고 조사되고 있다. 그러나 양호한 커뮤니케이션이 모든 사고 또는 착상이나 잘못된 관리적 노력을 극복할 수는 없다. 왜냐하면 커뮤니케이션은 양호한 관리의 일부로 이를 통하여 양호한 커뮤니케이션을 할 수 있기 때문이다.

조직의 성과를 증대하는 가장 큰 요소가 커뮤니케이션이며, 어떠한 방법으로 어느 매체를 사용하는 것이 가장 효과적인가에 대한 고찰이 필요하다. 즉, 면 대 면 커뮤니케이션을 사용할지, 문자나 컴퓨터 등 비언어적 커뮤니케이션을 사용할지에 대한 학습이 필요하다.

2 커뮤니케이션의 기능

커뮤니케이션은 집단이나 조직에서 지시·통제 기능, 동기부여 기능, 감정표현 기능과 정보전달의 기능을 갖는다.

(1) 지시·통제 기능

커뮤니케이션은 여러 측면에서 구성원의 행동을 통제한다. 조직은 기업의 경영방침과 같은 공식적인 지침과 권한관계에 따른 공식적인 계층이 존재한다. 따라서 조직 구성원들은 커뮤니케이션을 통하여 직무와 관련하여 지시·통제를 받으며, 비공식적인 커뮤니케이션을 통하여 타인에게 영향력을 행사하기도 한다. 커뮤니케이션을 통하여 조직이 구성원의 행동을 조정 통제하며, 상급자는 부하들의 행동을 조정 통제할 뿐만 아니라 구성원의 행동에 영향을 미친다.

(2) 동기부여 기능

커뮤니케이션은 조직 구성원들에게 무엇을, 어떻게 하여야 하는지를 알려주고, 성과를 높이기 위하여 어떠한 행동을 하여야 하는지를 알려 줌으로써 동기를 부여하는 기능을 가진다. 목표의 지정과 성과에 대한 칭찬과 조직 구성원들의 사기를 높여 주어 자발적인 행동의 조정을 통하여 높은 동기를 유발한다.

(3) 감정표현 기능

조직 구성원들은 그들이 속한 집단에서 사회적인 상호작용을 한다. 커뮤니케이션은 조직 구성원들의 감정을 동료, 혹은 상사에게 표현함으로써 사회적 욕구를 충족시켜주는 수단이 된다. 감정을 표현하는 수단으로의 커뮤니케이션의 질(quality)은 업무성과에 직접적인 효과를 발휘하는 수단이 된다.

(4) 정보전달 기능

커뮤니케이션은 조직에서 효율적인 의사결정을 위한 정보를 전달하는 기능을 수행한다. 의사결정 대안을 확인하고 평가하기 위한 자료를 전달함으로써 개인과 조직이 의사결정을 하는 과정에서 필요한 정보를 제공하는 기능을 수행한다.

제2절 커뮤니케이션 과정

현재 일반적인 커뮤니케이션 모형은 셰넌과 위버(C. E. Shannon & W. Weaver)의 커뮤니케이션 모형[1]에 피드백 개념을 추가하여 커뮤니케이션의 순환과정을 설명한

---

1) C. E. Shanno and W. Weaver, *The Mathematical Theory of Communication*, Urbana Illinois: University of Illinois Press, 1949.

위너(N. Wiener)의 모형[2]을 사용하고 있다.

  섀넌은 정보전달에 중점을 두어 송신자는 커뮤니케이션 내용을 개념화·부호화하여 전달하고, 수신자는 부호화된 내용을 해석하는 과정을 모형화하였는데 이 모형에서는 부호화(encode), 해석(decode)하는 과정과 커뮤니케이션 경로별 장애요인을 도출하고 장애를 제거하여 효율적인 커뮤니케이션이 될 수 있도록 하였다. 또한 위버는 의미적 소음(semantigue noise)과 물리적 소음(physigue noise)으로 구분한 소음의 개념을 추가하여 커뮤니케이션의 정밀한 모형을 만들었으며, 이 소음들은 커뮤니케이션의 장애요인으로 작용한다.

  위너는 섀넌의 커뮤니케이션 개념에 피드백 개념을 추가하여 계속적인 커뮤니케

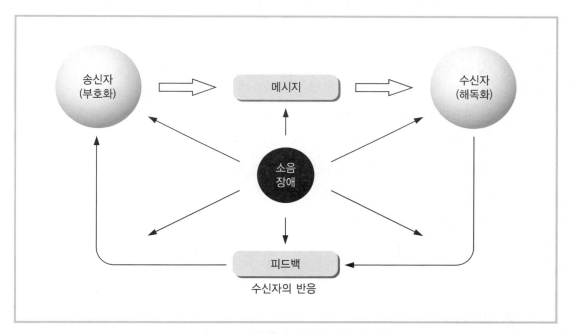

〈그림 1-1〉 위너의 커뮤니케이션 모형

자료 : N. Wiener, *Cybernetics*, New York: Wiley & Sons, 1948.

---

2) N. Wiener, *Cybernetics*, New York: Wiley & Sons, 1948.

이션 순환모형을 설계하고 정적·일회적인 커뮤니케이션 개념을 동적·지속적인 개념으로 확장하였다. 위너의 모형은 송신자의 커뮤니케이션 내용의 부호화(encoding), 수신자의 해석화(decoding) 및 피드백(feedback)의 세 단계로 커뮤니케이션 과정을 구분하여 설명하고 있다. 〈그림 1-1〉은 커뮤니케이션의 과정을 설명하고 있는데 이 모델은 송신자의 아이디어를 부호화하는 과정, 메시지의 전달과정과 수신자의 해석 및 메시지의 수신을 통한 행동으로 이루어져 있다. 이 과정에서 커뮤니케이션이 원래의 의도대로 성공적으로 전달되었는지를 체크하는 피드백 과정으로 구성되어 있고, 메시지가 명확하게 전달되는 것을 방해하는 커뮤니케이션의 장애요인인 소음으로 이루어진다. 소음은 송신자, 수신자 및 상황과 관련되는 장애요인으로 분류할 수 있는데 이러한 장애요인을 잘 제거해야만 커뮤니케이션의 유효성을 높일 수 있다.

1 송신자

커뮤니케이션에서 송신자(sender)는 정보를 전달하거나, 감정을 나타내는 등의 의사전달을 하고자 하는 사람으로 커뮤니케이션의 시작점이 된다. 메시지의 수신자는 메시지의 내용뿐만 아니라 송신자의 태도, 신뢰성과 특성 등에 따라 내용을 지각·해석하는 데 영향을 받게 된다.

따라서 송신자는 내용에 적합한 매체를 선택하고, 전달하고자 하는 내용에 대한 명확화가 필요하고 용이한 전달이 되도록 하여야 한다.

2 부호화

부호화(encoding)는 전달내용을 수신자가 이해할 수 있도록 적합한 상징매개수단으로 바꾸는 것을 말한다. 언어적인 방법, 문자와 글을 사용할 수도 있으며, 비언어적인 방법인 제스처나 상징체계(예를 들면, 교통신호체계나 특정한 색) 등을 사용하는 것을 말한다. 따라서 이 과정에서 인간 내면의 깊은 이해가 필요하며 문화적인 공통성 또는 이질성에 따라 그 내용이 달라질 수 있다.

때로는 높은 수준의 교감이 언어적 커뮤니케이션을 대체할 수 있으며, 이러한 높은 수준의 공통적인 교감은 집단응집력과 문제해결능력을 높이기도 한다.

부호화의 정확도를 높이기 위해 다음과 같은 원칙을 사용한다.[3]

(1) 관련성의 원칙

전달하고자 하는 내용이 수신자와 관련이 있고, 중요한 의미를 가지고 있는 상징이나 언어를 사용하여 부호화한다.

(2) 단순성의 원칙

내용의 왜곡을 최소화할 수 있도록 가능한 단순하게 만들어 의도가 전달되도록 한다.

(3) 조직화의 원칙

내용의 원활한 이해를 위하여 전달하고자 하는 목적을 중심으로 내용을 조직화한다.

(4) 반복의 원칙

내용의 주된 요점을 반복함으로써 메시지의 왜곡을 최소화하여야 한다. 반복은 잘못 전달된 내용을 명확히 하여, 충분히 이해되지 않은 내용과 이해되지 않은 부분은 명확히 할 수 있으며, 특히 구두적인 커뮤니케이션에서 매우 중요하다.

---

3) R. H. Lenge, and R. L. Daft, *The Selection of Communication Media as an Executive Skill*, Academy of Management Executive, 1988.

(5) 초점의 원칙

메시지의 중요한 내용에 초점을 두어야 한다. 주요 요점을 특히 강조하여야 하며 구두적인 커뮤니케이션에서는 음조와 억양, 멈춤, 제스처를 바꾸고, 표정을 달리 하여야 하며, 문서적인 커뮤니케이션에서는 중요한 단어, 구절, 문장에 밑줄을 쳐서 요점에 초점이 모아지도록 하여야 한다.

비즈니스 커뮤니케이션에서는 이 원칙을 사용하여 전달하고자 하는 내용을 명확히 하여 내용의 왜곡, 시간과 비용을 줄일 수 있다.

3 메시지와 전달매체

부호화 과정의 결과인 메시지는 커뮤니케이션의 핵심이 된다. 메시지(message)는 송신자가 수신자에게 전달하려는 내용이 부호화의 결과로 나타나는 것으로 부호화된 내용이 어떠한 전달매체를 통하여 전달되는지에 대한 경로를 말한다. 구두적인 방법으로 전달을 하였다면 언어가 메시지가 되며, 비언어적인 수단을 이용하였다면 제스처나 표정 등이 메시지가 된다.

이러한 메시지는 내용을 전달하는 데 사용되는 전달매체에 의해 영향을 받게 되는데 여기에는 직접대면(face to face), 토의나 회의, 게시판 게시, 컴퓨터를 통한 의사전달, 각종 자료·규정집 등의 방법이 포함되며, 내용에 적합한 전달매체를 사용하여야 효과적인 커뮤니케이션이 될 수 있다. 결국 메시지는 부호화된 내용을 어떻게 배열하고, 어떤 전달매체를 통하여 전달하느냐 하는 것이 중요하다.

4 수신자

수신된 메시지는 수신자에 의해 해석되고 그 내용이 전달되어야 한다. 이때 메시지는 송신자와의 관계, 수신자의 내면 상태와 매체에 따라 그 해석이 달라질 수 있다.

5 해 석

해석(decoding)은 메시지가 수신자에 의해 정보, 사고 및 감정으로 변화되는 것을 말한다.

커뮤니케이션의 효과는 수신자의 메시지 해석능력에 따라 달라지는데, 이러한 해석과정은 수신자의 가치관과 과거의 경험, 메시지 전달 시의 상태 또는 송신자에 대한 수신자의 생각 등에 근거하여 해석된다. 따라서 효과적인 커뮤니케이션을 위해서는 송신자는 말하기와 쓰기, 인간관계의 감수성에 능숙하여 수신자 지향적이어야 하고, 수신자는 읽기와 듣기, 송신자의 감정 상태를 잘 파악하여 송신자의 의미체계를 정확히 파악하도록 노력하여야 한다.

송신자는 자기 개방적이어야 하며, 수신자는 의미파악을 위하여 적극적인 경청으로 효과적인 커뮤니케이션이 되도록 하여야 한다.

6 피드백

송신자의 의도(intent)가 제대로 전달되었는지 확인하는 과정이 피드백이다. 커뮤니케이션 과정에서는 전달하려는 내용과 수신된 내용 사이에 차이가 있을 가능성이 높다. 커뮤니케이션 용어의 선택, 기술 부족, 전달매체 선택의 부적절, 송신자와 수신자의 가치관의 차이, 내용의 중요도에 대한 인식차이 등에 의해 발생하게 되는데, 피드백을 통하여 내용이 정확하게 전달되었는지 확인할 수 있게 된다. 따라서 지속적인 커뮤니케이션을 위하여 피드백은 반드시 필요한 과정이며 쌍방향 커뮤니케이션(two way communication)이 될 수 있다.

7 장 애

커뮤니케이션의 단계마다 '원활한 커뮤니케이션이 되지 못하도록' 하는 장애가 발생한다. 〈표 1-1〉은 경제전문지 『포브스(*Forbes*)』가 경영효율의 장애요인 조사결과로 기업경영의 가장 큰 장애요인으로 커뮤니케이션이라고 조사·발표하였다. 이러한 장애가 많을수록 효과적인 커뮤니케이션이 되지 못하게 되는데, 여러 가지 이유로 인하여 장애는 필연적으로 발생한다. 커뮤니케이션의 장애요인들은 조직유효성을 저하시키므로 제거를 위한 체계적인 노력이 필요하다.

〈표 1-1〉 경영효율의 장애요인

(단위 : %)

장애요소	미 국	일 본	한 국
커뮤니케이션	74	85	64
계획성	62	65	64
사 기	45	47	45
일에의 몰입	39	21	45
통 제	33	33	29
이익의식	32	32	36
업적달성	21	45	30

* 복수 응답

커뮤니케이션에서 기본적인 문제로는 의미와 이해를 전달하기가 어렵다는 것이다. 말이란 때로는 아이디어를 자신의 마음에서 다른 사람의 마음으로 이동시키는데 적합하지 못한 방법이 되는 경우가 있기 때문에 전달된 메시지가 실제로 수신된 메시지와 일치하지 않을 수도 있다. 더욱이 커뮤니케이션 과정에서는 송신자와 수신자 간의 이해에 차이가 생기고 동시에 왜곡현상이 나타나게 된다. 따라서 이해는 커뮤니케이션 과정에서 실현하기 어려운 대상이다. 즉, 사고와 아이디어의 진실한 의미를 전달하는 것은 결코 용이한 일이 아닌 것이다. 이럴 경우 커뮤니케이션의 효율성은 저하되기 마련인데, 성공적인 커뮤니케이션의 장애요인은 ① 송신자와 관련된 요인, ② 수신자와 관련된 요인, ③ 상황에 관계되는 요인으로 구분해서 체계적으로 검토할 필요가 있다.

단계별 장애요인과 제거방안은 다음과 같다.

제3절 커뮤니케이션의 장애요인[4]

1 송신자와 관련된 장애요인

커뮤니케이션 과정에서 송신자가 자신의 역할을 수행할 때 송신자와 관련된 장애요인은 다음과 같다.

(1) 커뮤니케이션 목표(communication goals)의 결여

송신자 메시지내용의 목표지향성이 결여된 경우를 말한다. 커뮤니케이션은 전달자 메시지의 기초를 제공하는 목표가 있어야 한다. 이 목표가 결여된 상태에서는 핵심이 없는 메시지가 만들어진다. 의미 없이 주고받는 내용에서 장애가 발생하는 것으로 송신자는 전달하고자 하는 명확한 목표를 가지고 메시지를 만들어야 한다.

---

[4] L. R. Sayles, and G. Strauss, *Human Behavior in Organization*, Cliff, N. J.: Prentice-Hall, 1965, pp. 302~308.

(2) 커뮤니케이션 기술(communication skill)의 부족

커뮤니케이션의 과정에서 기술적 차원의 부족현상은 메시지의 이해를 어렵게 하고 있다. 이때의 장애요인으로는 부적합한 용어사용, 기법상의 과오, 서투른 발음이나 문장구성력 등이 있는데, 이 장애요인의 발생원인은 교육훈련의 부족에서 주로 기인된다.

(3) 신뢰도(credibility)의 결핍

이는 송신자의 언행에 수신자가 신뢰하는 정도가 낮은 상태를 의미한다. 수신자가 송신내용을 신뢰하게 하려면 송신자는 지엽적인 일보다 핵심적인 직무에 높은 관심도를 표명해야 한다.

(4) 대인간의 감수성(interpersonal sensitivity) 부족

이는 대인관계에서 타인의 욕구와 감정 및 정서에 무관심한 상태를 보임으로써 수신자의 긍정적인 반응을 얻지 못하는 것을 뜻한다.

(5) 준거체계(frame of reference)의 차이

이는 개인의 상이한 경험에 따라 동일한 커뮤니케이션을 상이하게 이해할 수 있으므로 준거체계는 커뮤니케이션의 장애요인이 되고 있다.[5]

2 수신자와 관련된 장애요인

커뮤니케이션 과정에서 송신자와 마찬가지로 수신자의 입장에서도 관련된 장애요인이 있게 마련인데, 이를 요약하여 설명하면 다음과 같다.

---

5) J. L. Gibson, J. M. Ivancevich, and J. H. Donnelly, Jr., *Organization: Behavior, Structure Process*, 2nd ed., Dallas, Texas: Business Publication, Inc., 1976, pp. 22~28.

(1) 선입견(preconceived ideas)

메시지의 해석과 수용은 개인의 아이디어와 사고에 따른 수신자의 선입견에 따라 즉흥적인 판단이나 해석의 차이로 메시지를 왜곡시키는 경우가 있다.

(2) 평가적 경향(evaluative tendency)

수신자가 송신자의 전달내용을 평가하는 경향이 있는데, 이는 효과적 커뮤니케이션의 장애요인이 되고 있다. 즉, 수신자의 해석관점은 송신자의 의도와 차이가 있기 때문에 메시지의 내용은 왜곡된 상태에서 지각이 가능하게 된다.

(3) 선택적 경청(selective listening)

선택적 경청이란 개인이 믿고 있는 내용과 상이한 정보를 입수할 때에 그 내용을 거부하는 경향을 말한다. 즉, 수신자는 모든 정보가 아니라 선택적 지각에 따라 믿고 있는 사실과 내용만을 수용하려는 경향을 뜻한다.

(4) 반응적 피드백(responsive feedback)의 결핍

수신자의 무반응이나 부당한 반응은 메시지 전달자를 실망시키게 된다. 무반응은 수신자의 관심이 없는 상태를 뜻하고, 부당한 반응은 전달자의 자아, 감정 및 정서를 저해하고 있는 상태를 의미한다.

3 상황에 관련된 장애요인

집단이나 조직의 상황은 커뮤니케이션의 과정에 크게 영향을 미치고 있다. 따라서 이러한 상황에 관계되는 장애요인을 정리하기로 한다.

(1) 정보의 과중(information overload)

개인의 수용범위를 초과하는 상태의 과중한 정보는 커뮤니케이션의 유효성을 하락시키는 경향이 있다. 과중한 정보의 양은 수용과 처리과정에서 질적으로나 관심 면에서 신경을 집중시키지 못하게 되므로 이는 메시지 전달의 장애요인이 된다.

(2) 어의상의 문제(sementic problems)

개인적 표현방법의 차이, 교육수준의 차이 및 지각과 해석의 차이로 전달한 동일한 어의를 상이하게 해석함으로써 장애요인이 되고 있다.

(3) 커뮤니케이션의 풍토(communication climate)

특정 집단이나 조직의 커뮤니케이션 풍토는 유효성에 미치는 영향이 크다. 커뮤니케이션 풍토에 따라 긍정적인 반응이 나올 수 있고(신뢰와 개방체제), 또 부정적인 반응도 예상된다.

(4) 시간의 압박(time pressure)

이는 한정된 시간의 부족현상이 나타나는 것을 뜻한다. 이 경우에 부족한 시간으로 대면 또는 상담의 기회가 없어서 상위자와 하위자 간에 커뮤니케이션의 기회를 상실하게 된다.

(5) 비구두적 커뮤니케이션(nonverbal communication)

비구두적 의사소통을 잘못 사용하면 효과적 커뮤니케이션을 방해하게 된다. 즉, 구두와 비구두 언어를 대면관계에서 병행하여 사용할 때에 두 언어가 일치하면 효과를 증대시킬 수 있으나, 상호모순 및 불일치가 나타나게 되면 유효성은 감소한다. 이 경우에는 개인의 언행불일치 상태에서 말보다 얼굴의 표정과 몸가짐에서 단서를 찾으려는 경향이 있다.

제4절 커뮤니케이션 장애요인의 제거[6]

일반적으로 커뮤니케이션의 완벽성을 기대하기는 어렵다. 왜냐하면 커뮤니케이션 자체에 복잡성이 내포되어 있기 때문이다. 동시에 커뮤니케이션의 목적이 다를 때, 성취, 이해, 동의, 일치, 추종 및 협동 등을 이룩하려는 목적과 가치 및 이해와 관심이 다르므로 완벽한 커뮤니케이션은 어렵다.

따라서 양호한 커뮤니케이션은 일치된 결과를 요구하지 않고 다만 커뮤니케이션의 과정에서 개선되도록 할 뿐이다. 그러므로 커뮤니케이션의 장애요인의 제거를 통해 커뮤니케이션의 효율성을 증대시킬 수 있는데, 이를 설명하면 다음과 같다.

1 반응-피드백의 평가(evaluating reaction-feedback)

피드백이란 송신자가 자신의 메시지를 수신자에게 잘 전달하였는가를 결정하는 것이다. 예를 들면, 관리자는 하급자에게 보낸 정보를 하급자가 잘 이해하고 이에 반응하고 있는가를 알려고 노력한다. 피드백의 단서는 단지 몸을 끄덕이거나, 얼굴 표정에서의 명료성 등에서부터 부가적인 정보를 요구하는 질문 등에 이르기까지 매우 다양하다.

〈그림 1-1〉에서와 같이 피드백은 시각, 청각 및 언어 면에서 이해를 뜻하고 있다. 즉, 대면관계에서 관리자는 하위자의 얼굴을 통해 이해력과 분개심 및 화난 상태 등을 관찰할 수 있다. 특히 집단 상하위자 간의 관계에서 사람의 얼굴표정은 말에서 느낀 태도와 감정을 표현하고 있다.

경청은 피드백 정보를 확보 내지 보증하는 주된 방법이 되고 있다. 특히 경청기법의 사용은 타인이 말하는 내용과 반응의 방법을 이해할 수 있기 때문에 가치가

---

6) *Ibid.*, pp. 246~258.

있다고 본다.

　따라서 피드백은 효율적인 조직운용을 위해 중요성이 있기 때문에 관리자들은 명령과 지시를 하는 방법으로 서면보다 구두로 하는 것을 좋게 생각하고 있다. 모든 커뮤니케이션의 장애요인을 피드백에 의해 제거시킬 수는 없다. 그러나 대면적인 대화 역시 커뮤니케이션 장애요인이 내포되어 있으므로 반응-피드백을 평가함으로써 많은 커뮤니케이션의 장애요인을 제거할 수 있다.

2 커뮤니케이션 언어사용(use of language in communication)

　커뮤니케이션을 수행하는 사람은 자신의 메시지를 서면이나 구두로 표현하는 언어에서 신중하게 주의를 해야 할 필요가 있다. 상호이해의 달성은 명백하고 이해하기 쉬운 커뮤니케이션에 달려 있지만, 명료성은 개인적 지각의 문제이다.

　커뮤니케이션의 일반적인 규칙은 복합적인 어휘와 고차원의 용어는 가급적 피하고 단순하고 용이한 일반적인 용어를 직접 사용하도록 정하고 있다. 그러므로 조직에서 커뮤니케이션의 기본적인 목적은 구체적이고 이해하기 쉬운 언어를 통해 이해를 창조하는 데 있으므로 적합하고 직접적인 언어사용은 장애요인을 제거할 수 있다.

3 표현의 독창성

　직접적인 언어를 단순하게 이용하는 것은 반복을 요구하지 않는 바람직한 계기를 마련한다. 더욱이 같은 단어의 지속적인 반복은 단조로움과 무시한다는 인식을 갖게 될 가능성이 있기 때문에 동일한 어휘의 반복이나 상대방의 수준에 맞지 않는 언어사용은 삼가는 것이 좋다.

　표현의 독창성이나 숭고성은 커뮤니케이션의 행위를 강화시킬 뿐 아니라 질적 향상을 기대할 수 있으며, 필요 없는(쓸데없는) 말과 놀라게 하는 방식의 말 사이에서 균형을 유지시킨다. 반면, 커뮤니케이션을 시도하는 사람이 독창성을 지나치게 강조하게 되면 말의 내용보다도 방법에 더 관심을 갖게 되기 때문에 전하려는 메시지의 뜻을 잃게 될 수도 있다.

역사적으로 유명한 명문장들은 짧고 간결한 표현으로 커다란 감동을 주었다. 링컨의 게티즈버그 연설은 2분 정도의 분량이었으며, 데카르트의 명언 '나는 생각한다, 고로 나는 존재 한다'는 14자밖에 되지 않는다.

효과적인 커뮤니케이션의 과정에서 표현의 독창성과 순결성은 장애요인을 제거하는 데 공헌할 수 있다고 본다.

4 말을 강화시키는 행동(actions to reinforce words)

행동은 말보다 더 근엄하고 무게 있다. 이는 말보다 실천을 중시하고 있음을 뜻한다. 즉, 관리자가 건설적이고 확실한 행동을 전제로 하여 말을 강화시키게 되면 종업원이 커뮤니케이션에 응하게 될 가능성을 크게 한다. 따라서 관리자는 행동으로 실천할 수 있도록 말에 책임감이 실려야 종업원의 적극적인 협력을 확보할 수 있다.

제2장

커뮤니케이션의 종류

커뮤니케이션의 종류를 알아보려면 먼저 커뮤니케이션의 다른 양상에 대하여 살펴보아야 한다.

일반적으로 커뮤니케이션이 일어나는 장소에 따라 개인 내적으로 일어나는 자아 커뮤니케이션과 개인 외적으로 일어나는 외부 커뮤니케이션으로 구별한다. 외부 커뮤니케이션은 얼마나 많은 사람이 관여하고 있느냐에 따라 대인 커뮤니케이션, 소집단 커뮤니케이션, 대량 커뮤니케이션으로 분류할 수 있으며, 의미나 전달매체에 따라 언어적 커뮤니케이션, 비언어 커뮤니케이션, 테크놀로지 커뮤니케이션, 매스 커뮤니케이션 등으로 분류할 수 있다.

제1절 자아 커뮤니케이션

커뮤니케이션의 과정에는 세 가지 요소가 작용하는데, 송신자와 수신자는 자기의 가치체계 내에서 전달하고자 하는 의미를 개념화·부호화하여 전달하는 과정을 거친다.

따라서 커뮤니케이션 과정은 수신자(타인)에 대한 이해도 중요하지만 송신자 자신에 대한 정확한 인식이 필요하다. 커뮤니케이션 하는 데 자기의 이해가 불충분하면 커뮤니케이션의 전 과정도 그만큼 불충분하다고 할 수 있다.

바르지 못한 자아관은 커뮤니케이션 내용을 선택적 수용, 인지적 왜곡과 감정의 적절치 못한 통제를 가져올 수 있다. 따라서 바람직한 자아관을 갖는 것이 올바른 커뮤니케이션의 기초가 되며, 이를 위한 방안으로 긍정적인 인간관을 함양하여야 한다.

건전한 자기 개념(self concept)을 가진 사람만이 건강한 커뮤니케이션을 할 수 있다. 로저스(Rogers)는 "인간은 근본적으로 합리적·자발적이며 현실적이다."라고 하여 긍정적인 자아개념을 가지고 있다고 하였으며, 해리스(T. A. Harris)는 "인간은 성장해 가면서 자신과 타인에 대해 어떤 가치를 부여하며 살아가게 된다."라고 하였는데, 이 가치가 특정 자세로 형성되면 인생관이나 인생에 관한 태도가 달라진다.

긍정적인 인간관을 갖기 위한 방안으로는

첫째, 인간은 누구나 존엄성과 가치를 지닌다. 인간은 무엇 때문에 가치 있는 것이 아니라 존재 자체만으로도 귀중하다는 태도를 지녀야 한다.

둘째, 인간의 행동은 지각과 인식의 영향을 받는다. 사물을 지각하고 인식하는 것은 인간에 따라 각기 다르다. 인간은 그가 처한 감정이나 과거의 경험에 따라서 사물을 다르게 인식하고 그에 따른 행동을 한다. 그러므로 긍정적인 인간관을 갖기 위해서는 타인의 입장에서 사물을 보려는 자세가 필요하다.

셋째, 인간은 누구나 자아실현의 경향이 있다. 매슬로의 욕구계층설에서 자아실현의 욕구를 인간 최고차원의 욕구로 이야기하고 있다. 바람직한 인간관을 위해서는 자신이 추구하는 목표를 세우고 달성을 위하여 노력하는 사람이다. 이러한 노력 속에서 긍정적인 인간관을 가질 수 있다.

넷째, 인간은 근본적으로 선량하고 믿을 만하다. 맹자의 인간에 대한 관점으로 '성선설'을 이야기하고 있듯이 인간의 본연은 선량한 존재이다. 타인을 보는 기본적인 시각이 성선설에 입각하여 볼 때, 타인과의 관계에서 열려진 마음으로 신뢰에 기초한 인간 커뮤니케이션이 될 것이다.

제2절 대인관계 커뮤니케이션

대인관계 커뮤니케이션이란 사람과 사람 사이의 커뮤니케이션을 말한다. 대인관계 커뮤니케이션은 매우 다양한 형태로 나타나며 효과적인 커뮤니케이션의 수행을 위해서는 상대방에 대한 정확한 인식과 세심한 주의가 필요하다.

대인관계 커뮤니케이션을 샤먼(Scharman)이 "커뮤니케이션은 의사소통자 간의 능동적인 상호작용으로 간주 된다."[7]라고 정의하듯이 타인의 이해가 필요하다.

대인관계를 잘 형성 · 지속하며 발전을 시키기 위해서는 대인관계 형성과 발전과정을 이해하고 타인의 지각과 편견에 대한 이해가 필요하다.

---

7) W. Scharman, "The Unique Perspective of Communication: A Retrospective View", *Journal of Communication, 33,* Summer 1983, p. 4.

1 대인관계의 발전과정

인간관계의 형성을 위해서는 아주 작은 관계형성으로 의례적이고 단편적인 관계가 형성되는 시작 단계에서부터 상호 유사성의 인식과 공감대 형성과정을 거쳐 관계의 지속과 해체의 단계로 발전하게 된다.

(1) 시 작

사회적 상황이 주어지면 그에 따른 인간관계가 시작된다. 가족이라는 사회적 상황, 또는 일정한 역할이 주어지는 사회적 상황은 그에 적합한 인간관계가 생성된다.

대인관계는 주변상황과 상대의 반응을 주시하면서 자기의 가치관과 익숙한 규칙인자로 이미지에 기초하여 타인과의 관계를 시작한다. 타인의 말의 내용뿐만 아니라 억양, 표정, 행동 등에서 정보를 입수하여 본인의 경험과 이미지에 비추어 생각한다.

(2) 탐 색

시작 전 대인관계는 공통되거나 연관된 정보를 상호교환하면서 영향을 주고받는다. 이러한 과정은 상대방의 잠재력과 관계지속에 대한 탐색의 과정이다.

사회생활의 대부분은 이 탐색과정이라고 볼 수 있으며, 유사성을 찾는데 주력하게 되며, 이러한 커뮤니케이션 과정을 통해 관계지속이 어떤 장단점이 있을지 판단할 근거를 제공한다.

(3) 강 화

탐색단계보다 좀 더 깊은 수준의 정보교환이 이루어지며 이 단계를 거쳐 관계지속 여부를 결정한다. 관계를 지속하기로 결정하면 서로의 정보교환수준보다 깊은 공감대를 형성하게 되고, 자아노출이 이루어짐으로써 다양한 형태의 커뮤니케이션과 높은 수준의 교류를 통하여 상호인정, 자아충족감과 확신을 얻게 된다.

무관계	서로 독립적으로 존재함	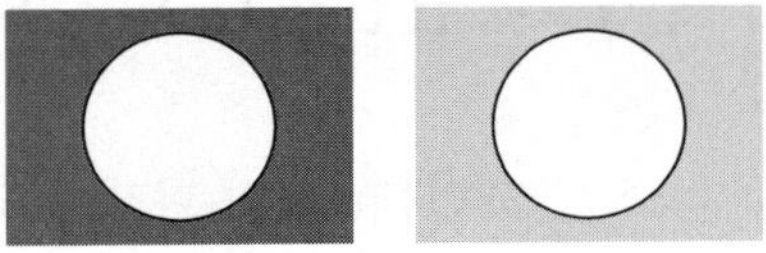
시 작	동일한 사회적 상황	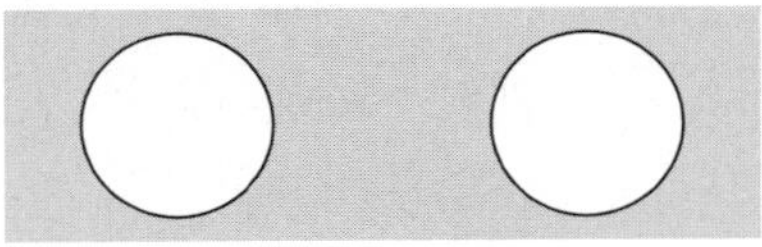
탐 색	상호정보의 교환	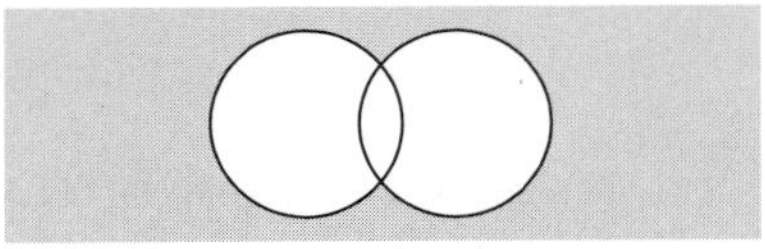
강 화	공감대 형성과 자아노출	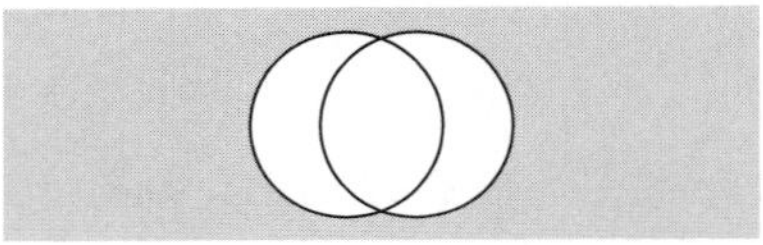
형식화	사회적·법적으로 결속	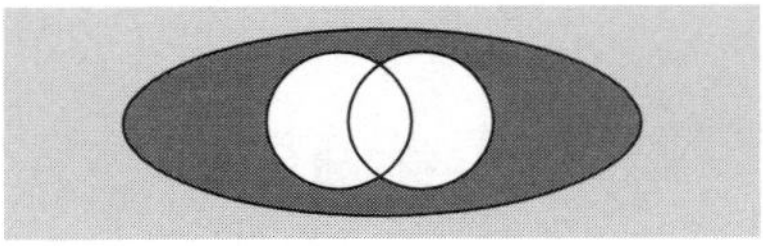
재정의	역할인식의 재정립	
관계축소	상호의존도와 공감대 축소	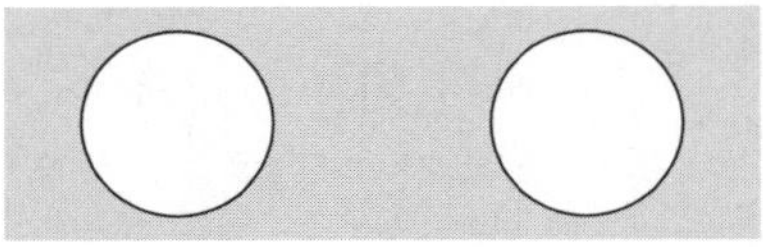
해 체	상호독립적인 존재로 회귀	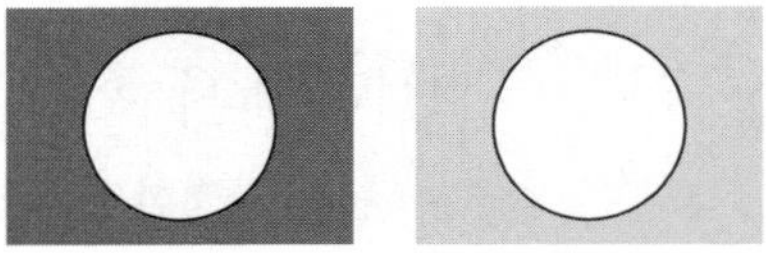

〈그림 2-1〉 대인관계의 형성과정

자료 : 최성애, 인간 커뮤니케이션, 한단북스, 2000, p. 153.

높은 수준의 자아노출은 감정의 교류를 통하여 친밀감을 더 할 수 있게 되며 상호 간의 공동규칙과 행동패턴 등을 갖게 된다. 하지만 높은 수준의 자아노출은 관계의 급진전을 이룰 수 있으나 관계단절시 자아노출 정도에 따른 심한 상처를 입게 되며, 따라서 신중한 자아노출이 필요하기도 하다.

(4) 형식화

강화단계에서 관계가 급진전을 이루면 서로를 특별한 사람으로 받아들인다는 상징이나 형식화를 기하게 된다. 여러 가지 형태의 형식화(예를 들면, 공동의 서약이나, 맹세, 반지 교환, 약혼식 · 결혼식의 형태)를 통하여 상대에 대한 역할과 기대가 명확히 생성되며 주어진 규범 내에서 관계지속을 하게 된다.

(5) 재정의

형식화에서 주어진 규범 내에서 관계의 지속은 시간과 상황의 변화에 따라 상호 간의 감정, 사회적 지위, 신체적 변화에 따라 커뮤니케이션의 내용도 변하게 된다.

개인의 역할인식 변화에 따른 인간관계의 재정의(再正意)는 많은 갈등원인이 되고 있으며, 원만한 재정의가 이루어지면 새로운 형식화 속에서 공감대가 형성되고 인간관계가 유지되어 발전하게 되지만 그렇지 못할 경우에는 관계축소의 단계를 맞게 된다.

(6) 관계축소

상대에 대한 의존도와 공감대가 축소되고 커뮤니케이션의 빈도도 축소되며 그 내용도 변질된다. 강화단계에서의 공감대가 점차 의미를 잃어가거나 불쾌한 기억과 관련된다. 상대에 대한 장점보다는 단점에 주의집중이 된다.

상호관계에 타협점을 찾아 관계에 대한 재정의가 이루어지지 못하면 제3자에게 커뮤니케이션 방향이 바뀌어 관계축소에 대한 자신의 정당성을 알리며 지지와 협조를 구하게 되고, 그 과정에 자아혼란과 그에 따른 상당한 고통이 수반된다.

(7) 해 체

해체는 형식화되었던 인간관계를 종료하고 상호독립적인 존재로의 회귀를 의미한다. 이러한 관계의 해체는 급격히 또는 서서히 진행되기도 하는데, 관계의 해체가 서서히 이루어짐으로써 상호 간의 심리적 충격을 완화할 수도 있다.

관계해체는 해체 이전까지 관계의 종류와 커뮤니케이션 내용에 따라 심하게 부정적인 것부터 매우 긍정적인 것까지 다양한 형태로 나타나는데, 상당한 수준의 긍정적인 관계는 오히려 관계해체 후 부정적인 형태로 나타날 수도 있으며 반대로 부정적인 관계가 관계해체로 인해 자아개념의 상호관계는 개선을 보일 수도 있게 된다.

2 대인지각

지각(perception)이란 외부로부터의 감각적 자극에 의미를 부여하고 심리적 영상을 형성하기 위하여, 투입된 자극을 선택(selection)・조직화(organization)・해석(interpretation)하여 외부를 자각하게 되는 과정이다.[8] 그런데 인간은 외부로부터 주어지는 모든 자극을 받아들이지 않고 일부만 수용하여, 선택 조직화하는 데 개인적인 차이를 가지게 되어 동일한 자극이라도 독특한 지각이 형성된다. 따라서 개인의 가치관과 경험 등의 차이에 따라 지각하는 바도 달라질 수 있으며, 개인행동은 각 개인의 독특한 지각에 입각하여 이루어지므로 동일한 사건 또는 상황이라도 다른 해석과 반응이 나타나기도 한다.

(1) 지각과 인간관계

인간은 사물을 바라보고 이해하는 지각과정을 통하여 받아들이게 되는데, 그 과정 속에서 수많은 굴절(屈折)과 왜곡(歪曲)을 하면서 받아들인다는 것이다. 따라서 우리가 사물을 바라보는 것은 있는 그대로의 실상(實象)을 보는 것이 아님을 알 수 있다.

---

8) B. Berelson, and G. A. Steiner, *Hunan Behavior*, New York: Horcourt, Brace & World, 1964.

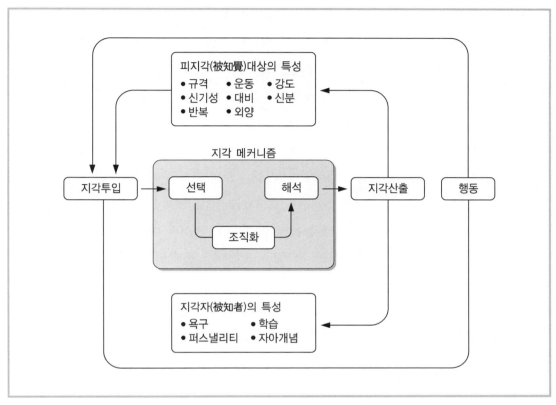

〈그림 2-2〉 시스템으로서의 지각과정

자료 : K. H. Chung, L. C Megginson, *"Organizational Behavior: Developing Managerial Skills"*. New York: Harper Row Publisher, 1981, p. 112.

멕시코와 미국의 아이들에게 투우와 야구경기 사진을 순간노출을 통하여 동시에 보여 주었더니, 멕시코 아이들은 투우경기만 보고 야구경기는 보지 못하였으며, 미국아이들은 야구경기만 기억하였다.[9]

타인을 지각하고 판단하는 것은 있는 그대로 보는 것이 아니라 개인의 가치관과 경험을 통하여 창조한 이미지를 보고 타인을 판단하는 것이다. 우리는 이렇게 지각된 타

---

9) J. W. Bagby, *Dominance in Binocular Rivalry in Mexico and the United States, in Cross Cultural Studies of Behavior, IhsanAlissa, and O. Wayne.*, New York: Holt, Rinehart and Winston, pp. 49~56.

인의 이미지를 바탕으로 상대방과 커뮤니케이션하게 되는 것이다.

이러한 타인과의 상이성으로 인하여 커뮤니케이션의 필요성도 존재하며, 서로가 다른 사고와 이미지를 가지고 상호토의·경쟁·조화할 수 있는 것을 찾는 과정에서 인간관계의 형성이 가능하며 새로운 사고로 발전할 수 있다. 따라서 깊은 인간관계의 유지를 위해서는 개인 상호 간의 차이를 인정하고 타인을 존중하여야 한다. 뿐만 아니라 항상 개인의 사고 속에는 항상 오류가 있을 수 있다는 사실을 인정하고 타인의 의견과 생각을 존중하여야 한다. 사실과 보다 가까운 이미지를 갖게 하기 위해서는 서로의 느낌과 사고를 솔직하게 주고받는 커뮤니케이션 과정을 통하여 동일사건에 타인은 어떻게 느끼고 생각하는지 알아보고, 자신과 비교해 봄으로써 가능하다. 예를 들면 우리나라의 경우에 눈(雪)을 표현하는 언어는 다양하다. 눈의 종류로 함박눈, 싸래기눈, 진눈깨비 등으로 다양하나 태국이나 말레이시아에서는 눈이라는 단어 자체가 없다. 따라서 양국의 국민들은 눈에 대한 인식이 다르며, 내리는 눈에 대한 인식에는 차이가 존재할 것이다.

(2) 대인지각의 편견

편견이란 개인이나 집단이 가지는 정당하지 못한 부정적 태도(attitude)이다. 이러한 편견은 대부분 어떤 개인이나 집단에 부정적 인식의 연상, 자기의 행동을 정당화하기 위한 수단 또는 부정적 상동화(stereotype)에 의해 발생한다. 부정적인 상동화는 특정 개인이나 집단 모두 어떤 부정적인 특성을 지니는 것으로 과잉 일반화하는 부정확한 인식이다. 상동화의 특징은 새로운 정보를 받아들일 때 경직된 사고로 인하여 기존의 정보와 다른 정보나 긍정적인 특성은 보려 하지 않고, 본다 하더라도 무시해 버린다. 인식과 사고의 경직성으로 인하여 쌍방향 커뮤니케이션이 되지 못한다.

이러한 편견은 인간이면 누구나 어느 정도는 가지고 있으나, 대부분은 그러한 편견을 인식하지 못하고 있다. 따라서 이러한 편견을 이해하면 대인관계를 새롭게 정립할 수 있고, 커뮤니케이션에 매우 큰 도움이 될 것이다.

3 편견의 감소

인간관계를 개선하려면 대인지각의 편견을 줄이도록 노력하여야 한다. 적극적으로 개인적·사회적 편견을 감소시키는 방안은 다음과 같다.

(1) 접촉을 많이 한다

편견을 가지고 있는 인간관계는 부정적 감정으로 인하여 접촉을 피하게 되고, 한 번 가지게 된 편견은 바른 모습으로의 변경이 불가능하게 된다. 많은 접촉을 통하여 열린 영역(open area)을 넓힘으로써 올바른 대인관계를 형성할 수 있다.

(2) 자신을 수시로 점검한다

지각은 항상 본인이 유리한 방향으로 전개된다. 따라서 자신이 갖고 있는 기존의 가치관과 경험에 부합하는 방향으로 지각한다. 항상 자신을 중심으로 '나' 또는 '우리'에 대하여는 긍정적인 면을 부각하려 하며, '너' 또는 '상대방'은 부정적인 면을 부각하려는 경향이 있다. 이것을 방지하려면 자신을 엄격하게 자주 점검하여 타인에 대한 편견을 감소하도록 노력하여야 한다.

(3) 보는 관점에 균형을 가지도록 노력한다

편견과 선입관은 어느 한 면만 커다랗게 인식하려 함으로써 장점 또는 단점만 부각하여 보려는 경향을 말한다. 따라서 타인에 대한 장점을 찾도록 노력하며 판단을 유보하도록 한다. 타인에 대한 다양한 정보를 다양한 각도에서 얻어 편향적인 사고방식이 되지 않도록 하여야 한다.

제3절　집단 커뮤니케이션

　　인간은 탄생의 순간부터 집단에 속하게 된다. 또한 성장하면서 다양한 집단의 구성원이 되며 여러 공식 또는 비공식조직에 속하게 된다. 따라서 인간은 다양한 집단 및 조직과 연관되어 있으며, 그 속에서 관계를 지속하며 살아가게 된다.

　　커뮤니케이션은 인간의 집단조직과 연관을 맺는 매개체로서의 역할을 한다. 따라서 집단과 조직에 대한 이해를 통하여 집단 커뮤니케이션의 특성과 구조를 알아보아야 한다.

1　집단과 조직의 정의

　　집단(group)이란 정규적인 대면접촉(face to face contact)을 통해 상호작용을 하고, 구성원도 자기 집단의 구성원이라고 인식하면서, 상대방을 같은 집단의 구성원으로 지각하여 공통목표를 추구하는 두 사람 이상의 모임을 말한다.[10]

　　집단의 특성으로는, ① 상호작용과 상호의존성, ② 구성원 간의 상호지각, ③ 공동목표, ④ 사회심리적 욕구충족 등이 있으며, 특히 집단구성원 간에 상호작용을 하며 '그들'과 대비되는 '우리'라는 개념을 지닌다.[11]

2　집단의 형성이유

　　대부분의 사람들은 많은 집단에 속해 있으며, 각기 다른 이유로 집단을 형성한다. 집단의 형성 이유는 목표달성의 목적과 욕구충족이라는 개인목표로 집약되며, 집단

---

10) E. H. Schein, *Organizational Psychology*, 2nd ed., Englewood Cliffs, N.J.: Prentice-Hall, 1970, p. 81.

11) J. Turner, *Rediscovering the Social Group: A Self Categorization Theory*, New York: Basil Blackwell, 1987.

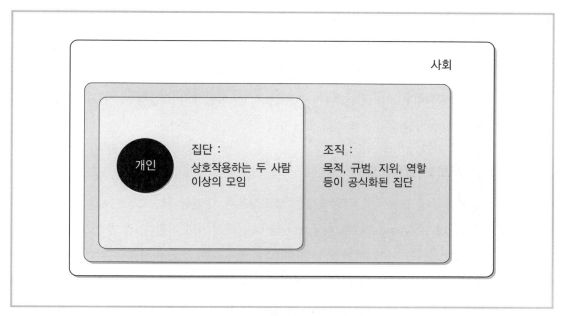

<그림 2-3> 집단과 조직의 개념

을 형성하는 이유는 다음과 같다.[12]

(1) 개인적인 욕구 충족

매슬로의 욕구계층설의 소속과 애정의 동기나 자존의 욕구는 타인이 존재하여야만 얻을 수 있는 동기이다. 연구에 의하면 사람들은 평균적으로 여섯 개의 집단에 속해 있다고 한다. 집단은 인간의 친교욕구를 충족하여 줄 뿐 아니라 개인으로 하여금 서로를 도우면서 안전과 권력을 행사하는 터전을 만들어 준다.

(2) 효율성 추구

아담 스미스는 국부론에서 분업과 교환을 통한 부의 증대를 말하였다. 분업은 생산의 효율을 높이고 대량생산을 가능하게 한다. 리카르도는 비교우위생산비설에서

---

12) 임창희, 『조직행동』, 제3판, 학현사, 2007, pp. 227~230.

국가 간 분업의 필요성을 말하였다. 인간은 집단을 구성하여 혼자서 할 수 없는 일이나 혼자서 할 수 있는 일이라도 집단을 구성하여 일을 수행하는 것이 더 효율적으로 일을 할 수 있는 것이다. 집단을 구성하면 시너지 효과(synergy effect)를 얻을 수 있기 때문이다. 이러한 시너지 효과는 각 구성원간의 효율적인 커뮤니케이션을 통하여 이루어진다.

(3) 사회적 교환이론

경제적인 관점에서 집단에서는 상호작용과 대인관계는 'Give and Take'로 이루어지는데 보상(rewards)과 비용(cost)의 차원에서 이루어진다. 호만스(G. C. Homaas)는 집단에서는 항상 사회적 교환(social exchange)이 이루어지고 이러한 사회적 교환에서 득과 실을 비교하여 득이 많을수록 더 매력적이라고 주장한다. 상호교환에서 득이 되지 않으면 집단이 형성되지 않으며 기존의 집단에서도 탈퇴할 수 있다는 의미가 된다.

(4) 사회적 비교이론

사람들은 타인과의 비교를 통하여 자신을 평가한다. 절대빈곤보다는 상대빈곤이 많은 사회적 문제를 초래하는 것도 같은 이유이다. 특히 마음속의 정서나 감정과 관련된 것들은 더욱 그러하다. 예컨대 두려운 정도, 좋아하는 정도 등 자기 혼자만이 그러한지 타인도 비슷한지 비교하고 싶어 하며 그런 후에 자신을 판단하는 것이다. 즉, 자신에 대한 평가본능이 사회적 비교이론(social comparison theory)이다. 비교를 하려면 타인이 필요하고 자신에 대한 불확실성을 타인과의 비교를 통하여 행동의 기준으로 삼는다. 사람들은 대중의 편에 있기를 원하며 불확실성 속에서 타인을 준거의 기준으로 삼는다. 따라서 많은 타인들이 행하는 유행을 따르며, 뒤지지 않으려고 노력한다. 타인과 나를 비교하고 평가하기 위해서 집단을 만들고 그 집단속에 있기를 원한다.

3 조직과 커뮤니케이션의 관계

과거에는 '생산성', '효율성', '원가' 등의 '사물 패러다임'으로 조직성과를 재려 했다. 그러나 최근에는 사람의 상호작용으로 발생하는 시너지효과에 의한 '인간 패러다임'으로 조직의 커뮤니케이션 능력에 따라 조직의 성과가 좌우된다.

따라서 조직의 성공은 사람 사이에 커뮤니케이션에 의하여 좌우되며, '조직관리는 커뮤니케이션 관리'라고 할 만큼 조직운영에서 커뮤니케이션이 차지하는 비중이 높다.[13]

현대조직의 커뮤니케이션은 상향·하향·수평적 전 방향에서 중요성이 증대되고 있으며 현대 커뮤니케이션의 특징은 다음과 같다.

〈표 2-1〉 커뮤니케이션의 역량에 따른 조직의 성과

개인 역량	커뮤니케이션 채널의 유효성	조직의 성과
높 다	높 다	아주 높다
낮 다	높 다	높 다
높 다	낮 다	낮 다
낮 다	낮 다	아주 낮다

(1) 수평적 커뮤니케이션의 중요성 강조

조직구조가 수평적 협력이 요구되는 팀형 또는 원형구조로 바뀌고 지식기반사회가 되어 감으로써 상·하향식 커뮤니케이션과 더불어 수평적 커뮤니케이션의 중요성이 강조되고 있다.

---

13) 강길호·김현주, 『커뮤니케이션과 인간』, 한겨레, 1996, p. 207.

(2) 조직 내에서의 다면적 커뮤니케이션의 비중증대

과거의 조직은 하향식 커뮤니케이션에 의한 관리가 중요했으나, 조직 구성원의 역할과 성격, 보상체계의 변화에 따른 다원적인 커뮤니케이션 방법의 비중이 증대되고 있다. 관리자 1인에 의한 지식체계의 독점과 종전의 관리방식에서 이제는 지식의 공유와 빠른 변화에 따른 쌍방향커뮤니케이션이 필요하게 되었으며, 관리자의 입장에서도 다양한 구성원과 다각적인 커뮤니케이션이 필요하게 되었다.

(3) 외부 커뮤니케이션의 중요성 증대

개방체계(open system)에서는 외부 정보의 신속한 입수뿐만 아니라 내부 정보를 신속하고 정확하게 전달하는 것도 중요한 일이다. 신제품의 개발이나 기업 내부 사정의 공표에 해당하는 광고나 기업공시 등의 외부 커뮤니케이션이 중요해지고 있다. 개성화시대의 진전에 따른 다품종 소량생산체제 또는 주문판매제도 소비자와 직접적·개별적인 커뮤니케이션 과정이 되고 있으며, 정부 당국이 빈번하게 정책을 홍보하는 것 또한 외부 커뮤니케이션이 국정운영에 중요하다는 것을 인식한 사례이다.

제4절   매스커뮤니케이션

뉴미디어의 등장에 따라 커뮤니케이션의 상황이 변화를 맞고 있다. 매스커뮤니케이션에서는 대체로 일 방향 커뮤니케이션을 주로 생각할 수 있으나, 최근의 매스미디어는 컴퓨터와 통신기술의 도움으로 상호작용이 가능하다. 예를 들어, 다중 방송정보체계, 인터넷을 통한 은행업무나 쇼핑, 다양한 정보를 주고받는 다양한 방식이 사용되고 있으며, 쌍방향커뮤니케이션의 중요성이 증대되어 가면서 대량매체의 이해와 관심이 필요하다.

새로운 기술적 진보는 인간사회에 많은 영향을 미치는데, 이 매체들을 통한 커뮤니케이션에 어떠한 영향을 주고 있는지 그 내용을 파악해 본다.

1 매스커뮤니케이션의 정의

일반적으로 커뮤니케이션 형태는 개인 간(inter personal)인 것과 사회적인 것으로 대별되며, 매스커뮤니케이션은 사회적인 커뮤니케이션의 대표적인 것이라 할 수 있다.

매스커뮤니케이션의 특징은 ① 메시지나 정보의 커뮤니케이터(communicator)가 대규모적이고, 과점 내지 독점적인 조직을 가지며, ② 수용자(受容者)는 일반적이고 극히 다수이며, ③ 커뮤니케이션의 흐름은 커뮤니케이터의 수용자에게 일방적이라는 점 등에 있다. 또 그 전달에는 고도의 기술적·기계적 수단이 이용되기 때문에 그러한 의미에서는 연설이나 강의와는 달리 간접적인 커뮤니케이션이라 할 수 있다.

2 매스커뮤니케이션의 역할과 기능

현대사회에서 매스커뮤니케이션의 역할이 지대함은 말할 것도 없다. 그것은 대중사회현상의 상징이기도 하지만 개인 간의 커뮤니케이션까지도 매스커뮤니케이션과 관련시켜 고려해야 한다. 그러나 매스커뮤니케이션의 주요 기능분야는 사회의 공적인 측면에 있다. 즉, 정치, 경제, 문화의 각 분야에서 발생하는 사건을 보도·논평·해설하는 것이 중요한 역할이라 하겠다. 특히 여론의 형성에 미치는 역할은 극히 중대하여, 오늘날에는 여론 그 자체로 평가되기도 한다. 그 반면에 매스미디어에 의해 보도 내지 지지되지 않는 의견을 국민에게 침투시키는 것은 전달의 장(場)이 한

정되어 몹시 곤란한 일로 되어 가고 있다. 그 밖에 교양·교육·오락 면에서도 매스미디어는 크게 작용을 하게 되는데, 특히 텔레비전은 대중오락으로서 가장 인기 있는 매체로 되어 있다. 또한 자본주의 국가에서의 매스미디어는 상품과 서비스의 선전, 광고의 결정적인 무기임과 동시에 이것으로 인한 수익은 신문사, 방송국운영을 좌우하는 요소로 되고 있다.

3 매스커뮤니케이션의 긍정적 영향

매스커뮤니케이션은 그 일방성과 대중사회를 대상으로 하는 속성을 가지고 있지만, 첨단 테크놀로지를 이용하여 '사람 사이의 의미의 공유'라는 커뮤니케이션의 본질을 수행하고 있다.[14) 따라서 이를 통하여 다음과 같은 유용성을 갖는다.

(1) 다양한 정보의 제공

다방면에 걸친 다량의 정보를 제공해 준다. 이는 시간적·공간적으로 접하기 어려운 많은 정보를 제공해 주는 역할을 한다.

(2) 공통 이슈의 창출

다량으로 제공된 정보는 사람 사이의 유대를 강화시켜 공감대를 형성하고 이를 통하여 공통의 이슈를 창출한다. 또한 사이버공간을 통하여 다양한 계층에서 다수의 사람을 만날 수 있으므로 화제의 공통점과 공유감으로 공통의 이슈를 만드는 것이 수월해지고 있다. 따라서 다양한 목적을 가진 모임이나, 특정 문제에 대한 공통의 대처가 가능하다.

---

14) 강길호·김현주, 앞의 책, p. 230.

(3) 흥미유발

다양한 정보제공으로 오락이나 여가의 선택이 매우 편리하다. 매스커뮤니케이션에서는 일방향 커뮤니케이션에서 발생할 수 있는 많은 문제가 커뮤니케이션 당사자로서의 책임감이나 비난 없이 즉각적인 흥미를 유발한다.

(4) 대중교육

매스커뮤니케이션을 통하여 사회적 규범과 윤리·가치관을 전달함으로써 대중교육이 가능하다. 매스커뮤니케이션은 사회의 기본적인 가치관을 유지하고 사회적 저변을 확립하도록 해준다.

(5) 사회개혁의 급속한 확산

매스커뮤니케이션은 특정 사안에 대하여 사회적으로 빠른 확산을 기할 수 있다. 사회적 이슈가 되고 있는 문제들에 대한 심각성이나 사회개혁의 필요성 등을 빠른 속도로 확산시킬 수 있다.

이는 다른 커뮤니케이션보다 훨씬 빠른 효과를 기대할 수 있다.

4 매스커뮤니케이션의 부정적 영향

매스커뮤니케이션은 앞에서 살펴본 긍정성에도 불구하고, ① 대상에서 불특정성, ② 다수의 사람에게 영향을 끼치며, ③ 급속한 전달이 가능하여 때로는 인간사회에 대한 부정적인 영향을 주고 있다.

(1) 불특정성

매스커뮤니케이션은 개인 간 커뮤니케이션이 아니므로 계층, 성별, 지역에 상관없이 불특정 다수에게 전달되어, 판단력이 미흡한 저연령 계층이나 특정 문화의 지역적 경계를 넘는 문제를 초래하는 등 다량의 정보가 무비판적으로 확산될 수 있다.

(2) 일방성

매스커뮤니케이션은 대중을 상대로 한 송신자의 일방적으로 선택적 정보를 전달하거나 창조할 수도 있으므로 대중을 통제하고 지배하는 수단으로 활용될 수도 있다. 따라서 많은 정치지도자는 자신을 알리고 체제를 유지하기 위하여 매스커뮤니케이션을 통한 일방적인 정보전달을 하기도 한다. 매스커뮤니케이션 전문가는 매스미디어가 없었더라면 러시아와 중국의 공산혁명이 훨씬 더디게 이루어졌든지, 아예 일어나지 않았을지도 모른다고 한다.[15]

(3) 송신자의 이익을 대변

대부분의 매스커뮤니케이션은 영리를 추구하기 위해서 만들어지는 경우가 많다. 이러한 매스커뮤니케이션의 속성도 내용의 질과 과정보다는 영리추구의 결과를 더 중시하는 경향이 있으며, 이러한 결과 지향성은 매스커뮤니케이션의 부정적 영향을 초래하게 한다.

이러한 매스커뮤니케이션의 부정적 영향에 대하여는 쌍방향커뮤니케이션을 통한 사고 판단력을 갖도록 하여 무비판적 동조자에서 관점을 가진 비판자가 되어야 하며, 또한 대중매체의 오류나 굴절, 편파성을 단순히 인식하는 것으로 그칠 것이 아니라, 능동적인 의견을 제시하는 등의 적극적으로 생각을 표현함으로써 대처할 수 있다.

---

15) L. Robertson, *A Brief Introduction*, New York: Worth Publishers, 1989.

제3장
다양성과 커뮤니케이션

제1절　다양성의 이해[16]

　　오늘날의 비즈니스는 다양한 그룹의 사람들을 다국적 기업, 커뮤니케이션의 발달과 다양한 문화를 가진 내·외국인을 통하여 이루어진다. 다양한 문화적 배경을 가진 사람들과 효율적으로 커뮤니케이션하여야 한다. 다양성은 비즈니스를 하기 위하여 필요한 요소이며, 많은 기업들은 조직에서 다양성을 이해하고 활용하기 위한 많은 노력을 한다. 이런 노력들은 인간 개개인의 가치를 인식하고 다양한 문화적 환경에서 효율적인 커뮤니케이션을 위한 환경을 조성해 주는 것을 의미한다. 즉, 문화적 다양성에 대한 오리엔테이션, 다양한 문화를 체험하는 경력계획, 다양한 문화권에서의 인적자원의 채용 등이 있다.

---

16) A. C. Krizan, P. Merrier, and C. L. Jones, *Business Communication 6th,* Thomson south-western., pp. 27~53.

1 인종과 민족의 다양성

인종이란 같은 민족, 국가, 부족, 종교, 언어 및 문화적 기원이나 배경들과 연관되는 말이며, 민족은 후손에게 전해져 내려갈 수 있고 특징적인 그룹을 구분하기에 충분한 특징을 이야기 한다. 인종과 민족은 다문화적 환경에서 가장 중요한 핵심적인 요소로 커뮤니케이션의 방법이 발달하고 교류가 증대됨으로써 다양한 인종과 민족적 배경을 가진 사람들과의 교류를 증대시켰다. 따라서 다양한 사람들이 가지고 있는 문화적 언어나 신체적 특징에 존재하는 문화적 다양성의 인식이 필요해졌다.

(1) 문화적 다양성(cultural differences)[17]

① 개인주의 문화 – 집단주의 문화

개인주의 성향이 높은 문화권에서는 '나'에 대한 의식이 강하게 작용하여 개인의 솔선수범과 성취를 강조하고, 집단주의 성향이 높은 문화권에서는 개인의 의사결정에 가치를 부여하여 사회적 틀이 존재하며, 사람들은 집단에 절대적인 충성심을 보인다.

② 업무 중심 문화 – 인간관계 중심 문화

미국과 같은 행동문화권에서 사람들은 즉각적인 결과를 추구하므로 인간관계에서 그 사람의 능력이 더 중요하다. 반면 동양 문화권에서는 사람과 가까운 관계를 맺기 전 그 사람에 대한 배경을 탐구하는 데 많은 시간을 투자한다. 상대방이 무슨 일을 하는가보다는 그 사람은 누구인가에 더 많은 관심을 갖는다. 미국을 비롯한 서구의 업무 중심 문화권의 사람들은 과업 지향적이어서 일을 하는데 있어 효율성을 중요하게 여긴다. 아시아, 중동 및 아프리카의 인간관계 중심 문화권의 사람들은 학연이나 혈연을 중시하는 인간지향성을 중요하게 여긴다.

---

17) 니시다 히로코 저, 박용구 역, 『이문화간 커뮤니케이션』, 커뮤니케이션북스, 2005, pp. 27~53.

③ 비격식적 문화 – 격식적 문화

미국과 같은 비격식적 문화권의 사람들은 인간관계에 있어서 평등을 중요하게 여기는 사람들은 서로의 관계가 보완적이기 때문에 격식을 중요하게 여기지 않고, 직선적이며, 서로 상대방의 이름을 부르며, 성별, 지위, 신분의 차이와는 상관없이 평등하려고 노력한다. 한국과 일본같이 격식적 문화권의 사람들은 언어적 커뮤니케이션과 비언어적 커뮤니케이션의 유형이 상대방의 지위에 따라 달라지기 때문에 상대방의 나이와 지위를 모르면 커뮤니케이션에 어려움을 겪게 된다.

④ 표현적 문화 – 은폐적 문화

미국인은 서로 자신을 드러내는 반면 일본인은 자신을 드러내는 것을 꺼리는 경향이 있다. 일본에서는 언어뿐만 아니라 침묵이나 미소 같은 비언어적 행위가 매우 중요한 역할을 한다. 침묵은 미덕이며, 대화 시 침묵을 통하여 타인의 감정과 생각을 감지한다. 미국인은 직선적이며, 개방적이고, 침묵을 불편해 한다. 미국을 비롯한 서구는 표현적 문화권이며, 아시아는 은폐적 문화권이며, 특히 애매한 비언어적 행위를 많이 사용하는 일본은 더 은폐적이다.

효과적인 커뮤니케이션을 하려면 문화적 다양성을 인식(aware-ness of cultural differences)해야 하는데 이를 위해서는 첫째 자신의 문화가 다양한 문화에서 한 특정 문화권에 속해 있다는 것에 대한 인식이 필요하다. 타인을 문화적인 이단아로 보기보다는 다양한 문화를 대표하는 사람으로 보는 인식의 전환이 필요하다. 문화를 구성하는 다양한 관점과 영향의 이해가 타인을 이해하는 핵심이다. 다른 문화적 배경을 가진 사람들과 커뮤니케이션할 때, 다른 문화적 배경, 성격, 가치관에 대한 이해가 필요하며, 다양한 문화를 배우려는 의지가 필요하다.

(2) 언어적 다양성(language diversity)

다국가적·다문화적 교류가 증대할수록 다양한 언어를 습득하는 것이 중요하다.

51

만약 국제적인 비즈니스에서 상대방의 언어를 잘 사용하지 못한다면 글로벌 비즈니스에서 많은 어려움 있게 된다. 많은 국가에서 영어와는 다르게 미묘한 언어적인 차이를 보이는 경우가 많으며, 이러한 미묘한 차이를 인식하는 것이 글로벌 비즈니스의 성공요인이 되기도 한다.[18]

(3) 비언어적 커뮤니케이션(nonverbal communication)[19]

정보전달을 위해서는 우선적으로 음성언어가 사용된다. 한편 동작언어는 사람과 사람 사이의 태도를 변화시키며, 어떤 경우에는 음성언어의 대체로서 동작언어가 사용된다. 커뮤니케이션 시 동작언어가 전달하는 정보의 양이 65~75%에 해당되고, 음성언어는 약 30~35%의 정보만을 전달한다는 버드휘스텔(Birdwhistell, 1952)의 연구를 통해 보더라도, 동작언어가 대화에서 차지하는 비중은 대단히 큼을 알 수 있다. 그러나 동작언어 안에 있는 것이 음성언어이기 때문에, 이 두 가지를 따로 떼어 놓는다는 것은 거의 불가능한 일이다.[20]

친밀한 거리 (15~45cm)	개인적 거리 (46cm~1.2m)	사회적 거리 (1.2~3.6m)	공공적 거리 (3.6m 이상)
정서적으로 가까운 사람과의 대화거리	친구나 직장동료 간의 대화거리	초면이나 식당 배달원 등의 사람과의 대화거리	불특정 다수 앞에서의 연설 시 거리

〈그림 3-1〉 상황과 대화거리

---

18) 펩시콜라의 슬로건인 "Pepsi Comes Alive(펩시는 다시 살아났습니다)."는 "펩시는 살아서(신선하게) 배달됩니다."라는 의미이지만 중국어로는 "펩시는 당신의 조상을 무덤에서 불러일으킵니다."라는 의미로 번역된다.
19) A. C. Krizan, P. Merrier, and C. L. Jones, *Business Communication 6th,* Thomson south-western., pp. 27~53.
20) 구현정, 『대화의 기법』, 경진문화사, 2002, p. 3.

2 남녀 간 성별(gender)의 차이

(1) 표현의 차이

다양한 분야의 직무에 종사하는 여성인구가 증가하면서 커뮤니케이션에 있어서 남녀 간 차이를 인식하는 것이 중요하다. 대체적으로 여성들은 여성스러움을 표현하려고 대화 시 겸손한 태도를 보이며, 상대방과 좋은 관계를 유지하려고 언어 표현도 달리한다. 예를 들면 남성은 '나' 혹은 '저'의 표현을 쓸 때 여성은 '우리' 혹은 '저희'라는 표현을 쓴다고 한다.[21] 동시에 어떤 사항에 관해 자신이 모르는 경우, 남성은 질문을 자제한다. 반면 여성은 아는 것도 잘 모른다는 듯이 질문하는 경우가 많다. 개인적인 타입으로 보면 여성은 심사숙고형이고 남성은 직선적으로 있는 그대로 표현하는 타입이며, 상대의 말을 제압하고 충고하려는 타입이 많다.

(2) 특화 대 다중처리의 차이[22]

여성과 남성은 뇌의 처리방식이 다르다. 대체적으로 남성은 특화되어 있다. 남성들은 한 번에 하나씩만 가능하기 때문에 대화중일 때는 요리를 하지 못하고 신문을 보고 있을 때에는 귀머거리가 된다. 이와 반대로 여성은 다중처리가 가능하다. 그래서 여성들은 전화를 하면서 TV를 시청할 수 있고, 요리를 하면서도 홈쇼핑을 할 수 있다. 신문을 보는 남성에게 말을 걸었을 때 남성이 대답하지 못하는 것을 상대 성별인 여성은 이해할 수 없다.

(3) 접근방식의 차이

남녀 간의 커뮤니케이션 타입의 차이는 문제의 접근방식에 차이를 보인다. 어떤 문제를 해결하려 할 때 여성은 타인의 말에 귀를 기울이고 충고도 받지만 남성은 상대적으로 타인의 도움 없이 자기 고집대로 접근하고 오히려 타인에게 충고를 해

---

21) D. Tannen, *Talking 9 to 5,* New York: Avon, 1995.
22) 앨런피즈·바바라 피즈 저, 이종인 역, 『말을 듣지 않는 남자 지도를 읽지 못하는 여자』, 가야넷, 2000.

주려 한다. 이로 인해 여성은 남성에게 '고집쟁이'라고 하고 남성은 여성에게 '감정주의자'라고 한다.

이는 조직생활에서 남녀 중 누구와 커뮤니케이션을 하느냐에 따라 커뮤니케이션 스타일을 달리 해야 하고 상대의 말을 들을 때도 이를 참고해서 이해하는 것은 중요함을 말해 준다.

··· 알아두기 ····

왜 내말을 듣지 않는 거야?

거의 예외 없이 남성과 여성은 서로서로에게 서운하게 여기는 점이 있다. 그것은 상대방이 '내가 하는 말을 잘 듣지 않는다.'는 것이다. 과연 그럴까? '내말에 귀를 기울이지 않는군요.'라는 불만은 곧 '내가 하는 말을 100% 이해하지 못한다.'는 의미이거나 '그건 내가 원하는 대답이 아니군요.'라는 의미이다.

누구인가 나의 말을 경청한다면 그것은 그 사람이 나를 잘 이해하고 있거나 나를 가치 있는 인물로 여긴다는 의미도 된다. 그러므로 내 말을 경청하지 않는다는 느낌이 들 때에는 그 반대의 의미도 함께 전달받는 것은 당연할 것이다. 하지만 남성과 여성이 이렇게 상대에게 다른 인상을 주는 것 역시 일부는 남녀의 차이에서 비롯된다. 여성들이 자기가 남의 말을 듣고 있다는 것을 표현하는 데에는 남성들과는 다소 다른 방법을 취한다.

(4) 언어능력의 차이

여성은 대화를 할 때 좌뇌와 우뇌를 모두 활용하지만, 남성은 좌뇌만 이용하곤 한다. 그래서 좌뇌를 다친 남성은 언어를 쓸 수 없게 될 확률이 높지만, 여성은 여전히 말을 잘 할 확률이 높다. 이러한 언어 능력의 차이로 남성은 고민거리가 있을 때 말을 하지 않고 생각에 잠기지만 여성은 말로 풀어냄으로서 문제를 정리한다. 그러므로 여성이 고민이나 일상에 대해 말의 수가 늘어나는 것은 어떤 결론이나 해결을 원하기 보다는 호응과 듣기를 원하는 것일 수도 있다. 그러나 여성으로부터 고민이나 일상에 대한 말을 들으면 남성은 그것에 대한 해결책을 제시해야 한다고 생각하기 때문에 스트레스를 받을 수도 있다.

여성의 뇌는 언어를 주된 표현수단으로 사용하도록 구조화되어 있다. 하루 평균 여성들은 6,000~8,000 단어를 사용하며 8,000~1만 개의 제스처, 표정, 머리 끄덕임, 2,000~3,000개의 소리를 사용하지만, 남성은 2,000~4,000개의 단어, 2,000~3,000개의 제스처, 1,000~2,000개의 소리를 사용한다.

(5) 대화목적의 차이

여성의 대화목적은 인간관계 구축, 친구 사귀기, 유대관계 강화의 수단이다. 그러나 남성의 대화목적은 주로 정보와 지식의 전달이다. 여성들은 장기간 같이 있다가 헤어져 온 직후에도 전화로 오랜 시간동안 통화를 할 수 있다. 남성들은 모여서도 대화보다는 하는 활동에 집중하게 된다. 대부분의 남성들은 공적인 자리에서 하는 대화에 편안함을 느끼지만 여성들은 사적인 대화에서 더 편안함을 느끼며, 그래서 여성들이 사용하는 언어는 다정다감한 성질의 것들이다. 또한 여성들의 대화는 상대방과 동질감을 확인하고 상대방을 사귀는 수단이다. 많은 사람과 함께 있을 때는 이러한 다정다감한 대화는 힘을 잃을 수도 있다. 사람들이 모이면 주목받는 사람과 주목받지 못하는 사람이 생기기 때문이다. 이러한 주목받음은 동등한 관계의 붕괴를 초래하고 그 관계를 지속하기 어렵게 되며, 다른 사람들 보다 우월하게 보이려 하거나 두드러지게 보이려 하는 사람을 비난할 수도 있게 된다. 남성들의 대화는 독립을 확보하고 지위를 계속 유지하는 수단으로 사용되는 경우가 많다. 지식과 기술을 과시하고 정보를 전달해 줌으로써 주의를 집중시키는 것, 즉 중심적인 역할을 하고 집단 내에서 자신의 지위를 지키기 위한 것이 대화의 목적이다. 이런 대화의 목적이 남녀 간 차이가 있어서 트러블이 발생할 수도 있다.

3 세대(Generation)의 차이

연령은 다양성의 기본을 이루는 요소이다. 왜냐하면 다른 연령대의 사람과는 다른 경험과 문화적 배경을 갖기 때문이다. 현대의 e-세대에서는 과거의 커뮤니케이션 방식이 지니는 제약이 사라지고 있다. 따라서 기업들은 모든 고객과의 관계를 높이고, 실시간적인 커뮤니케이션을 통하여 고객들의 욕구(needs)를 반영하여야 한다. 기업은 고객 한 사람 한 사람과 개인적인 커뮤니케이션을 통하여 e-세대와 접촉해야 하기 때문이다.

아날로그 세대가 정해진 근무지에서 대면에 치중한 커뮤니케이션을 하였다면, 현대의 e-세대는 근무지와 근무시간의 공간과 시간을 초월하는 다양성을 추구하는 커뮤니케이션을 하는 것이 특징이다. 이러한 커뮤니케이션 특징의 차이는 세대 간 교류를 하는 데 있어 장애요인이 되고 있다. 따라서 세대 간 커뮤니케이션을 할 때는 이러한 특징의 차이를 이해하고 학습하려는 태도를 통하여 세대 간 갈등을 감소할 수 있다.

제2절 다문화 커뮤니케이션의 이해[23)]

1 사회적 관습(social conventions)

다른 국가의 사람들과 커뮤니케이션을 할 때 장애를 느끼는 이유는 사회적 관습이 다르기 때문이다. 북미사람들은 빠르고 간결하게 '본격적으로 일을 하려는'경향이 있다. 이러한 방법으로 동양과 아랍 국가의 사람들과 비즈니스를 하려 한다면

---

23) A. C. Krizan, P. Merrier, and C. L. Jones, *Business Communication 6th,* Thomson south-western., pp. 27~53.

대부분의 경우 실패할 것이다. 동양과 아랍인들은 좀 더 간접적이고 비공식적인 시작을 좋아하기 때문이다. 중동사람들은 큰소리로 대화하려는 경향이 있지만 이것이 자신을 과시하거나 타인을 협박하려는 것이 아니다. 시간에 관한 관점도 다양하다. 북미나 일본사람들은 시간관념이 철저하지만 중동이나 남미사람들의 경우 느긋한 시간관념을 가지고 있다. 사회적 관습에 따라 행동이 다르므로 커뮤니케이션을 할 때 상대의 입장을 파악해야 소통이 효율적으로 이루어질 수 있다.

2 예절과 예의(etiquette and politeness)

북미가 아닌 다른 곳에서 영어로 대화를 할 때에도 단어의 뜻이 다를 수 있으며, 동일한 것인데도 다른 이름으로 불리는 것들도 있다.[24] 동양인들은 사업상거래에서 명시적으로 거절을 잘하지 않는다. 예를 들어 "난 그 제품을 사고 싶지 않습니다."라고 직접적으로 이야기 하지 않고 "판매하기 어렵겠다."라고 말한다. 미국인들은 거래가 성사되지 않고 포기해야 하는 경우 이를 인정하고 포기하기 보다는 거래를 완수하기 위하여 어떠한 방법을 사용할까에 더 집중한다. 제품에 대한 설명을 하는 동안 프랑스인들은 질문을 많이 하지만 아시아인들은 질문을 많이 하지 않는다.

3 제스처와 상징체계

제스처는 상징적 의미를 공유하지 않았기 때문에 문화적 차이로 받아들여 지지 않는다. 동일한 제스처라도 나라마다 다른 의미를 상징한다. 엄지손가락을 세우는 것은 미국에서는 칭찬의 의미이지만 그리스에서는 모욕적인 것이 된다. 남미와 아랍의 국가에서는 오랫동안 눈 마주치는 것을 좋아하지만 유럽인들은 자신을 노려본

---

24) lift와 elevator, petrol과 gasoline는 동일한 의미이다.

다고 생각하기 때문에 불편해 한다. 남미와 아랍, 남부 유럽 사람들은 터치를 좋아하지만 북미와 북부 유럽 사람들은 싫어한다.

같은 제스처라도 상징하는 바는 국가별로 다르게 표현된다.

제3절 효과적인 다문화 커뮤니케이션[25)]

다문화 환경에서 커뮤니케이션 상대를 분석하려면 언어 및 가치관, 상징과 몸짓, 종교, 사회규범에 존재하는 문화적 유사성을 이해해야 한다. 또한 신중하게 판단하며 상호존중하려는 태도를 가져야 한다. 문화적 배경과 경험은 다른 사람의 기대와 행동에 영향을 미치기 때문에 완전한 커뮤니케이션을 하기 어렵다는 것을 알아야 한다.

효과적인 커뮤니케이션을 위하여 문화적인 편견이 없어야 하며, 편안하고 자연스럽게 커뮤니케이션하는 능력을 위해서는 문화적인 차이점을 이해하여야 한다.

1 다문화 커뮤니케이션을 위한 단계

(1) 커뮤니케이션 과정의 이해

다문화 커뮤니케이션도 일반적인 커뮤니케이션과 동일한 방법이 사용된다. 따라서 개념화와 부호화 및 적절한 매체를 선택하고 피드백을 제공하여 장애를 제거하여야 한다.

---

25) A. C. Krizan, P. Merrier, and C. L. Jones, *Business Communication 6th,* Thomson south-western., pp. 42~50.

(2) 자기 문화에 대한 이해

다문화 상황에서 타인과 효과적인 커뮤니케이션을 위해서는 타인이 우리의 문화를 어떻게 이해하고 있는지를 파악하는 것이다. 사람들은 어디에서든 비교 및 평가를 하고 동일한 범주에서 수신된 메시지를 해석하려고 한다. 따라서 우리의 문화를 지각하는 것은 다른 문화를 성공적으로 이해하는 첫걸음이 된다.

(3) 타문화의 이해와 수용

우리의 문화를 지각하다 보면 우리의 문화가 유일한 것이 아닌 다양한 문화 중의 하나임을 알 수 있다. 이러한 다양성을 이해하면 다른 방식으로 커뮤니케이션하는 사람들에게 개방적이고 수용적인 태도를 가질 수 있다. 상호작용하고 있는 다른 문화에 대하여 개방적으로 학습하고, 다르게 행동하는 양식, 다른 가치관을 받아들여야 한다.

미국인과는 약속시간에 정확히 맞추려고 노력하고, 남미사람들과의 약속에 대해서는 관대하고 여유로운 마음으로 임해야 한다. 유럽에서는 성 대신 이름을 사용하는 것을 이해하여야 한다.

문화적 차이는 비즈니스에서 커다란 오류를 초래할 수 있고 상황을 잘못 판단할 수도 있다. 그렇기에 항상 피드백을 하고 제대로 이해되었는지를 파악하고 반응을 살펴보아야 한다.

(4) 타문화에 대한 학습과 적용

다른 문화를 학습하고 적용하는 모든 시도는 다문화커뮤니케이션을 위한 필수적인 요소이다. 문화는 많은 요소들이 복잡하게 작용하며 개념 또한 추상적이다. 문화의 이해는 실제적인 것부터 해석된 것으로 나누어지는데 이러한 복잡한 개념을 이해하기 위해서는 첫째, 다른 문화에 대한 언어를 습득하는 것이 필요하다. 커뮤니케이션에 사용되는 전형적인 단어를 포함하여 핵심적인 표현과 기본적인 긍정, 부정의 표현을 습득한다. 둘째, 다른 문화권의 사람들을 학습해야 한다. 사고방식과 식습관, 비언어적인 표현들을 학습하여 우리와의 다른 점을 파악한다.

(5) 언어에 대한 이해

대부분의 문화 간 비즈니스는 영어로 커뮤니케이션을 한다. 따라서 영어 표현에 대한 이해를 하여야 한다.[26]

2 다문화 커뮤니케이션을 위한 전략

(1) 통역(번역)자를 통한 커뮤니케이션

커뮤니케이션을 할 수 있는 언어가 존재하지 않는다면 다문화적 비즈니스 상황에서 아주 초보적인 커뮤니케이션만 가능하다. 이런 경우에는 해당 언어를 구사하는 통역(번역)자와 함께 일을 하여야 한다.

(2) 통역(번역)자를 통한 언어의 학습

통역(번역)자를 통하여 짧은 단어의 학습과, 이을 통하여 해당 언어로 완벽하게 소통할 수 있는 부분을 만든다. 상호노력을 통하여 언어적 능력을 향상시킬 수 있다.

(3) 통역(번역)자의 선택

통역(번역)은 나의 독특한 언어로 메시지를 만들어 전달하여야 한다. 따라서 통역(번역)자는 하나의 언어를 다른 언어로 만드는 기술이 요구된다. 그것을 도와줄 수 있는 사람을 선택하여야 하며, 단순히 언어를 바꾸는 것이 아니라 분위기와 문화적 차이를 검증된 실력으로 전달할 수 있어야 한다.

---

26) 'piece of cake'는 우리의 '누워서 떡먹기', 'red tape'는 '관료적 형식주의', 'bottom line'는 '결산서의 최고 아랫줄', 즉 결론 또는 결과를 의미한다.

(4) 통역(번역)의 검증

통역과 번역에 문제가 있는지를 검증하는 방법으로 재번역의 방법을 사용한다. 해당 나라의 언어로 통역(번역)된 메시지를 두 번째 통역(번역)자 다시 우리의 언어로 재 통역(번역)하도록 한다. 이러한 방법은 중요한 통역(번역)상의 문제를 해결할 수 있다.

제2부

자아 차원의 커뮤니케이션

제4장
인생태도와 커뮤니케이션

제1절 인생태도의 의의

인간은 자기가 원하든 원하지 않든 생의 전 단계에서 타인과 더불어 삶을 영위하게 된다. 인간관계는 타인과의 상호작용을 하면서 형성된다. 긍정적인 인간관계를 형성하는 것은 타인과의 커뮤니케이션을 원활하게 하는 근간이 된다.

인간은 사물을 있는 그대로 보는 것이 아니라 자기의 가치관과 경험에 의해 보며, 타인과의 관계도 마찬가지이다. 따라서 자신의 자아(自我)에 대하여 더 많은 관심을 갖고, 바람직한 인생관을 갖는 것이 긍정적인 인간관계를 형성하는 기초가 될 것이다.

인간은 삶을 영위하는 데 타인이 필요하고, 타인과 관련하여 자기를 알려고 하는 것은 인간관계를 이해하는 첫 단계이다.

해리스(T. A. Harris)는 "인간은 성장해 가면서 자신과 타인에 대해 어떤 가치를 부여하며 살아가게 된다."라고 하였는데, 이 가치가 특정 자세로 형성되면 인생관이나 인생에 관한 태도가 달라진다.

인생태도는 5세를 전후한 시기까지 부모나 부모를 대신한 양육자와의 교류양식과 환경에 의해 영향을 받는다. 즉, 아이에게 주어지는 긍정적 또는 부정적 스트로크(stroke, 타인의 존재를 인정하는 말이나 행위 등의 작용)에 대해 아이의 자아가 어떻게 반응하는가 하는 심리적 태도의 반복, 강화에 의해 그 사람의 인생태도가 형성된다. 사람들은 때와 장소에 상관없이 늘 동일한 인생태도를 취하는 것은 아니지만 가장 빈번히 취하는 태도 또는 중대한 국면에 직면해서 취하는 태도를 그 사람의 인생태도로 간주한다.

예를 들면, 혹시 어떤 어린이가 놀림을 당하거나, 때때로 바보 취급당하게 되면, 그 어린이는 네 살이 될 때까지 자기는 바보이고, 다른 사람들은 그것을 모두 알고 있다고 결단할 수 있다. 그러면 그 어린이는 그 방향에 따라 행동하게 된다. 그 어린이는 "나는 OK가 아니다" 하지만 "당신은(자기 이외의 사람들) OK이다"라고 하는 자기의 '각본(인생의 대본)'에 인생태도를 맞추게 된다. 학교에 입학하고서도 실패만 거듭하고, 자기는 무능하다고 생각하게 되는 것도 그 한 가지이다.

인간은 '수용'과 '성장'이라는 두 단계를 거치게 되는데, 불행을 느끼는 많은 사람은 자신의 현재모습(as they are)뿐만 아니라 앞으로의 가능성(as they can be)의 측면을 수용하지 못했기 때문이다. 바람직한 성장을 위해서는 "나도 할 수 있다(as I can be)"는 태도와 함께 "나도 이제 잘하고 있다(as I'm right now)"는 태도를 가져야 한다. 만일 커가면서 지금의 현 상태의 '수용'만 가지고 있고 '성장'이 없다면 바람직한 인생태도로 발전하는 데 많은 문제점을 가지게 된다. 타인(특히 부모)과의 관계형성에서 부정적인 인생태도가 형성되면 자아의 성장이 침체되어 바람직한 자아의 성장을 할 수 없게 된다. 자신과 타인에 대한 수용은 그들에 대한 신뢰감과 인정이 수반된다.

삶의 태도는 긍정적인 태도와 부정적인 태도로 대별할 수 있는데, 해리스는 긍정적인 태도로 ① 사랑을 받고 있다, ② 뛰어나다, ③ 좋은 사람이다, ④ 살아갈 가치가 있다, ⑤ 하면 잘 해 낸다, ⑥ 자아실현을 하고 있다 등 좋다고 생각되는 것으로 이를 "OK이다"라고 표현하였고, 부정적인 태도로 ① 멍청하다, ② 추하다, ③ 나쁜 사람이다, ④ 사랑받을 가치가 없다, ⑤ 무엇을 해도 안 된다, ⑥ 떨어진다, ⑦ 망할 징조이다 등 나쁘다고 생각되는 것으로 이를 "Not OK이다"라고 표현하였다.

(1) "OK이다"의 의미

영리하다, 강하다, 좋은 인간이다, 천사 같다, 유복하다, 청결하다, 정직하다, 대답을 알고 있다, 아름답다, 사랑받고 있다, 남보다 뛰어나다, 쓸모 있다, 할 수 있다, 영리하다, 하면 잘한다, 성공한다, 자유로이 행동할 수 있다, 관대하다, 즐겁다, 등 모두 "좋다", "유쾌하다"라고 하는 느낌(OK feeling).

(2) "Not OK이다"의 의미

어리석다, 열등하다, 고집스럽다, 악마 같다, 살 가치가 없다, 유복하지 않다, 둔하다, 무력하다, 작다, 추하다, 약하다, 무가치하다, 사랑받지 못한다, 실패한다, 쓸모없다, 무지하다, 모자라다, 틀려 있다, 자유로이 행동할 수 없다, 등 모두 "나쁘다", "불쾌하다"라고 하는 느낌(Not OK feeling).

제2절 인생태도의 성립

인간은 다음과 같은 존재에 대한 질문을 끊임없이 하면서 성장을 하게 된다. 나란 도대체 이 세상에서, 어떠한 존재인가? 다른 사람은 나에게 도대체 어떤 존재인가? OK인가? Not OK인가? 여러 가지 결단은 인생태도의 기초를 이루는 것이다. 그러한 인생태도는 긍정적이건 부정적이건 간에 관계없이 삶을 결정화해 간다.

예를 들면, "나는 OK가 아니지만 당신은 OK다"라고 하는 감정을 마음속으로 품고 있는 사람은 친구라든가 배우자와 친구에게 "놀랐다, 너는 무엇이나 잘하는 것 같다. 나를 봐 아직 잘 안 되고 있어"라는 말을 할지도 모른다. 유아기에 부모 등의 양육자로부터 받은 스트로크의 질과 양에 의해 인생태도가 결정될 수 있다.

(1) 자기 자신의 인생태도를 결정할 때, 사람들은 이렇게 결론지을 것이다

- 나는 언제나 올바른 일을 한다(I'm OK).
- 나는 무엇을 해도 잘 안 된다(I'm Not OK).

- 나는 누구에게도 뒤떨어지지 않는 능력자이다(I'm OK).
- 나는 살 가치가 없다(I'm Not OK).

- 나는 훌륭한 두뇌를 가지고 있다(I'm OK).
- 나는 스스로 생각할 수 없다(I'm Not OK).

(2) 다른 사람의 인생태도를 결정할 때, 사람들은 이렇게 결론지을 것이다

- 사람들은 모두 근사하다(You're OK).
- 사람들은 모두 할 수 없다(You're Not OK).

- 사람들은 나를 도와준다(You're OK).
- 사람들은 나를 놀려준다(You're Not OK).

- 사람들은 모두 정직하다(You're OK).
- 사람들은 신뢰할 수 없다(You're Not OK).

결국 이것은 다음의 네 가지 기본적인 '인생태도'의 유형 중 어느 것인가로 결정된다.

인생태도(life position)는 자기와 타인을 보는 관점에 따라 다음과 같은 네 가지 기본입장과 관점을 가진다.

① 자기부정(自己否定) — 타인긍정(他人肯定)

   : I'm Not OK — You're OK

② 자기부정(自己否定) — 타인부정(他人否定)

   : I'm Not OK — You're Not OK

③ 자기긍정(自己肯定) — 타인부정(他人否定)

   : I'm OK — You're Not OK

④ 자기긍정(自己肯定) — 타인긍정(他人肯定)

   : I'm OK — You're OK

 workshop과 토의자료

1. 인생태도는 나(I'm)와 너(you're)의 관계를 형성하는 기초입니다.
2. 인생태도의 개선은 긍정적인 인간관계 형성을 촉진합니다.
3. 〈부록 4-1〉의 인생태도 체크리스트를 통하여 자신의 인생태도를 체크하고 〈부록 4-2〉의 결과표를 작성합니다.
4. 관계가 좋은 사람과 관계가 좋지 않은 사람을 각각 떠올리고 왜 그런 관계가 형성되었는지를 생각하고 토의합니다.
5. 인생태도를 개선(OK랜드)하기 위한 구체적인 방안을 토의합니다.

제3절　인생태도의 특징

1 자기부정 – 타인긍정(I'm Not OK – You're OK)

　　'자기부정 – 타인긍정'의 인생태도는 성숙도가 낮은 아동기에 나타나는 보편적인 입장으로 영아기나 유아기에 가장 많이 발견된다.[27) 유아기의 어린이는 타인의 보살핌을 받고 크게 의존하며 살아가야 한다. 따라서 이 같은 자세는 타인에게 크게 의존하고 있으며 자존감(self esteem)이 낮은 태도이다.

　　이 단계의 사람에게는 타인에게 인정과 승인을 많이 받아야 한다. 따라서 모든 문제에 자주적인 해결방식보다는 타인의 지시와 승인을 받아 행동하려는 태도를 보이는 경우가 많다. 이러한 인생태도는 우울하고 타인과 동등한 입장에서의 관계형성에 소극적이어서 소외되고, 능력이 없다고 느끼며 자기 비하의 시간을 많이 보낸다. 또한 타인의 인정을 얻는 것에 몰두하지만, 타인의 인정을 받고 나면 새로운 인정을 받아야 한다는 문제에 직면하게 된다.

　　성장을 하면서 자기긍정 – 타인긍정의 바람직한 태도로의 변화가 일어나지만 이러한 상태의 인생태도는 '자기비하(自己卑下)'로 타인과의 관계형성을 꺼리고, 혼자 있으려는 시간을 많이 보내게 된다.

　　현재 관계를 형성하고 있는 사람으로부터 긍정적인 지원이 중단되면, '자기부정 – 타인부정'의 태도로 바뀌게 된다.

　　[자기부정 – 타인긍정형의 행동특성]
- 사람과의 교류를 싫어한다.
- 자신감이 없다.
- 책임을 지거나 독자적인 판단을 하는 것을 회피 한다.

---

27) T. A. Harris, *I'm OK – You're OK*, New York: Harpers & Row Publishers, Inc., 1966, p. 9.

- 다른 사람에게 의존하려고 한다.
- 능동적으로 무엇을 찾거나 해결하지 못한다.
- 경쟁을 싫어한다.
- "나는 못났어." 등의 자기비하로 자기를 합리화한다.

2 자기부정 – 타인부정(I'm Not OK – You're Not OK)

보통의 유아기 아동의 5세 이후에 나타나는 부정적인 태도이다. 스스로 걷고, 기어오르며, 어떤 일에 몰두하게 되면서 타인의 보살핌이 적어지게 된다. 이때 부모가 냉정하고 쌀쌀하게 대하면 충격을 받게 되고, 모든 일에서 위축받게 되며, 결국에는 자포자기의 상태가 되는데,[28] 이러한 상태가 지속되면 '자기부정 – 타인부정'의 상태에 들어가게 된다. 이러한 태도가 더욱 심화되면 극도의 자포자기(自暴自棄)의 상태가 되며, 생활이 무의미한 것으로 생각되며, 의미 없는 시간을 보내게 되고, 정신상태는 매우 황폐해진다. 기존의 체제를 거부하며, 질서의식, 도덕과 윤리의 개념이 없어지게 된다. 인생이 살 가치가 없는 것이라고 절망하거나 타인이 주는 긍정적 스트로크를 부정하고 자기 자신에게 긍정적인 모습을 보여 주지도 못하게 된다.

전체적으로 부정적인 이러한 자세는 나쁜 삶의 유형으로 집단에서 제거되고, 심하면 정신분열에 이르게 된다.

[자기부정 – 타인부정형의 행동특성]
- 체제나 기존질서를 부정하며 반항적이다.
- 타인에 대한 신뢰감이 없다.
- 책임을 지는 것을 피하고 같은 실수를 반복한다.
- 긍정적인 태도를 갖지 못한다.

---

28) T. A. Harris, *op. cit.*, p. 47.

- 버림받는다는 두려움을 가지고 있다.
- 매사에 공격적이고 타인과 협력하지 못한다.
- 삶의 목표가 없고 소외를 느낀다.

3 자기긍정 – 타인부정(I'm OK – You're Not OK)

이 단계는 어린이가 부모의 차가운 태도로 인하여 '호전적'으로 바뀌는 상황이다. 해리스(Harris)는 이 단계를 '범죄적 단계'라고 규정하였다. 여기서 자기에게 긍정적으로의 인식의 변화는 타인에 의한 단서적 자극(端緖的 刺戟)이 아니라 자기 자신에 대한 단서적 자극이다. 즉, "어린이가 고통스런 상처로 인해 고생하는 동안에 생긴다."[29]라는 것이다.

이 단계의 사람들은 타인을 경시하고 자신이 타인보다 우월하다고 믿는다. 따라서 타인에게 강한 의혹, 반감을 품고 있으며 스스로의 자신감에 도취되어 있게 되며, 타인과의 커뮤니케이션 상황을 통제하며 대화를 독점·지배·장악하려고 한다. 객관적인 관점에서 상황을 판단하지 않으며, '타인의 잘못된 점'만을 보며, 이러한 결함을 '타인의 전부'라고 판단한다. 이러한 타인과 항상 거리를 두고, 불신하며, 타인과의 관계를 부정적으로 전개한다.

유아의 어른적자세의 첫 번째 기능인 '자기긍정 – 타인부정'의 자세는 지나치면 범죄행위를 저지르게 되며, 최근의 사회병리현상과도 관련이 있다고 생각한다.

[자기긍정 – 타인부정형의 행동특성]
- 배타적·지배적이다.
- 자기 방어적·공격적이다.
- 우월감이 강하다.

---

29) *Ibid.*, pp. 48~49.

- 흑백의 극단적인 논리를 전개한다.
- 타인의 진의를 수용하지 않는다.
- 타인의 의견을 무시하고 대화하지 않으려는 경향이 있다.
- 지배적인 힘을 잃을까 봐 두려워한다.

4 자기긍정 – 타인긍정(I'm OK – You're OK)

자신과 타인의 가치를 함께 인정하는 건설적인 태도이다. 위의 세 가지 인생태도가 어린이가 성장하면서 느끼는 자연적인 자·타 긍정과는 다르다. 또한 '자기부정 – 타인긍정', '자기긍정 – 타인부정', '자·타 부정'과 같은 자연 발생적인 감정에 근거한 인생태도는 아니다. 개인적인 체험뿐만 아니라 현실에 대한 풍부한 정보나 철학, 종교로부터 비판적으로 섭취된 사상과 신념에 근거해서 쌓아진 태도이다. 비판적으로 검토된 끝에 굳어진 신념은 무비판적인 신념, 명령(많은 편견을 포함)과는 다른 것이다. '자유로운 관계형식(game-free)'에 시간을 사용하고, 문제를 건설적으로 해결하는 능력을 가지며, 생활을 건전하고 행복하게 영위한다. 대부분의 사람은 '자기긍정 – 타인긍정'의 입장을 취하면서 생활한다. 자신의 행동에 더 많이 알고 더 많은 개인적인 책임감을 가짐으로써, 생활을 긍정적이고 만족스러운 방향으로 이끌 수 있다.

이러한 인생태도의 발전은 성숙도(maturity)에 따라 원초적인 단계에서 발전하는 것이고, 타인의 출현(presence)을 인정하는[30] 스트로크의 개념과 관련이 있다.

[자기긍정 – 타인긍정형의 행동특성]
- 자신과 타인 모두를 존중한다.
- 협력적이고 대화를 통하여 문제를 해결한다.
- 좋고 싫음의 감정표현을 자유롭게 표출한다.

---

30) E. Berne, *Game People Play*, Grove Press, 1964, p. 1.

- 자신감을 가지고 타인과 대화한다.
- 개방적이고 수용적인 태도를 갖는다.
- 필요한 행동만 한다.

위와 같은 네 가지 인생태도에서 처음 세 가지의 태도와 네 번째 태도와는 매우 다른 질적인 차이를 보이게 되는데, 처음의 세 가지의 인생태도는 성장의 초기에 있는 무의식적인 것이라면 마지막의 '자기긍정 – 타인긍정의' 인생태도는 신념과 사고와 자신감 있는 행동에 기초한다. 그러므로 '자기긍정 – 타인긍정'의 인생태도는 감정이 아니라 관점이라는 것을 이해하여야 한다.

어린이들은 어떤 문제에 대하여 즉각적인 결과를 원하지만 성인은 인내와 신념이 필요하다는 것을 이해할 수 있다. 자기긍정 – 타인긍정의 입장을 취한다고 해서 즉각적인 긍정의 느낌(OK-feeling)을 보장할 수는 없다. 우리는 과거의 경험에 민감해야 하지만, 새로운 방식으로 살려고 할 때, 과거의 경험을 재현할 수 있다. 그리고 이러한 재현은 시간이 흐른 뒤 새로운 결과와 긍정적인 느낌(OK feeling)을 가져올 것이다.

따라서 우리는 과거의 경험을 경청하고, 부정적인 경험의 기록을 수정함으로써, 자신과 타인을 모두 수용할 수 있는 상태가 될 수 있는 것이다. 자신의 능력을 파악하고, 타인과의 관계를 수용하려는 태도가 필요하며, 타인도 동일한 태도를 가지고 있다는 것을 느껴야 한다. 이러한 바탕에서 인간은 서로 의미 있는 관계를 형성할 수 있으며, 상호 협력적 · 효과적으로 교류하는 분위기에서 타인과의 커뮤니케이션이 될 수 있다. 자신과 타인에 대한 수용성은 긍정적인 인간관계를 형성하는 중요한 요인이 된다.

제4절 인생태도의 개선

보편적인 사람들은 인생태도 각각의 강도가 높은 것이 아니기 때문에 극단적인 정신이상, 자살, 폭력 등으로 연결되는 것은 아니다. 대개의 경우는 〈그림 4-1〉의 제2나, 제3상한에 기본적 인생태도(basic life position)를 두고, 그때, 그 장소의 환경과 상태에 의해 다른 위치로 임시로 움직여 이동하는 것이다.

자기 자신의 인생태도(life position)가 어디에 있는지 분석하여 스스로의 약점을 알았다면, 그 위치는 유아기의 특정 상황 속에서 자기 자신이 결단한 것이기 때문에 만일 바람직하지 않다고 생각되면, 거기에서 빨리 탈출하여 밝은 인생, 서로 신뢰할

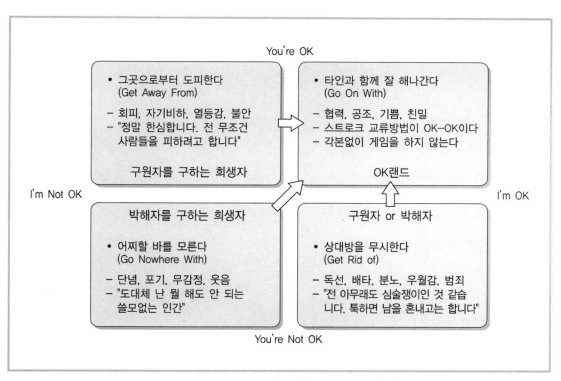

〈그림 4-1〉 네 가지 기본적 인생태도의 바람직한 이동

수 있는 인간관계를 만들어 내는 '자기긍정 – 타인긍정(I'm OK - You're OK)'의 인생태도로 이행할 결심을 하고, 그것을 실행하는 일이 요망된다. 따라서 〈그림 4-1〉처럼 'OK랜드'로 들어가는 것이 필요하며 'OK랜드'로 들어가기 위해서는 다음과 같은 행동을 많이 하도록 한다.

■ 타인에게 긍정적인 스트로크를 준다.
■ 타인의 스트로크를 기분 좋게 받아들인다.
■ 부정적(Not OK)인 사람과의 만남을 멀리한다.
■ 긍정적 느낌(OK feeling)을 주고받을 수 있는 사람과의 만남을 많이 한다.
■ 자신의 부정적(Not OK)감정을 조절·개선한다.

자아개방

제1절 자아개방의 의의

　　자아개방은 타인에게 개방성 차원임과 동시에 커뮤니케이션에서 매우 중요한 역할을 한다. 자아개방이란 '솔직하게 자신의 느낌, 의견, 원하는 것, 가치관, 경험했던 것 등을 타인과 함께 나누는 것'[31]이라고 정의하고 있다. 즉, 개인이 의식적으로 언어적 또는 비언어적 수단을 통하여 자신의 생각, 감정, 경험 등 자신에 관한 정보를 타인에게 알려 주는 것을 의미한다.[32] 나를 내보이는 것은 서로간의 신뢰를 쌓고 상호 간에 정을 나누기 위한 첫걸음이다. 진정한 인간관계의 시작은 서로가 서로를 알 수 있도록 하는 자아개방에서부터 이루어진다. 사람들은 자기를 개방하는 것을

31) S. M. Jourard, *The Transparent Self*, New York: D. Van Nostrand Company, 1971.
32) M. McKay, M. Davis, and P. Fanning, *Message: The Communication Skills Book*, Oakland, CA: New Harbinger Publications, Inc., 1995, p. 21.

꺼리게 되는데, 이는 내가 누구인지를 알림으로써 상대방이 나의 약점을 알고, 나를 싫어하게 되고, 또한 비웃음의 대상이 될 수 있기 때문이다. 그러므로 무조건적인 자아개방이 바람직한 것은 아니며 적절한 수준의 자아개방이 바람직하다고 볼 수 있다. 상대방에 대한 강한 신뢰와 호의를 가지고 있고 서로간의 관계를 더 돈독히 할 만한 가치가 있다고 생각되면, 자아개방으로 인한 위험은 부담할 수 있다. 즉, 건전한 자아개방은 균형 잡힌 자아개방이며, 이는 자아개방의 적절한 시간과 내용, 대상을 잘 선택해야 함을 보여 준다.

1 자아의 철학적 의의

일상적·자연적 상태에 놓여 있는 단순한 심신합일체로서의 자기를 반성함으로써 스스로 자기의 자유와 책임을 질 수 있게 된 진정한 자기를 의미한다. 철학의 모든 문제는 이러한 자아를 어떻게 보며, 또 그 자아와 그에 대립되는 비아(非我)와의 한계를 어디에 두느냐 하는 문제에 의해 결정된다고 볼 수 있다.

과거의 철학사를 보면 모든 철학적 태도가 여기에서 결정·구분되었음을 알 수 있다. 최초로 자아를 문제 삼은 사람은 고대 그리스의 소크라테스(Sokrates)로서 그는 자아의 자각을 자아의 무지의 자각과 일치시켜 생각하였다. 그는 자기가 지니고 있는 지식과 지식의 진위를 검토하는 반성적 자기를 엄밀히 구분하여 후자의 궁극적 주체가 되는 반성적·정신적 자기를 '자아'라고 하였다. 그는 자아를 단순히 정신적 일면에서만 추구한 것이다. 아리스토텔레스(Aristoreles)는 소크라테스와는 달리 자아를 심신양면의 합일체로서 추구하려고 한 최초의 철학자이다. 그는 신체에 의한 감각내용, 경험내용과 정신의 지적 내용 사이에 자연스러운 연속성을 인정하려고 하였다. 그러나 그에게도 아직 자아를 순수한 정신적 면에서만 고찰하려는 경향이 있는데 그의 누우스(nous) 개념이 바로 그 증거이다.

이 두 그리스 철학자의 입장은 후세의 선험적·경험적 입장의 선구가 되었다. 소크라테스의 자아관을 계승한 스토아학파에서는 정신적으로 절대적 자유의 경지에 놓인 자기를 참다운 자아로 보고, 자아의 자유를 유지하기 위하여 철저한 극기를 실천하는 윤리관을 확립하였으며, 후세까지 그 영향을 끼친 바 크다.

근세 초기의 데카르트(R. Descartes)는 "나는 생각한다. 그러므로 나는 존재한다(cogito ergo sum.)"라는 입장에서 생각하는 나, 반성하는 나를 자아로 파악하여 선험적 입장을 개척하였다. 그러나 콩디악(E. B. de Condillac), 흄(D. Hume)은 감각적 입장을 취하는 경험적 입장에서는 신체적 경험, 감각, 감정에서 독립하여 실체적 정신아를 인정하지 않고, 정신과 신체의 양면을 총칭하는 자아를 생각하였다. 이것은 전술한 바 있는 선험적 자아와 대립되는 경험적 자아이며, 이 두 자아의 견해는 인식론의 측면에서 격렬한 논쟁을 자아냈다. 이 두 견해의 대립을 해결하려고 한 것이 칸트(I. Kant)의 비판철학이다. 칸트는 위의 두 자아의 존재를 다 같이 인정하나 경험내용에 불과한 경험적 자아를 경험할 수 있게 하고, 또 그 경험내용을 통일시키는 선험적 제약으로서 반드시 "나는 생각한다(Ich denke.)"라는 통각이 활동해야만 한다고 한다.

이 선험적 통각이 바로 선험적 자아로서 모든 경험일반을 가능하게 하는 근원이라고 하였다. 그런데 이 선험적 자아를 형이상학화하여 경험적 자아까지 이 자아 속에 포함시켜 활동하는 자아와 활동되는 자아, 반성하는 자아와 반성되는 자아라는 관점에서 일체 비아(非我)도 사실에서는 활동하는 자아가 자기 속에서 차정한 자아내용에 불과하다고 본 것이 피히테(J. G. Fichte)였다.

그는 "자아는 자아이다"를 근본명제로 삼고 일체의 경험내용을 절대아의 순수 활동으로 보았다. 후설(E. Husserl)의 현상학 입장에서는 나의 의식내용만을 나에게 직접적이며 확실한 것이라고 확신하며, 그 이외의 일상적·자연적 견해는 일체 거부하였다. 즉, 데카르트의 "나는 생각한다"라는 순수 선험적 자아, 다시 말하면 순수 의식만을 현상학적으로도 도저히 배제할 수 없는 현상학적 영역이라고 생각하고, 현상학은 순수의식에 명확하게 나타나는 본질의 기술을 목적으로 삼는다고 보았다.

2 자아의 심리학적 의의

행동의 기저에 있는 여러 욕구와 경향은 그 개체의 경험과 생활사를 통하여 특수한 질서체계를 형성하고, 어떤 순간에서의 그 개체행동의 특성을 규정하는 주체적 조건이 된다. 이것을 심리학적으로 자아라고 한다.

이 자아는 환경과의 마찰에 의해 의식화되고, 또 사회적 규칙이나 환경조건의 내면화에 의해서 모든 상황 속에서 이루어지는 행동의 시간, 공간적 통일의 중심이 되고, 자기에 관한 직접적 의식이 된다. 프로이트(S. Freud)의 정신분석학에서는 퍼스낼리티(personality) 또는 심리장치본능(id), 초자아(super-ego), 자아(ego)의 삼력역 (三力域)으로 되어 있다고 한다.

프로이트에 의하면 본능은 생래성의 욕동(欲動)이고, 초자아는 어렸을 때부터 부모와 함께 살며 자라는 오랫동안에 양친으로부터 받는 침전물과 같은 내용임에 대하여, 자아는 발생적으로 본능으로부터 나온 것이지만, 이 본능과 초자아 그리고 외계 사이에 조화를 이루어 주는 것이다. 자아를 지배하는 행동원리는 쾌·불쾌의 원칙이지만, 이 원칙과 현실원칙과의 조화를 기도하는 것이 자아가 하는 일이라 생각된다.[33]

제2절 자아개방의 이유와 효과

1 자아개방의 이유

일반적으로 사람들이 인간관계에서 자아개방을 하는 이유는 다음과 같다.[34]

---

33) 구현서, 『인간관계의 이해』, 청목출판사, 2001, pp. 105~108.
34) R. B. Adler, and N. Towne, *Looking Out Looking In, Fort Worth*, TX: Holt, Rinehart & Winston, 1990, p. 123.

(1) 감정정화

타인에게 이야기하기 어려운 내용일수록 자아개방이 갖는 감정효과는 크다. 이러한 이유로 감정정화를 위하여 자기를 개방할 만한 사람을 찾고 자기를 개방하게 된다.

(2) 자기 명료화

누군가에게 자신의 문제를 털어 놓다 보면 저절로 생각이나 감정이 정리되어 명료해지는 효과가 있다.

(3) 자기 정당화

우리는 누군가에게 자신에 대한 이야기를 하게 되면 그가 자신의 정당성을 인정해 줄 것이라는 희망으로 자기 노출을 하게 되는 경우도 있다.

(4) 상호성

자신이 자기 노출을 하게 되면 일반적으로 상대편도 그렇게 하기 마련이다. 여기에는 상호성의 원리가 작용하기 때문이다. 그러므로 우리는 타인의 자기 노출을 촉진하기 위해 자기 노출을 하게 된다.

(5) 인상형성

다른 사람에게 어떤 특별한 감명을 주기 위해 자기 노출을 하는 경우도 있다. 즉, 남에게 긍정적이고 강한 인상형성을 위한 목적으로 사람들은 자기 노출을 하기도 한다.

(6) 관계유지와 증진

일반적으로 자기 노출을 하면 할수록 관계가 발전되는 경향이 있다. 또 관계가 발전될수록 자기 노출의 빈도와 정도가 심화된다. 결국 개인은 관계를 계속 유지하고 발전시키기 위해 자기 노출을 한다고 할 수 있다.

(7) 사회적 통제 및 조작

가끔 개인은 자기 노출을 통해 상대방에게 압력을 행사하고 결과적으로 그를 통제하기도 한다. 즉, '과시성' 자기 노출을 함으로써 나에게 상대방이 부담을 갖게 되고, 그 부담을 자신의 소기의 목적에 이용하기도 한다.

2 자아개방의 효과

자아개방은 다음과 같은 여러 가지 효과를 가지고 있다.[35]

(1) 자기 이해의 증진

누군가와 자신의 마음을 열어놓다 보면 조금씩 자신의 생각과 감정이 정리되어, 자기 자신을 정확하고 객관적으로 이해할 수 있게 된다. 즉, '자기 명료화'를 통해서 자기를 보다 잘 이해하게 되는 것이다.

(2) 관계 친밀화

개인 간에 자아개방의 빈도가 늘어나고 그 정도가 깊어질수록 상호공감대가 형성되고, 이를 통하여 서로에게 거리감이 줄고 친밀감이 증대된다.

(3) 커뮤니케이션의 증진

자아개방은 상대방에게 자아개방을 유도하게 하고, 이러한 자아개방은 또 다른 자아개방을 하도록 한다. 결과적으로 상호 간의 커뮤니케이션을 증진시키는 효과를 가져온다.

---

35) *Ibid., op. cit.*, pp. 23~24.

(4) 죄책감의 감소

일반적으로 인간은 예기하지 못한 실수를 많이 저지르고 죄책감을 가지게 된다. 이 경우 효과적으로 자기를 개방하고 나면 죄책감이 줄어드는 것을 경험할 수 있다. 또 절친한 친구나 선배에게 자신의 실수나 잘못을 털어 놓고 나면 가슴이 후련해지는 것은 자아를 개방함으로써 죄책감이나 중압감을 줄이게 되는 효과의 예가 된다.

(5) 에너지 증진

타인과의 친밀한 관계의 유지, 자신에 대한 이해의 증진, 죄책감의 감소를 통하여 자신에 대한 부정적인 에너지의 소모를 감소·억제할 수 있고 이를 통하여 삶의 활력을 증진시킨다.

제3절 자아개방의 장애

자아개방은 긍정적인 측면이 많이 있음에도 불구하고 이를 꺼리는 것은 다음과 같은 이유에서이다.[36]

(1) 사회적 편견의 존재

타인에게 자신에 대하여 지나치게 많이 이야기 하는 것을 바람직하지 못한 행동으로 보는 사회적 편견(social bias)이 존재한다.

(2) 자아개방에 대한 두려움

자아개방에 대하여 상대방이 거부할지도 모른다는 두려움, 처벌에 대한 두려움,

---

36) *Ibid, op. cit.*, p. 24.

남이 뒤에서 욕하지 않을까 하는 두려움, 나의 약점을 상대방이 알고 이용하지 않을까 하는 두려움이 있다. 또 자신에 대한 한 가지 약점을 개방했을 때 상대방이 자기를 전체적으로 형편없는 사람으로 인식하지 않을까 하는 것도 자기를 개방하는 것을 가로막는 요소이다.

(3) 자기에 대한 정확한 인식에 따른 단점의 노출

일반적으로 사람들은 자신이 꽤 괜찮은 사람이라고 생각하고 있다. 그런데 자기를 개방함으로써 단점이 노출되어 자신에 대한 이러한 생각이 깨질 때 불쾌감을 느끼게 되고 이러한 이유로 자아개방을 꺼리게 된다.

제4절   조해리의 창

자기 자신에 대해 남에게 이야기하고 이해시키는 방식, 즉 자신을 개방하는 방식에는 많은 유형이 있다. 자기를 타인에게 개방하려는 자아개방은 자신을 드러내어 남들이 나를 진실하게 알아 볼 수 있도록 하는 행동이다.

자아개방은 정보와 감정을 다른 사람과 함께 나눌 수 있을 만큼 신뢰가 돈독할 때 가능해진다. 자아개방은 상대방과의 성실한 상호작용과 정직성에 기초한 것으로, 상대방에게 개방적일 뿐만 아니라 상대방의 개방에 기꺼이 수용하는 자세가 필요하다. 그러므로 상대방에게 관심을 보이고, 기꺼이 상대방의 말을 들어 주고, 어떻게 느끼고 생각하는지에 관심을 가져야 한다. 자아개방은 궁극적으로 자타(自他)간의 이해를 증진시켜 구성원의 갈등관계를 크게 감소시킬 수 있다.

조해리의 창(Johari Window)은 루프트(Joseph Luft)와 잉햄(Harry Ingham)의 두 사람의 이름에서 따온 것으로 네 개의 영역으로 나뉘는데, 각 영역의 크기는 상호 간의 신뢰, 피드백의 교환과 자아개방의 정도에 따라 달라진다.

〈표 5-1〉 조해리의 창

너 나	자신에게 알려진 부분	자신에게 알려지지 않은 부분
타인이 알고 있는 부분	Ⅰ 영역 공개된 자아(open self)	Ⅱ 영역 맹목적 자아(blind self)
타인이 모르고 있는 부분	Ⅲ 영역 감추는 자아(hidden self)	Ⅳ 영역 미지의 자아(unknown self)

자료 : Joseph Luft, "The Johari Window," *Human Training New*, Vol.5, No.1, 1961, pp. 6~7.

workshop과 토의자료

1. 조해리의 창은 자타 간의 이해증진의 정도를 알아봅니다.
2. 〈부록 5-1〉 조해리의 창 자가진단을 통하여 자아개방과 피드백(듣기 영역)타입을 진단하고 〈부록 5-2〉의 결과표를 작성합니다.
3. 평상시 본인의 자아개방(말하기)과 피드백(듣기)의 유형과 특징을 발표하고 본인의 타입에 대하여 타인과 견해를 토의합니다.
4. 자아개방과 피드백을 통한 신뢰와 개방성을 높이기 위한 방안을 토의합니다.

1 공개된 자아(open self)

이 영역은 자기 자신도 알고 있고 타인도 자신에 대해 알고 있는 자아이다. 이곳에서는 개인에 관한 정보가 자신뿐만 아니라 타인에게도 공개되어 있다. 아주 기본적인 내용으로 타인을 만났을 때 처음으로 정보를 교환하는 영역이다. 이 영역에서의 상호작용은 개인은 자신과 타인에 대하여 잘 알고 있으며, 개방성과 양립성이 존재하여 방어를 위한 이유는 존재하지 않는다. 인간관계와 커뮤니케이션에 막힘이 없는 영역으로 공공영역이라고 하는데, 이 영역이 클수록 효과적인 커뮤니케이션과 인간관계가 이루어진다.

2 맹목적 자아(blind self)

타인은 자기를 알고 있지만 정작 자기 자신을 모르는 자아이다. 자기가 알지 못하는 각자의 성격이나 습관 등으로 개인에게 존재하는 맹점(blind spots) 부분이다. 그 결과 개인은 타인이 그것을 건드리면 우발적으로 화를 낼 수 있으며 갈등을 유발할 수 있다. 이상한 버릇, 이상성격, 인색한 마음, 아집, 상습적인 불평불만의 표현, 독설적 발언, 자주 쓰는 단어, 태도, 비언어적인 신호 같은 것이 맹목적 자아에 포함된다. 이런 맹점을 알아내는 유일한 방법은 신뢰를 바탕으로 내게 관심을 갖는 사람이 나에게 알려 줄 때만 가능하며, 개인의 목적이든 조직의 목적이든 타인과 협동하지 않으면 안 되기 때문에 타인에게 비추어진 이미지(image)를 개선하려면 자기개발과 끊임없는 노력이 지속되어야 한다.

3 감추는 자아(hidden self)

타인은 모르고 자기 자신만 혼자 알고 있는 자아이다. 자기에 관한 정보를 타인에게 감추고 있는 영역으로 타인과 신뢰하는 관계에서만 서서히 드러낼 수도 있다. 반면에 이 부분을 노출하면 타인이 나를 싫어할 수도 있을 것 이라는 두려움을 갖고 있어 감출 수도 있다. 따라서 상호 간에 신뢰하는 수준에 따라 감수하려는 위험부담의 정도가 달라질 것이다.

4 미지의 자아(unknown self)

자기 자신뿐만 아니라 타인도 모르고 있는 영역이다. 대인관계의 시작은 서로가 공개된 부분(open self)을 통해 상호경험을 교환하게 되고, 나만이 알고 있는 비공개적 부분(hidden self)을 통하여 개방하게 된다. 마찬가지로 커뮤니케이션을 하는 동안 타인의 이미지는 타인만 아는 부분인 타인맹점(blind self)을 통해 인간은 자아를 개방하여 간다.

미지의 자아영역은 인간내면 깊이 숨겨져 있어 아무도 그것을 알 수 없다. 전문가의 심리치료나 의료적 경험, 전에 알려지지 않았던 정보의 통찰에 의해 다른 영역으로 전이가 가능하다.

감수성 훈련(sensitivity training)이나 인간관계의 훈련을 통하여 또는 행동과학, 상담심리학, 정신분석학에서 얻어낼 수 있는 지식과 기법을 통하여 미지의 자아를 줄일 수 있다. 즉, 인간의 닫힌 마음의 창을 열어 자기를 바르게 보고 타인을 올바르게 보는 능력을 배양하여 상호이해와 사랑하는 심리작용을 학습함으로써 바람직한 공공생활을 영위해 갈 수 있을 것이다.

〈표 5-2〉 조해리의 창 유형별 특징

구 분	내 용
공개된 자아	• 자신과 남이 아는 자아(자신의 정보, 느낌, 욕구, 생각) • 공개된 영역이 작을수록 의사소통이 적어짐, 쌍방교류 불가능
맹목적 자아	• 자신은 모르는데 남이 아는 아(특유한 말버릇, 사고방식) • 맹목적 영역일수록 의사소통이 어려움, 타인의 냉소적 반응
감추는 자아	• 상대방에 알리고 싶지 않은 자아(실패담, 단점, 부부관계) • 감추는 영역이 클수록 의사소통이 적어짐, 일방적 메시지
미지의 자아	• 자신과 남이 모르는 자아 • 무의미한 자아일 수도 있으나, 대화를 통한 변화의 가능성이 있음

제5절   자아개방과 피드백

1 자아개방과 피드백의 개념

지금까지 설명한 조해리의 창의 네 개의 영역은 맹목적 자아, 감추는 자아, 미지의 자아라는 불안하고 불편한 인간관계를 지양하고 공개된 자아로 전환함으로써 긍정적인 인간관계를 형성하는 데 목적이 있다. 따라서 원활한 커뮤니케이션을 가능하게 하는 것은 자신의 솔직한 자아개방(self-disclosure)과 타인의 솔직한 피드백(feed back)을 하였을 때 가능하며 자아개방과 피드백의 두 가지가 있는 상황이 되면 공개된 자아의 영역은 넓어지게 된다.

자아개방과 피드백을 통한 커뮤니케이션의 증대는 높은 성과와 관련된다.[37] 자아개방과 피드백이 이루어지기 위해서는 신뢰(trust), 개방성(openness) 및 수용성(receptiveness)이 있어야 한다.[38]

공개된 자아의 영역을 넓히려면 자신에게 알려지지 않은 자아를 넓히기 위한 피드백이 있어야 하며, 타인에게 알려지지 않은 영역을 넓히기 위해서는 자아개방이 있어야 한다. 이를 그림으로 나타내면 〈그림 5-1〉과 같다.

---

37) A. D. Sxilagy, *Management and Performance*, Goodyear, 1981, p. 378.

38) A. Ellenson, *Human Relations 2nd*, Prentice-Hall, 1982, p. 36.

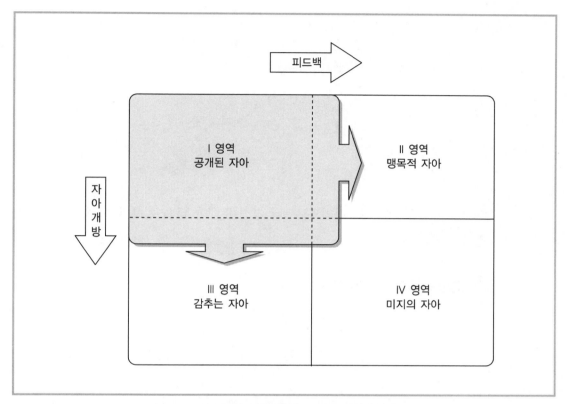

〈그림 5-1〉 조해리의 창에서의 공개된 자아확대

2 '조해리의 창'의 유형개념

(1) Type A(폐쇄형 또는 개구리형)

자아개방의 정도가 낮으며, 상대방의 피드백도 많이 듣지 않는 거북형이다. 상호 간에 자아개방과 피드백이 거의 없기 때문에 공통적으로 알고 있는 부분이 거의 없다. I'm Not Ok, You're Not Ok의 인생태도를 가지고 있거나, 최초의 만남에 해당하며, 시간이 경과하면서 자아개방과 타인으로부터의 피드백을 통하여 공개된 자아의 영역이 넓어지도록 하여야 한다. 자기의 많은 부분을 타인에게 개방하여야 하며

공개된 자아	맹목적 자아
감추는 자아	미지의 자아

(자아개방, 말하기의 기술) 타인으로부터 자신에 대한 많은 이야기(피드백, 듣기기술)를 들어야 한다.

(2) Type B(정보 탐색형 또는 거북형)

공개된 자아	맹목적 자아
감추는 자아	미지의 자아

자아개방은 싫어하고 타인이 해주는 피드백을 좋아하는 유형으로, 계속적으로 정보를 수집만 하고 거의 주지 않는 유형이다. I'm Not Ok, You're Ok의 인생태도로 수동적인 인간관계를 형성한다. 타인으로부터 자신에 대한 많은 이야기를 듣고 있으나, 자아개방은 잘하지 않으므로 타인으로부터 오해를 많이 받을 수 있다. 자기의 감정, 사실의 표현을 통한 자아개방이 필요하며 자아개방을 위한 말하기기술을 습득할 필요가 있다.

(3) Type C(전제형 또는 황소형)

공개된 자아	맹목적 자아
감추는 자아	미지의 자아

　　자신의 가치와 사고에 대하여 확신을 가지고 있으나, 타인의 의견(피드백)은 불신하는 유형으로 타인에게 지시하고 명령하기를 좋아하며, 타인의 비판적 의견은 싫어한다. I'm Ok, you're Not Ok의 인생태도로 능동적이나, 타인에 대한 긍정성이 부족하여 타인의 의견을 받아들이지 않고 강요하거나 무시하는 경향이 있다.

　　자아개방이 많아 타인이 자신을 잘 알고 있으나, 타인으로부터 자신에 대한 피드백을 경청하여 객관적으로 자신을 살펴보는 것이 필요하다. 타인의 기분, 감정을 이해하려고 노력하는 듣기기술의 습득이 필요하다.

(4) Type D(균형형 또는 유리창형)

공개된 자아	맹목적 자아
감추는 자아	미지의 자아

　　I'm Ok, you're Ok의 인생태도로 자기긍정에 기반하여 확실하게 자아개방을 하

며, 타인긍정의 기반하여 타인의 의견을 적극적으로 청취하여 서로의 지각이 정확하고 그 만큼 오해의 소지가 적고 커뮤니케이션의 유효성이 높다.

제6절   에니어그램

1 에니어그램(Enneagram)의 개념[39]

에니어그램이란 그리스어의 아홉이라는 뜻의 '에니어(ennear, 9, 아홉)'와 그림이라는 뜻의 '그라모스(grammos,도형·선·점)'에서 왔다. 즉, 에니어그램은 그리스어로 '아홉 개의 점이 있는 그림'이라는 뜻이다.

원과 아홉 개의 점, 그리고 그 점들을 잇는 선으로만 구성된 단순한 도형이지만 그 안에는 영적·종교적 전통과 인간 내면의 모든 것이 상징적으로 표현되어 있다.

에니어그램은 자신의 유형을 찾고 그 유형에서 주된 문제를 이해하는 데에서 시작한다. 에니어그램은 사람을 아홉 가지 유형으로 분류할 수 있으며, 어떤 사람이라도 그 중 하나의 유형에 속할 수 있다. 그러나 그것은 사람을 아홉 가지 유형으로만 구분, 획일화해 놓은 것이 아니라 아홉 가지 유형을 통해 자신의 행동을 발견할 수 있다.

〈그림 5-2〉는 에니어그램의 아홉 가지 유형을 간단하게 설명한 것이다.

---

39) D. R. Riso, R. Hudson 저, 한문화 역. *The wisdom of the Enneagram*, 한문화, 2005, p. 36.

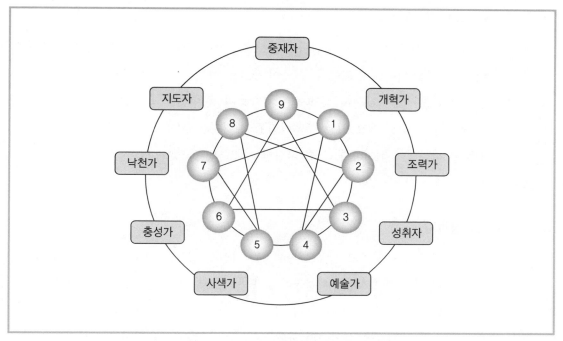

〈그림 5-2〉 에니어그램의 아홉 가지 유형

2 에니어그램 유형

(1) 개혁가(완벽주의자)

매사에 완벽을 기하고 스스로의 이상을 건설적인 자세로 추구하며 이를 위한 노력을 아끼지 않는다. 항상 공정함과 정의를 염두에 두고 정직하고 신뢰할 수 있는 성품으로 자신의 윤리관에 자신감을 갖고 있다. 매사에 완벽을 기하고 스스로의 이상을 건설적인 자세로 추구하며 이를 위한 노력을 아끼지 않는다.

인상이 깔끔하고 항상 자제하는 자세를 잃지 않고 '해야 한다'는 말을 자주 한다. 자신은 '올바른 길을 걷고 있다', '매사를 정확하게 파악하고 있다'는 생각에 만족감을 느낀다.

(2) 조력자

정이 많고 곤경에 빠진 사람들에게 도움의 손길을 뻗치며 주변 사람들에게 도움이 되는 일을 마다하지 않는다. 타인이 필요로 하는 것에 몰두하지만 타인의 도움을 필요로 하고 있는 자신에 대해서는 자각하지 못한다.

예리한 직감을 갖고 있고 주위사람들의 기분을 이해하고 거기에 맞출 수 있기 때문에 적응력이 뛰어나다. 또한 다양한 자기 모습을 갖고 있어 상대방에 따라 다른 모습을 연출할 수 있다.

(3) 성취자

항상 효율을 중시하고 성공을 위해서는 자신의 생활을 희생시키더라도 개의치 않는다. 인생의 가치를 '실패냐 성공이냐'라는 척도로 보고 실적을 중시하는 열정적인 사람으로 그 일이나 인간관계에서 성공을 꿈꾼다. 자신감에 넘친 인상으로 주위 사람들에게 좋은 인상을 심어주려 하며 '성공했다', '일을 효율적이고 성공적으로 완수해냈다'는 것에 가장 큰 만족을 얻는다.

(4) 예술가(개인주의자)

자신은 특별한 사람이라고 자부하고 있으며 무엇보다도 감동을 중시하고 평범함을 싫어한다. 다른 사람들보다 슬픔이나 고독 등도 진하게 느낀다.

타인에 대한 이해심이 많고 사람들을 받쳐주고 격려하는 것을 좋아한다.

(5) 사색가(탐구자)

지적이며 사려 깊고 행동 전에 생각한다. 분석력과 통찰력이 뛰어나며 객관적이고 초연한 태도를 일관되게 유지하려고 한다. 현실을 파악하는 관찰력이 뛰어나지만 말이 적고 태도가 조심스럽다. 어리석은 판단을 내리는 것을 두려워하며 일을 시작하기 전에 정보를 열심히 수집해 상황을 정확하게 파악하려고 한다.

또한 고독을 즐기는 경향이 강하고 자신만의 시간과 공간을 아주 중요하게 여긴다. '지혜로운 사람', '현명한 사람', '무엇이든지 잘 알고 있는 사람'이라는 자신의 모습에 가장 큰 만족을 드러낸다.

(6) 충성가

책임감이 강하고 안전을 추구하는 유형으로서 친구나 자기가 믿는 신념에 가장 충실한 사람들이다. 전통이나 단체에 강한 충성심을 갖고 있으며 공동체에 대한 헌신이 대단하다.

신중하며 거짓말을 모르는 그들은 협조적이며 조화를 이루며 믿음직스럽다. 상대에게 호감을 주는 유형이다. '책임감이 있다', '성실하다', '충성스럽고 믿을 만하다'는 말에 가장 큰 만족을 얻는다.

(7) 낙천자

모든 일을 낙관적으로 보려고 하며 밝고 명랑하다. 그리고 자기 주변에서 즐거움을 찾아내는 능력이 뛰어나다. 좋아하는 사람들이 주변에 많이 있으며 자기 자신도 매력적인 인간이 되려고 노력한다. 또한 아이디어와 상상력이 풍부하며 호기심이 많다. '항상 즐겁다', '너무나 유쾌하다', '앞으로의 계획이 무궁무진하다'라는 것에 만족을 얻는다.

(8) 지도자

자신이 옳다고 생각하는 것에 대해서는 전력을 다해 싸우는 전사이다. 용기와 힘이 넘치고 허영심 등을 재빠르게 꿰뚫어 보며 그것에 결연히 대항한다. 권력구조를 파악하는 능력이 뛰어나며 자신의 강한 힘을 발휘할 수 있는 위치를 확보하는 능력도 갖추고 있다.

거드름을 피우지 않고 성실하며 약자를 옹호하고 보호하려고 한다. '할 수 있다', '힘이 넘친다'라는 자신의 모습에 가장 만족을 느낀다.

(9) 중재자

갈등이나 긴장을 피하는 평화주의자로 자신의 내면이 혼란스러워지는 것을 싫어한다. 다른 사람들에게 쉽게 동화되기 때문에 주위 사람들의 영향을 받기 쉽다. 그러나 좋은 환경에 있으면 마음이 넓고 동요되는 일이 없으며 강한 인내심을 보인다.

편견이 없고 다른 사람의 기분을 이해할 줄 알기 때문에 타인의 고민을 잘 들어준다. '안정감'과 '조화'로 넘쳐 있는 상태에 가장 큰 만족을 느낀다.

workshop과 토의자료

1. 에니어그램은 타고난 성격을 찾는 테스트입니다.
2. 〈부록 5-4〉 에니어그램 진단지 Test 1과 Test 2의 항목을 체크하고 각 Test에서 가장 많은 체크를 한 1, 2의 조합이 자신의 에니어그램 유형을 진단해 봅니다.
3. 에니어그램 유형의 특성을 파악하고 발전방안을 토의합니다.

효과적인 듣기

제1절 듣기의 의의

인간 커뮤니케이션에서 듣기는 매우 중요한 부분으로 자리 잡기 시작하고 있다. 이는 최근의 많은 문제가 타인의 메시지를 정확하게 이해하지 못하고 있어서 발생하는 경우가 빈번하기 때문이다. 듣기의 미숙이 비즈니스가 잘못되는 주요원인으로 인식되고 있다. 비즈니스가 전화나 다른 듣기수단에 의존하면 의존할수록 듣기 미숙으로 인한 비용은 증가한다. 원거리 비즈니스가 많이 발생하는 최근에는 특히 많은 듣기기술에 의존하고 있기 때문에 정확한 듣기 기술이 필요하게 된다.

많은 경우 듣기 미숙으로 비즈니스를 망치게 되는데 루빈(R .B. Rubin)에 따르면 "학생들이 강의실에서 중심내용을 알아내기 위해서나 강의 중 제시된 내용을 제대로 알아듣기 위하여 귀를 기울이는 일은 매우 흔하다. 구두로 제시된 보고서 제출을 제대로 이해하지 못해서 지시한 대로 작성하지 못하는 일이 아주 흔하다."[40] 랭킨 (Rankin)은 그의 연구에서 "사람은 깨어 있는 시간의 70%를 의사소통에 사용하며, 그 중 45%는 듣기, 30%는 말하기, 16%는 읽는 시간으로 9%를 쓰는 시간으로 사용한다."라고 하였다.

사람들은 많은 시간을 듣기에 사용하지만 '듣기가 자연적인 과정이어서 따로 배울 필요가 없다고 생각'하며 효과적으로 들을 수 있는가를 가르치는 강의를 받은 적이 없다. 클레벤저(Clevenger)는 말소리를 듣는 것(hearing)과 의미를 듣는 것(listening)은 복합적인 것일지라도, 일반적으로 별개의 과정임을 이야기하고 있으며, 듣는 사람의 각각의 관심과 욕구, 동기가 모두 다름을 알아야 한다.

커뮤니케이션 중에서 가장 많은 부분을 차지하고 있는 부분이 듣기임에도 불구하고, 대부분의 교육과정에는 듣기를 가르치는 교과목은 찾아보기 어렵다. 사업체, 산업체나 공공집단의 대표, 일반기업체의 조직원도 이제 듣기기술에 대한 교육은 필수적이며 이에 대한 중요성은 점차 강조되어야 한다.

토마스 고든(Thomas Gordon)과 주디 고든 샌즈(Judy Gordon Sands)는 부모역할 훈련 (parent effectiveness training in action)에서 '문제소유의 원리'를 이야기하고 있는데 이는 〈그림 6-1〉과 같이 '문제없는 영역'을 넓히기 위하여 상대방의 문제에 대하여는 '도움을 주는 기술(helping skill)'이 필요하다는 것을 말했다. '도움을 주는 기술'로는 커뮤니케이션에서는 '듣기기술'로 상대방의 문제영역을 줄임으로써 '문제없는 영역'을 넓힐 수 있다. 여기에 효과적인 방법으로는 '적극적 경청'기법이 있고, 자기의 문제는 자기에게 도움이 되는 '직면기술(eonfrontation skill)'이 필요한데 이것은 '도움을 받는 기술'이다. 커뮤니케이션에서는 타인의 도움을 청하는 '말하기기술'로 '문제없는 영역'을 넓힘으로서 인간관계를 원활히 할 수 있다. 여기에는 '나-전달법(I-message)'을 사용함으로써 '문제없는 영역'을 확대할 수 있다.

---

40) R. B. Rubin, "Assessing Speaking and Listening Competence at the Collage Level", *Communication Education, 31*(1), January 1982, p. 19.

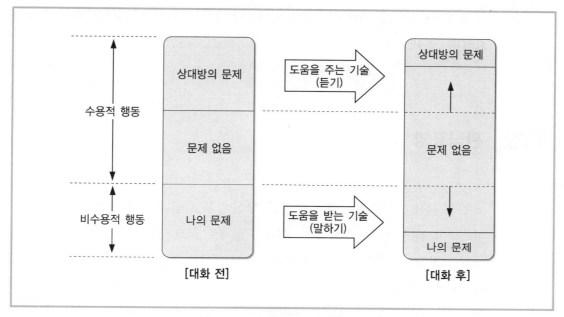

〈그림 6-1〉 문제소유의 원리(듣기 편)

자료 : T. Gordon and J. Gordon Sands, *Parent Effectiveness Training in Action*, The Putnam Publishing Group, 1976.

듣는 사람이 없다면 커뮤니케이션에 대한 노력도 성과가 없을 것이다. 결국 상호 작용과정으로서 커뮤니케이션은 상호 간의 의미의 교환이데, 만약 상호작용이 일방 적으로만 남는다면 커뮤니케이션의 완성은 이루어질 수 없다.

메시지의 내용획득을 위한 '신중한 듣기(deliberative listening)'[41]뿐만 아니라 커뮤 니케이션 상황에서 발생하는 감정적 맥락을 이해하기 위한 '감정이입 듣기(empathic listening)'[42]도 매우 중요하다.

---

41) C. M. Kelly, *Empathic Listening*, in R. Cathcart and L. Samovar(eds), *Small Group Communication*, Wm. C. Brown, Dubuque, Iowa: 1979, pp. 340~348.

42) C. Rogers, "Communication: Its Blocking and Facilitating," *Northwestern University Information, 20*, 1952, pp. 9~159.

효과적인 듣기를 위해서는 '말하는 사람에 대한 관심표명'과 '적극적인 듣기'가 필요하며 그 내용은 다음과 같다.

제2절 관심표명

단지 듣는 것만으로 충분하지 않고, 당신이 듣고 있다는 것을 말하는 사람이 알아차려야 한다. 다시 말해, 듣는 사람은 실제로 듣고 있다는 구체적인 행동을 해주어야 한다. 이 행동을 '관심표명(attentiveness)'이라고 하며, 말하는 사람의 효율성을 더해 주며 '들으려고 애쓰는 모습(appearing to listening)'은 그 자체만으로 커뮤니케이션에서 매우 중요하다. 노턴과 피테그루(R. W. Norton & L. S. Pettegrew)는 그들의 연구를 통하여 커뮤니케이션에 열심히 참여하는 것은 메시지를 보내는 쪽과 받는 쪽 모두에게 해당된다고 했는데,[43] 관심표명 태도는 엄밀한 의미에서는 듣기가 아니지만 커뮤니케이션이 효과적으로 이루어지게 하는 적극성과 말하기의 의미를 포함하고 있다.

(1) 좋은 듣기태도

- 무엇인가 도움이 될 만한 것을 찾고자 한다.
- 화자의 용모보다 메시지에 열 배는 더 신경을 쓴다.
- 화자를 판단하기에 앞서 그의 말을 끝까지 듣는다.
- 중심생각, 원리, 개념에 귀를 기울인다.
- 2~3분간 듣고 노트한다.

---

43) R. W. Norton, and L. S. Pettegrew, "Attentiveness as a Style of Communication," *Communication Monographs,* *46*(1), March 1979, p. 13.

- 듣는 동안 긴장을 풀지 않음, 잘 들으려면 긴장해야 한다.
- 주의산만 요인에 대해서는 창문이나 문을 닫고, 좀 더 큰 소리로 말해 달라고 부탁하는 따위의 조치를 취한다.
- 어려운 내용을 듣기 위해 학습한다.
- 자신에게 크게 신경 쓰이는 표현장벽을 잘 알고 있다.
- 생각의 속도를 유용한다(다음 요점의 예측, 대조·비교, 화자의 증거 식별, 머릿속으로 요약).

(2) 나쁜 듣기태도

- '흥미 없는' 주제라고 여긴다.
- 화자의 말솜씨, 개인적 용모, 넥타이 따위에 신경을 쓴다.
- 넘겨짚고 반박을 준비한다.
- 사실에만 귀를 기울인다.
- 내가 들은 모든 것을 개관하려고 애쓴다.
- 화자에게 집중하는 체한다.
- 모임의 주인산만 요인을 모른 체한다.
- 어려운 내용은 피한다.
- 신경 쓰이는 표현에 영향을 받는다.
- 말의 속도(100~300단어/분)와 생각의 속도(800단어/분을 처리)의 차이를 허비한다.

제3절 적극적 경청

효과적인 커뮤니케이션 능력은 자기 의견을 효율적으로 전달하는 것 못지않게 상대방의 이야기를 정성껏 들어 주는 수용의 자세가 있어야 한다.

적극적인 경청이란 〈그림 6-2〉에서처럼 소리를 듣기만 하는 것이 아니라 상대방이 전달하고자 하는 말의 내용은 물론 그 내면의 말을 하게 된 동기나 감정에 귀를 기울여 듣고 상대방에게 피드백하는 것이다. 즉, 적극적 경청이란 상대방이 말한 내용의 평가, 의견제시, 충고, 분석, 의문을 전달하는 것이 아니라 상대방의 말이 의미하는 바가 무엇인지를 이해하면서 듣는 것을 말한다.

밤늦게 귀가한 아들과 어머니의 대화 1

어머니 : 너 지금이 몇 시니?
아 들 : 예, 지금 새벽 3시인데요.
어머니 : 뭐라고?

위의 대화 1의 내용은 형식상으로는 아무런 문제가 없는 것처럼 보일 수도 있다. 하지만 두 사람 사이에는 무엇인가 부자연스러움이 남는다. 아들은 어머니의 말에 내용에만 의미를 두었을 뿐이다.

밤늦게 귀가한 아이들과 어머니의 대화 2

어머니 : 너 지금이 몇 시니?
아 들 : 예, 어머니 죄송해요. 다음부터는 일찍 들어오겠습니다.
어머니 : 그래 다음부터는 늦지 않도록 하여라.

위의 대화 2처럼 표면적인 물음보다는 말이 가지는 정서를 이해하여 그에 맞는 피드백을 하는 것이 '적극적 경청'이다.

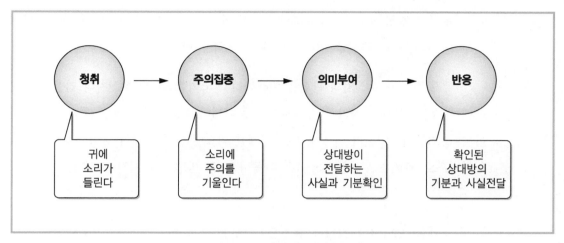

〈그림 6-2〉 적극적 경청의 경로

로저스(C. Rogers)는 듣기는 커뮤니케이션을 증진시키는 기능 이상의 것으로 '적극적인 경청'은 사람과 삶의 전부를 반영하여 "어떻게 해서 상대가 그렇게 생각하게 되었는지를 알 수 있도록 하는 창조적인 힘을 갖는다."[44]라고 하였다. 따라서 적극적인 듣기는 '상대방이 전달하고자 하는 말의 내용은 물론 그 내면에 기분, 감정, 의미에 귀를 기울여 듣고 이해한 바를 상대방에게 피드백해 주는 것'이라고 할 수 있다.

'경청(傾聽)'은 다음과 같은 세 가지 수준으로 구분되는데, '적극적 경청'은 투사적 경청의 수준으로 메시지를 상호 잘 이해할 수 있다.

- **최저한의 경청**(marginal listening) : 대부분의 메시지가 들리지 않고 내용이 이해되지도 않는다.
- **평가적 경청**(evaluative listening) : 전달되는 메시지 중 수용되지 않는 바를 주의 깊게 들으며, 경청이 끝나면 불완전한 메시지에 대한 반응이 일어난다.

---

44) C. Rogers, "Communication: Its Blocking and Facilitating", *Northwestern University Information, 20*, 1952, pp. 9~15.

- **투사적 경청**(projective listening) : 전달되는 메시지를 평가하지 않으면서 들으며, 송신자의 관점을 이해하기 위한 노력을 한다.

'적극적 경청'은 송신자의 관점을 이해하려고 노력함으로써 송신자의 입장을 이해하려는 것을 말한다. 따라서 송신자의 커뮤니케이션의 모든 내용을 동의하는 것은 아니며, 커뮤니케이션의 내용에 따른 적절한 피드백을 해 주어야 한다. 적극적인 경청기법으로 로빈슨(S. P. Robbins)은 다음과 같은 방법을 제시하고 있다.[45]

- 눈 맞춤을 하라(make eye contact).
- 고개를 끄덕이며 적절한 표정을 지어라.
- 주위를 산만하게 하는 행동이나 제스처를 피하라.
- 질문하라.
- "내가 듣기로는 당신이 말하는 바가……." 또는 "당신이 말하는 바는……." 하는 등의 표현으로 부연하라.
- 말하는 사람 사이에 끼어들어 방해하지 말라.
- 너무 많이 말하지 말라.
- 말하는 사람과 듣는 사람의 역할전환을 자연스럽게 하라.

데이비스와 뉴스트롬(K. Davis & J. W. Newstrom)은 커뮤니케이션 효과를 증진시키기 위한 적극적 경청의 지침을 제시하고 있는데, 그 내용은 다음과 같다.[46]

- 말을 많이 하지 말라. 말을 계속하면 들을 수 없다.
- 상대방을 편하게 해 주어라. 다른 사람이 자유롭게 말할 수 있도록 도와주어라.
- 말하는 사람에게 당신이 듣기 원함을 보여 주어라. 반대하기 위하여가 아니라 이해하기 위하여 잘 들어라.
- 산만한 정신을 가져서는 안 된다.

---

45) S. P. Robbins, *op. cit.*, pp. 341~343.
46) K. Davis, and J. W. Newstrom, *Human Behavior at Work*, 8th ed., McGraw-Hill, 1989, p. 413.

▪ 말하는 사람에게 감정이입(感情移入)을 하라. 다른 사람의 관점을 알려고 노력하라.

▪ 자기의 주장과 비판을 차분히 하고 논쟁(論爭)하지 말라. 논쟁을 하면 논쟁에서 승리하더라도 커뮤니케이션의 과정에서는 지는 것이다.

▪ 질문을 하라. 그렇게 하면 말하는 사람에게 용기를 주고 상대방이 청취하고 있음을 보여 주는 것이다. 그렇게 함으로써 요점을 더욱 잘 알게 해 준다.

듀브린과 아일랜드(A. J. DuBrin & R. D. Ireland)은 '적극적 경청'의 자세로 다음과 같은 여섯 가지를 제시하고 있다.[47]

▪ 의미에 집중하라. 전체적인 요점을 파악하도록 하여야 한다.

▪ 말하는 것에 몰입하라. 사전정보와 생각을 동원하라.

▪ 말하는 것을 모두 경청하라. 말이 끝나기 전에 결론을 내리지 말라.

▪ 감정을 인정하라. 사실 자체만을 듣는 것은 충분하지 못하므로 상대방의 입장에서 사실과 함께 감정을 인정하라.

▪ 50 : 50의 법칙으로 자신을 평가하라. 자신이 말하는 시간에 50% 이상을 할애하지 말라.

▪ 경청한 바를 요약하라.

'적극적 경청'을 하기 위한 요령과 자세를 요약하면 다음과 같다.

---

47) A. J. DuBrin, and R. D. Ireland, *Management and Organization*, 2ed., South-Western, 1993, p. 341.

적극적 경청요령

① 부정적 감정을 먼저 해소하라.

② 주의를 기울여 끝까지 들어라.

③ 상대방의 이야기 세 가지 들어라.

- 현재 하고 있는 이야기
- 이야기하고자 하는 말
- 이야기하지 못하는 말

④ 귀로만 듣지 말고 눈, 몸, 느낌으로 들어라.

⑤ 비판적 자세를 지양하고 수용적 자세로 들어라.

⑥ 이야기하는 동안 시선을 집중하라.

⑦ 객관적 사건을 들음과 동시에 사건 속의 감정을 들어라.

⑧ 제3자를 개입시키지 말라.

적극적 경청의 자세

① 상대방이 편안한 상태로 돌아오게 도와주고자 하는 의도로 상대방의 행동에 관심을 기울이고 존중하는 태도를 취한다.

② 상대방이 화난 일을 이야기할 때 상대방의 말을 가로막지 말고 침묵을 지키며 잘 들어 준다. 충분히 마음을 털어놓도록 침묵으로 지켜본다.

③ 듣는 사람의 의견을 포함하지 않고 상대방의 말에 맞장구를 친다.

- "예", "그랬군요", "정말!"

④ 감정이 지나치게 격해서 말하기조차 어려워할 때 듣는 사람은 상대방의 말문을 열어 준다.

- "기분 나쁜 일이 있었나 보군요."
- "당신에게 무슨 일이 있었는지 궁금하군요."

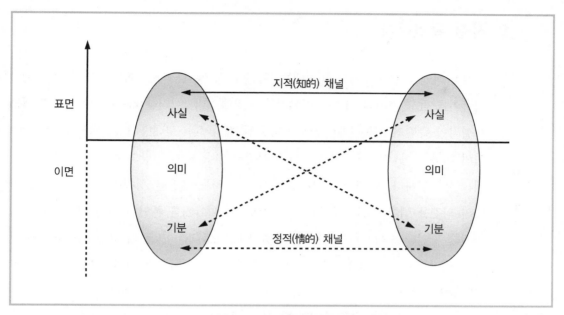

〈그림 6-3〉 적극적 경청의 형태

'적극적 경청'은 사실과 사실이 표면적인 커뮤니케이션 '지적(知的) 채널'뿐만 아니라 이면의 의미와 기분까지 교류하는 커뮤니케이션 '정적(情的) 채널'을 말한다.

제4절 적극적 경청의 방법

적극적 경청을 하기 위한 방법으로는 ① 사실 확인하기, ② 기분 알아주기가 있으며 구체적으로 살펴보면 다음과 같다.

107

1 사실 확인하기

일반적인 커뮤니케이션의 형태는 '질문을 하고 대답하는 형태'이거나 '상대방의 이야기를 듣고 자기의 의견을 이야기하는 형태'이다. 이러한 커뮤니케이션의 형태는 사실적인 측면의 커뮤니케이션에는 유효한 방법이나, 상대방이 단순한 사실적인 측면의 대화가 아니라 감정적으로 매우 복잡하거나, 자기 입장의 이해를 구하는 경우에는 부적합하다. 이때에는 상대방이 하고자 하는 내용을 청취하고 일방적으로 자기의 의견을 이야기하는 방식보다는 상대방의 이야기를 본인이 어떤 내용으로 들었는지를 확인해 주는 커뮤니케이션 방법이 매우 효과적이다. 이 확인하는 과정은 상대의 이야기를 단순히 듣고만 있는 것이 아니라, 그 사실과 의미, 기분을 이해하고 받아들이고 있다는 것을 알려 주는 중요한 수단이 된다.

'사실 확인하기'는 구체적으로 말하는 사람의 이야기를 잘 알아듣지 못했을 때, 상황판단이 어려워 말하는 의도를 모를 때 사용한다.

'사실 확인하기'를 통하여 대화과정에서 생기는 오해를 줄일 수 있으며, 말하는 사람에게 관심이 있다는 것을 알려 주고, 상대방이 말하는 것을 알아들으려고 노력하고 있다는 것을 알려 줌으로써 친밀감과 신뢰감을 조성할 수 있다.

'사실 확인하기'의 구체적인 방법으로는 ① 반복하기, ② 환언하기, ③ 요약하기의 세 가지 방법이 있으며, 구체적으로 살펴보면 다음과 같다.

(1) 반복하기

'반복하기'는 상대가 한 말을 그대로 반복하는 것으로 주로 짧고 중요한 얘기일 때 사용한다. '반복하기'를 통하여 상대방의 이야기 내용을 잘 이해하고 있다는 것을 알려 줄 수 있으며, 전달하고자 하는 내용에 차이가 있다면 피드백을 통하여 정확한 커뮤니케이션을 할 수 있다.

(2) 환언하기(바꾸어 말하기)

'환언하기'는 상대의 이야기를 자기식 표현으로 바꾸어 이야기 하는 것으로 상대의 표현이 정확하지 못하거나 복잡할 때에 간단명료하게 하는 데 효과적이다.

- '환언하기'는 다음과 같은 형식으로 이루어진다.
- "그러니까 당신의 생각으로는……."
- "당신은 지금 …… 라고 말하고 있군요."
- "그러니까 당신의 의견으로는……."

'환언하기'를 통하여 송신자의 숨은 의도나 감정을 파악할 수 있다.

(3) 요약하기

'요약하기(summary)'는 상대방 이야기의 핵심을 다시 짚어 주는 것으로, 긴 설명이나 이야기 또는 이야기를 마무리 지을 때 사용한다. 이는 상대가 미처 구체화하지 못하였거나, 구체적으로 표현하지 못한 말속에 있는 숨은 뜻과 숨은 기분을 파악할 수 있다.

위와 같이 '사실 확인하기'는 말하는 사람의 기분, 의도, 감정을 파악하는 데 매우 유효하다. 하지만 여기서 적극적 경청이란 자기 자신의 이익이나 만족을 취하기 위한 방법이 아니라, 사실을 잘 판단하고 자신 있는 행동을 할 수 있도록 하여 주는 것이다.

사실 확인하기의 예

송신자 : "사실 저도 어지간하면 이런 말씀 드리지 않으려고 했습니다. 그런데 아무리 생각해 봐도 이건 너무하다 싶어 말씀 드리려고 합니다. 한 번 생각해 보십시오. 2년째 한자리에 그냥 있으니 답답해서 죽겠습니다. 매일 같은 일만 반복되고, 거기다가 윗분들은 제가 무슨 건의만 하면 건방지다, 경솔하다 하시니 무슨 말을 할 수가 있어야지요."

반복하기 : "그러니까 동일 업무만 2년째 계속하고 있으니까 몹시 답답하다는 말이군요. 거기다가 윗분들에게 건의만 하면 건방지다, 경솔하다 하는 식으로 야단만 맞았기 때문에 말도 하기 어려웠고, 그래서 참으려 했는데 도저히 어려워 이야기한다. 이런 말이지!"

환언하기 : "그러니까 단순 업무만 시키면서 건의하는 내용에도 주의를 기울이지도 않아 많이 화가 난다고 말하고 있군요."

요약하기 : "단순업무가 계속되니 매우 무료하고 이제는 인내의 한계에 왔다는 소리군."

workshop과 토의자료

1. 〈부록 6-1〉 사실 확인하기 실습을 작성합니다.

2. 2인 1개조로 조를 편성하여 상대방의 말을 듣고, 반복하기, 환언하기로 바꾸어 이야기를 하여봅시다.

3. 평상시의 대화와 사실 확인하기를 통하여 이루어진 대화와의 차이를 토의합니다.

2 기분 알아주기

상대방의 이야기를 들으면서 말 속에 담겨 있는 기분을 상대의 입장에서 공감하고 받아들이는 일은 대인관계에서 중요한 일이며, 비즈니스의 성패를 좌우하는 중요한 일이다.

공감하고 수용하는 능력이 없으면 상대방에게 정보를 제공하고, 그가 가지고 있는 사실적인 내용에 대하여는 교류가 가능하지만, 진일보한 인간적인 관계를 갖는다는 것은 불가능한 일이다.

사람의 문제는 인간적인 '감정문제'와 사실에 입각한' '사실문제'로 나누어 볼 수 있는데 '감정문제'는 '기분 알아주기'를 통하여 대부분 해결할 수 있다.

'기분 알아주기'는 상대방의 이야기를 들으면서 말 속에 담겨 있는 기분이나 의도 등을 알아내어 상대방의 문제를 해결할 필요가 있을 때 사용하며, '기분 알아주기'를 통하여 감정적으로 겪는 마찰, 가치관이나 사고방식의 차이에서 발생하는 대화의 어려움을 줄이거나 해결할 수 있으며 상대방이 겪는 여러 가지 어려움을 도와 줄 수 있는 이점이 있다.

'기분 알아주기' 1단계는 상대방이 당면하고 있는 문제 주의 깊게 들어주기, 2단계는 상대방의 감정과 처한 상황을 반영해 줄 만한 적절한 말을 생각하고, 상대방의 감정과 그의 상황을 잘 이해하고 있다는 말을 믿게 해 주는 과정을 통하여 이루어진다.

(1) 감정 파악하기

말을 주고받는 동안에 말이라는 용기에 담긴 기분을 알아준다는 것은 상대방이 나에게 전달하고자 하는 뜻만 아니라, 그 뜻을 이야기하고자 하는 상대방이라는 사람을 알아주는 것이 된다. 왜냐하면 상대방이 이야기하는 사실적인 내용이나 생각은 그것이 아무리 중요한 생각이라 하더라도 상대방의 수많은 생각 중의 하나일 뿐이다.

그러나 상대방이 기분을 이야기 할 때는 그것이 아무리 단순하고 스쳐가는 기분이라 할지라도 상대방이 일생동안 살아온 경험을 바탕으로 우러나온 것으로 자기 전부를 드러내 보이는 것이기 때문이다. 사람의 행동에는 반드시 그 바탕에 기분이라고 하는 것이 깔려 있고, 행동의 어느 것 하나 기분 없이는 이루어질 수 없다. 인간은 기계가 아니다. 감정과 정서가 있고, 이것이 커뮤니케이션의 근본적인 역할을 한다. 따라서 말하는 사람이 현재 어떤 감정을 가지고 있는지를 파악하여 정적 채널을 통한 대화를 함으로써 공감대를 형성할 수 있다.

'감정 파악하기'는

- 좋다, 나쁘다 식으로 전체적으로 크게 나눈다.
- '기쁘다, 상쾌하다, 들떠 있다, 외롭다, 괴롭다' 등 기분을 나타내는 특정한 단어를 사용한다.
- '약간, 상당히, 아주, 몹시, 강하게' 등 기분의 정도를 나타낸다.
- 상대방의 기분을 나타내는 데 사용하는 단어와 같은 뜻을 가진 다른 단어를 사용한다.
- 상대에게 익숙하고 그가 잘 사용하는 단어를 골라서 사용한다.

(2) 공감하기

'공감하기'는 인간의 행동은 기분에 따라 달라진다는 가정에서 이루어진다. 상대의 이야기를 들으면서 그 말 뒤에 숨어 있는 상대방의 감정(기분)상태를 파악하여 내가 이해하고 상대방과 같이 느끼고 있음을 전달하는 것을 말한다.

'기분 알아주기'는 말을 듣는 방법이나 기술 이전에 마음가짐의 문제이다. 즉, 상대방의 내면에 있는 본래의 마음을 이해하기 위해 모든 정력을 기울여 경청하는 마음의 자세가 없이 단순히 듣는 요령으로 '적극적 경청'의 방법을 사용한다면 상대방은 곧 이 사실을 간파하기 때문에 헛수고로 끝나고 만다.

　　이상의 '감정 파악하기'와 '공감하기'는 타인을 이해하는 마음이 없이는 매우 어렵다. 또한 타인을 이해하는 마음가짐이 되어 있어도 이를 실천하기 또한 어렵다. 따라서 적극적 경청은 '타인을 이해하는 마음'과 함께 연습하고 훈련하여 생활화가 되어야 한다. '적극적 경청'은 상대방이 사물을 잘 판단하여 자신 있는 행동을 취할 수 있도록 도와주는 듣기방법을 말한다. 다음의 예는 일상적인 생활에서 흔히 볼 수 있는 대화이다. 하지만 문제해결에 있어 상당히 다른 결과를 보이고 있다.

문제해결의 예 1

과장 : "부장님! 이번 주 중으로 신년도 사업계획을 수립하라는 것은 너무 무리한 지시이십니다. 윗분들은 지시만 하시면 일이 다 된다고 생각하시는 것 아닙니까?"

부장 : "어떻게 그런 소리를 하나? 지시만 내린다고 어떻게 일이 다 되겠나? 그러나 이번은 하도 급하게 되어 하는 말이네."

과장 : "지난번 파견을 나간 김 대리도 복귀하지 않은 상태에서 사원도 2명이나 아파서 병가 중에 있지 않습니까? 윗분들은 이런 사정을 알고나 계십니까?"

부장 : "윗분들이 그걸 생각하나? 하여튼 이번 지시는 특별지시니까 금주 중으로 반드시 끝내야 하네."

과장 : "반발이 아주 심할 것입니다."

부장 : "그러니까 이 과장에게 잘 수습하라는 것 아닌가? 그것도 못하면 과장이 무슨 필요가 있어?"

113

<u>문제해결의 예 2</u>

과장 : "부장님! 이번 주 중으로 신년도 사업계획을 수립하라는 것은 너무 무리한 지시이십니다. 윗분들은 지시만 하시면 일이 다 된다고 생각하시는 것 아닙니까?"

부장 : "무리한 작업을 시키는 것 같아 화가 난 모양이군."

과장 : "그럴 수밖에 없지 않습니까? 지난번 파견을 나간 김 대리도 복귀하지 않은 상태에서 사원도 두 명이나 아파서 병가 중이고……"

부장 : "몰인정하다는 말이지. 지금도 인원부족으로 무리하고 있는데, 그러니 아무리 이야기를 해도 안 되겠다는 말 아닌가."

과장 : "예, 그렇습니다. 과원에게 뭐라고 설명해야 좋을지 모르겠습니다."

부장 : "말하기가 아주 거북한 모양이지."

과장 : "그렇습니다. 그 문제가 아니더라도 요즈음은 무리를 하고 있는 셈인데……. 이렇게 바쁘다, 바쁘다고만 하니 견딜 수가 없습니다."

부장 : "과원을 불쌍하게 생각하고 있구먼."

과장 : "그렇습니다. 윗분들도 무슨 사정이 있으시겠지만, 이건 해도 너무 하신다 싶어서 말입니다. 그렇지만 어떻게 하겠습니까? 할 수 없지요. 좋습니다. 어떻게 한번 해 보겠습니다."

위의 〈예 2〉는 〈예 1〉과 동일한 상황이지만 대화방법이 전혀 다르다는 것을 알 수 있다. 〈예 1〉은 상사가 사실만을 주고받으며, 부하의 의견을 무시하고 강압적이라는 비판을 듣기 쉬운 방법이고, 〈예 2〉는 대화 중 사실의 내면에 깔려 있는 의미와 기분에 중점을 두어 반응을 표시함으로써, 스스로 의사결정을 하도록 돕고 있다. 두 번째의 방법이 바로 '적극적 경청'이다.

workshop과 토의자료

1. 〈부록 6-2〉 기분 알아주기를 작성합니다.

2. 2인 1개조로 조를 편성하여 상대방의 말을 듣고, 감정 파악하기, 공감하기로 바꾸어 이야기를 해봅시다.

3. 평상시의 대화와 상대방이 나의 기분을 알아주었을 때 대화와의 차이와 상대방에 대한 감정에 대하여 토의합니다.

효과적인 말하기와 피드백

제6장의 효과적인 듣기에서 '문제소유의 원리'를 살펴보았다. 제6장과 같은 그림을 제시하는데, 이 장에서는 나의 문제에 대해 도움을 청하는 기술인 '말하기 기술'로 '문제없는 영역'을 넓힘으로써 인간관계를 원활히 할 수 있는데 여기에는 '나-전달법(I-message)'을 사용할 수 있다.

즉, 말하기를 효과적으로 한다는 의미는 타인에게 효과적으로 반응하고 영향을 끼치는 방법을 알자는 것이다. 또한 타인과의 커뮤니케이션을 원활히 하기 위한 '나-전달법'의 구성원리를 이해하고 이로 인한 커뮤니케이션 효과를 알아보기로 하겠다.

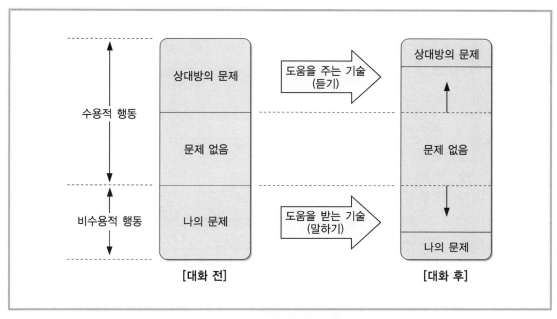

<그림 7-1> 문제소유의 원리(말하기 편)

자료 : T. Gordon, & J. Gordon Sands, *Parent Effectiveness Training in Action*, The Putnam Publishing Group, 1976.

제1절 효과적인 말하기의 전제조건

1 분명하게 하기

어려움에 처한 사람을 도우려면 우선 상대를 분명하게 알고 상대의 처지를 이해하고, 그 기분을 공감하고 받아들여야 한다. 그러나 '기분 알아주기'와 '공감하기'만으로는 도움을 주기에 부족한 경우가 많다. 따라서 인간적인 '감정문제'가 해결된 경우 '사실문제'를 해결하여야 할 경우가 많다. '사실문제'는 감정의 안정이 목표가 아니라 구체적인 문제해결이나 현상의 개선이 목표가 되므로 상대에게 영향을 미치

117

는 기술이 요구된다. 문제의 핵심을 포착하고 문제를 정확히 정의함으로써, 문제해결을 원활히 할 수 있는데 이에 적합한 기술로 '분명하게 하기'를 사용할 수 있다.

대부분의 사람은 사실문제보다는 감정문제에서 더 많은 분노를 느끼는 경우가 많다. 이러한 경우 '분명하게 하기'는 '감정문제'를 '사실문제'와 분리하여 문제를 해결할 수 있다. 예를 들면 다음과 같다.

A : "저 이제 도저히 회사에 못 나오겠습니다."

B : "웬만해서는 그런 소리를 할 사람이 아닌데 이런 소리를 하는 것을 보면 무엇인가 상당히 불쾌한 일이 있었던 모양이군요."

A : "이건 해도 해도 너무합니다. 김 대리 나이가 몇 살입니까? 나이도 한참 어린 사람이 상사라고 해서……."

B : "김 대리에게 무시당하는 기분이고 그 때문에 도저히 회사에 나오기조차 싫어졌다는 말씀이시죠?"

A : "그렇죠. 그래도 제가 입사도 선배이고, 집에 가서는 가장인데 나이도 어린 사람에게 무시당하면서 살아야 하니……."

B : "분하기도 하고 자신이 처량한 생각까지 든다는 이야기이죠.

A : "그렇죠. 이제는 회사도 그만 다녀야 할 것 같아요."

B : "그런데 좀 분명히 하고 싶은 점이 있는데……. 불만이 있는 것은 회사에 불만이 있어서인가요? 김 대리에게 불만이 있어서 인가요?"

A : "회사에는 불만 없습니다. 김 대리가 하도 사람을 무시하기 때문에 그렇지요."

B : "그렇다면 이야기의 논점은 김 대리에게 무시당하는 것을 참을 수 없다. 그리고 앞으로도 더 이상 무시하는 것을 용납할 수 없다는 것 같은데……. 그게 분명한가요?"

A : "그렇습니다."

B : "그렇다면 이제부터 어떻게 하면 김 대리에게 무시당하지 않을 수 있는지에 대하여 이야기해 봅시다. 회사와는 상관없는 일 아닌가요?"

2 지지하기

상대에게 영향을 주거나 도움을 주려면 우선 상대가 나를 안심하고 대할 수 있도록 만들어야 한다. 상대방을 지지한다는 것은 자칫하면 상대에게 의뢰심을 길러 주고 무책임하고 나태하게 만들 수 있으므로 상당한 주의를 요구한다. 지지를 한다는 것은 지지받는 사람에게 자기를 유능하고 가치 있는 존재라는 인식을 갖도록 해 준다는 것을 의미한다.

3 진실하게 대하기

자아개방을 하여 솔직하게 자기 개방을 한다는 것은 때로는 타인의 감정을 상하게 할 수고 있고, 무시를 받거나 이상한 사람으로 보일 수도 있는 문제로, 상당한 용기가 필요하다. 그러나 이런 곤란함이 있음에도 불구하고 마음속의 생각과 느낌을 진솔하게 나타내지 않으면 상대방에게 신뢰를 주기는 어려울 것이다.

4 지적하기

상대방의 '말과 행동이 다를 경우', '과거와 현재의 말이 다를 경우', '상호 간의 현실지각의 차이가 있는 경우'에는 '지적하기'를 사용할 수 있는데, 이 방법은 상대가 잘 받아들이면 매우 효과적으로 커뮤니케이션을 할 수 있다. 하지만, 상대가 받아들이지 않으면 인간관계에 갈등으로 작용할 수도 있으므로 상대에게 진정으로 나를 위하여 하는 것이라는 신뢰관계가 이룩되기 전까지는 가능하면 피하는 것이 좋다.

(1) 지적의 종류

- 이미 겪어 보고 관찰한 사실

■ 새로운 정보를 제공하거나 가르쳐야 할 경우

(2) 지적의 영향을 강하게 미치려면

■ 구체적이고 분명하게 하여야 한다.

■ 수용이 쉬운 것부터 점차 수용이 어려운 것으로 하여야 한다.

■ 중도에 멈추지 않아야 한다.

■ 상대에 대한 배려로 중도에 강도가 약해지거나, 변명의 구실을 주지 말아야
한다.

제2절   나-전달법

우리의 보편적인 언어습관은 나의 판단을 중심으로 전개한다. 이는 상대방의 행
동을 나의 입장에서 판단하여 전달하는 '너―전달법(You-Message)'를 사용하여 왔다.
'너―전달법'은 상대방의 존재를 나의 견해에 비추어 비판 또는 충고를 함으로써
상대방에게 감정을 상하게 하여 상호 간의 인간관계를 소원하게 할 수 있는 커뮤니
케이션 방법이다.

이에 반하여 '나―전달법'은 상대방의 구체적인 행동에 그 행동이 나에게 미친 영
향을 말함으로써 나의 감정과 느낌을 솔직하게 말하는 방법으로, 상대방의 수용과
행동변화를 용이하게 만드는 방법이다.[48] '나―전달법'을 통한 말하기는 자기 노출을
통하여 상호신뢰를 높이거나, 상대방 행동의 적절한 피드백을 통하여 상대방이 불쾌
한 감정이 생기지 않으면서 상대방의 행동변화에 영향을 미쳐 상호발전을 할 수 있

---

48) T. Gordon and J. Gordon Sands, *Parent Effectiveness Training in Action*, The Putnam Publishing Group, 1976,
pp. 138~222.

도록 한다. 상대방을 평가하거나 비난하기보다는 자기의 느낌을 이야기함으로써 상호 간에 만족감을 증대시킬 수 있다.

상대방의 관점에서 '나–전달법'의 효과를 검토해 보자.

〈예 1〉 너–전달법

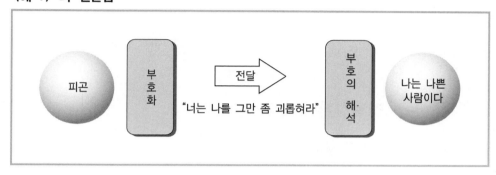

〈예 2〉 나–전달법

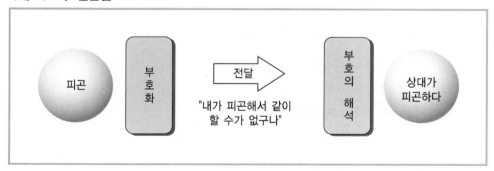

〈예 1〉의 너–전달법의 경우 메시지는 상대가 자신을 평가하는 것이라고 생각하게 된다. 〈예 2〉의 나–전달법의 경우 메시지는 상대가 스스로 사실을 진술한 것이라 생각된다. 너–전달법은 본인이 어떻게 느끼는가를 전달하는 데는 매우 빈약한 커뮤니케이션 방법이다. 왜냐하면 너–전달법은 상대에게 그가 무엇을 해야 할지(해결책의 제시) 또는 상대방의 비난이나 평가의 메시지를 보내는 것이 되기 때문이다.

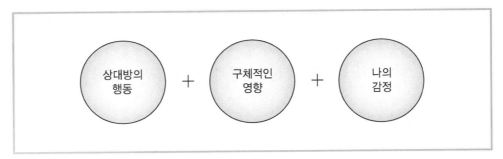

〈그림 7-2〉 나-전달법의 구성요소

1 나 – 전달법의 구성요소

(1) 상대방의 행동

문제가 되는 상대방의 행동과 전후 상황을 구체적으로 말한다. 이때 어떤 평가, 비판, 비난의 의미를 담지 말고 객관적인 사실만을 말하는 것이 좋다.

(2) 상대방의 행동이 미친 구체적인 영향

상대방의 행동이 조직이나 자기에게 미치는 영향을 구체적으로 말한다.

(3) 그 영향으로 생긴 나의 감정

상대방의 행동과 그 영향으로 인해 발생한 나의 감정이나 느낌을 솔직하게 표현한다.

2 대화의 개선

'나-전달법'은 나를 주어로 상대방의 행동에 솔직한 느낌을 전달한다. 개방적이고 솔직한 느낌을 전달함으로써 감정손상을 최소화하고, 상대의 행동변화를 유도하고, 이해를 증진시킬 수 있다.

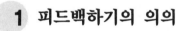

1. 〈부록 7-1〉의 평소의 말하기를 나-전달법으로 작성합니다.
2. 2인 1개조로 조를 편성하여 평소의 말하기와 나-전달법의 말하기로 대화를 하여 봅시다.
3. 평상시의 대화와 나-전달법의 이야기의 차이점을 토의하고 나-전달법을 통한 대화 시 상대방에 대한 감정에 대하여 토의합니다.

제3절 피드백하기

1 피드백하기의 의의

피드(feed)라는 말은 '먹을 것을 준다'는 뜻이고 백(back)의 의미는 '돌아간다'는 의미이며, 이 두 단어를 합한 그 말의 뜻을 생각해 보면 어떠한 것을 먹여 주면 그것을 받아 다시 되돌려 먹여 준다고 하는 뜻이라고 할 수 있겠다. 열 명이 참가하는 그룹토의(group discussion)에서 자기를 제외한 나머지 아홉 명은 모두가 자기 거울이 된다. 이러한 것을 "너를 통해서 나 자신을 본다"라고 한다. 나를 제외한 그 9개의 거울에 비추어진 그대로를 솔직하고 정직하게 직선적으로 느낌을 말해 주는 것을 피드백(feedback)이라고 하며 '조해리의 창'에 비추어진 나를 보게 되는 것이다.

커뮤니케이션 전 과정에 걸쳐 장애를 없애는 가장 좋은 방법은 피드백을 주고받는 것이다. 상대방의 메시지가 어느 정도 수신되었는지를 명백히 보여 주는 것이 필요하며, 자기의 메시지를 타인이 어느 정도 이해하고, 어떻게 반응하고 있는지 관찰하여 커뮤니케이션 과정에서 장애가 발생하지 않도록 하여야 한다.

모든 인간은 외부의 환경과 필연적으로 상호작용을 하며 삶을 영위하게 된다. 즉, 타인 또는 환경과의 피드백을 하고, 자기 주변에서 일어나는 것에 따라 움직일 수밖에 없다.

커뮤니케이션은 단어와 메시지의 의미를 공유하는 것을 의미한다. 따라서 커뮤니케이션은 상호작용임을 아는 것이 중요하다. 단어의 의미가 사람마다 다르듯이, 사람마다 정서도 다르다. 따라서 커뮤니케이션 과정의 상호작용에서 내용과 정서를 깨닫는 것이 중요하다.

때로는 정확하게 상대방이 전달하고자 하는 내용을 잘 알아듣지 못하였으면서도 잘 이해하는 척하는 경향이 있다. 이러한 정직하지 못한 피드백의 결과로 중요한 메시지를 놓치는 경우도 발생한다. 그러므로 피드백은, 첫째 자기가 이해한 정도에 대해 정직한 피드백을 보내려고 하여야 하며, 둘째 상대방 자신이 잘 이해하지 못했다는 것을 쉽게 이야기할 수 있도록 해 주어야 한다. 효과적인 피드백을 하기 위한 전제조건에 대하여 살펴보면 다음과 같다.[49]

(1) 사람 자체보다 행동에 초점을 맞추어라

누군가를 "정직하지 않다"라고 하는 것은 어떤 상황에서 '정직하지 않게' 행동했다는 말과는 전혀 의미가 달라진다. 이것은 인간 자체, 즉 인격에 문제가 있다는 의미를 가지고 있다. 따라서 피드백은 상대방의 잘못된 행동에 초점을 맞추어야 하며, 상대방도 사람 자체가 아닌 '행위'를 비평하는 것은 보다 쉽게 그 행동에 대한 책임을 인정하게 될 것이다.

- 행위를 기술하려면 '상냥하게', '주의 깊게', '즐겁게', '신속하게' 등의 부사를 써라.

---

49) G. E. Myers, and M. T. Myers, *The Dynamic of Human Communication: A Laboratory Approach*, McGraw-Hill, Inc., 1985, pp. 276~286.

- '신중한', '즐거운', '수다스러운', '조심스러운' 등 사람의 존재나 인격에 관련된 형용사의 사용을 피하라.

사람의 행위에는 잘못된 것도 있지만 잘된 것도 있다. 잘못된 점의 개선이 필요하기도 하지만 지지적이고 격려를 받는 행동으로부터 더 많은 것을 배울 수 있음을 알아야 한다.

(2) '추론'보다는 '관찰'에 초점을 맞추어라

- '관찰'은 누구에게나 보이거나 들릴 수 있지만 '추론'은 어떤 상태에 대한 본인의 '해석'에 불과하다. 따라서 관찰에 추론을 같이하면 정확한 피드백이 되지 못하므로 추론을 하거나 관찰한 것을 확대할 때는 주의하여 관찰과 구별하여야 한다.
- 관찰은 지금 발생되고 있는 일이지, 과거의 일이나 오랫동안 주목하여 지속된 일이 아니다.
- 관찰 직후에 적절하게 주어지는 피드백이 보다 구체적이고, 상세하며 일반적으로 더 정확하게 이루어진다.
- 관찰은 양자택일의 이분법적인 것이 아니라 '얼마 정도'라고 하여야 한다. 이것은 판단적·주관적이 되는 범주보다는 행위의 '정도'를 나타낸다. 행위는 고정적인 선악의 극단보다는 매우 적극적·생동적이고, 정도의 연쇄 속에서 다른 행위와 관련된다.

(3) '판단'보다는 '기술(記述)'에 초점을 맞추어라

- 행위에 초점을 두는 것처럼, 기술하는 것은 다른 사람이나 그 사람의 행동을 평가하는 것을 피하는 것을 의미한다. '기술'은 중립적이나 '판단'은 어느 한쪽으로 치우친다.
- '이유'보다는 '사실'에 집중하라. 행위의 '사실'은 다른 사람에 의하여 관찰될 수 있으므로 정확한가를 점검해 볼 수 있다. 행위의 '이유'는 추론되고 '의도', '동

기'와 내포된 '정서'라는 위험한 부분이 있다.

■ 다른 사람에 대한 분석은 다른 사람 자체보다는 분석자에 의해 더 많은 영향을 받는다. 따라서 '어떤 이유'에서 라는 것에 집중하면 피드백의 아주 유용한 사실을 많이 놓칠 것이다.

(4) 충고보다 생각이나 정보의 공유에 초점을 맞추어라

■ 피드백을 주고받는 것에 책임감을 가져야 하며, 상대방이 어떻게 하도록 지시하지 말고 단지 도와주어야 한다.

■ 정보를 주고 무엇을 하라는 것은 상대방이 스스로 적절한 행동을 결정하도록 하지 못한다. 충고를 하는 것은 문제해결에서 그다지 좋은 방법이 아니다. 충고는 스스로 선택할 수 있는 여지를 주지 않기 때문이다.

■ 해결책을 주는 것보다는 대안을 제시하라. 유용한 반응을 다양하게 제시하다 보면 보다 만족할 만한 결론을 얻는 데 도움이 될 수 있다. 본인의 경험에 의한 해결책의 제시는 문제를 정확하게 파악하지 못할 수도 있으며, 경험의 정도도 다르므로 유용하지 못할 수도 있어 신중해야 한다.

(5) 피드백을 받는 사람의 입장에 초점을 맞추어라

■ 자기의 편안함을 느끼기 위하여 피드백을 하면, 상대방은 그만큼 큰 도움을 받지 못할 것이다.

■ 상대방이 어느 정도 수용할 수 있을 것인지를 고려하여야 한다. 정보의 과중은 커뮤니케이션에서 장애를 유발하게 된다. 수용 정도를 넘는 피드백은 상대방의 욕구를 위한 것이 아니라, 자신의 욕구만을 만족시키게 될 것이다.

■ 적절한 장소와 시간에 피드백을 하여야 한다. 잘못된 장소와 시간에서의 피드백은 감정적인 반응을 가져올 수 있다. 감각적·개인적인 영역일 경우는 더욱 그렇다. 피드백을 할 만한 가치가 있는 경우이더라도 예민한 감수성을 고려하여야 한다.

2 피드백을 하는 입장, 받는 입장

피드백을 하는 입장에서 볼 때 피드백은 자기의 얼굴에 비친 그 사람의 상을 말하는 것이므로 그 사람에 대한 상은 자기의 주관이 많이 작용한다는 것을 이해해야 한다. 한편 자기의 얼굴에 비친 그 사람의 상이 그 사람 전체일 수는 없으나 어쩌면 그 상이 일부분이면서 극히 적은 부분에 그칠 수도 있다.

피드백을 받는 입장에서 볼 때 자기가 평소에 알지 못하고 느끼지 못했던 면일지라도 이런 경우에는 숨어 있던 자기가 타인의 거울에 나타나게 된 것이다. 그러나 상대편이 주는 잘못의 지적을 쉽게 받아들일 수 있다는 것은 높은 인격과 인내가 필요할 것이다. 자기가 아닌 자기를 타인이 이야기하더라도 이를 내재화해서 소화시킨다는 것은 참으로 어려운 일 중 하나일 것이다. 타인의 거울에 비추어진 잘못된 나를 지적받고, 바로 그것이 자기 자신이라고 깊이 느낄 때에야 비로소 자기는 성장하게 될 것이다.

이때 쓰이는 기술이 감수성 훈련이다. 감수성 훈련(인간관계 훈련)의 생명은 바로 피드백을 받을 수 있는 인격을 키우고, 이를 받아들여 새 인간상을 정립하는 데 강한 동기가 되고 있는 피드백에 있다고 본다. 이러한 학습을 잘하기 위해서는 얼마나 자연스럽게 피드백을 하도록 유도해 내는가에 달려 있다고 하겠다. 이러한 피드백을 활발하게 상호 주고받는 횟수가 많을수록 배움의 기회가 많다는 것을 의미하는 것이다. 주위에 좋은 친구를 많이 가졌다는 이야기는 마음을 털어 놓고 이야기를 할 수 있고, 개인의 문제를 서로 피드백 받을 수 있다는 것을 의미한다.

3 적극적 피드백과 부정적 피드백

적극적(positive) 피드백은 솔직하고 직선적인 느낌을 말해 주는 것이므로 특별한 화술이나 꾸밈이 필요 없다. 좋은 인간관계를 갖는 데는 진실밖에 없으며, 언어의 기교와 꾸밈이 소용없다. 화자는 상대방의 심정을 충분히 이해·존경·사랑하는 마음으로 말해야 한다. 그 말을 그 사람에게 꼭 말하지 않으면 그 사람의 인간적 성숙에 도움이 될 수 있는 좋은 기회를 놓치게 되고, 내게도 자신의 의무와 책임을 다하지 못하는 사람이 되는 것이라는 느낌을 가졌을 때 이야기해야 한다. 그러면 피드백을 받는 본인뿐만 아니라 그룹 멤버가 동시에 가슴에 맞닿는 고통을 느끼도록 하는 말이 된다. 새로운 것을 안다는 것은 자기의 심적 방위선을 헐어버리고 외부에서 오는 새로운 사실을 받아들이는 데서 배움이 이루어지며 개인의 인격은 크게 성숙되어 가는 것이다. 그러므로 다른 사람에게 마음을 아프게 하는 피드백보다는 마음을 북돋워줄 수 있는 긍정적 피드백이 더 효과적이다.

부정적(negative) 피드백은 속된 말로 상대방을 비방한다든지 헐뜯거나 비꼬아서 말하는 것을 의미하지 않고, 상대가 듣기 즐겁지 않을 내용을 상대를 진정으로 위한다는 피드백의 기본정신에서 출발하여야 한다. 그렇다고 하더라도 일단 심리적인 저항을 느끼게 할 수 있다. 그러나 그 내용이 자기 자신이 모르고 있었던 사실로서 타인에게 불쾌감을 주는 버릇을 지적받았을 때는 매우 큰 충격을 받을 수 있다. 그러나 결과에 부정적 피드백도 긍정적 피드백과 같은 효과를 가져 왔다는 실험결과가 있다. 단지 조심해야 할 것은 분위기가 갖춰지지 않은 데서 마음대로 피드백을 함으로써 사랑으로 주고받아야 할 피드백이 상대방의 기분만을 상하게 하는 경우가 발생한다는 것이다.

피드백을 허심탄회하게 받아들일 수 있는 좋은 분위기와 마음의 자세가 형성되어 있지 않은 상태에서 일방적으로 피드백을 함으로써 개인 간의 갈등, 가정불화, 조직 내의 병폐가 발생하여 어려움을 겪는 사태가 발생한다. 우리 사회의 풍토가 올바른 피드백을 주고받을 수 있을 때 명랑하고 밝은 사회가 될 수 있다.

4 타이밍

모르는 사람끼리 만나 결혼을 하고 가정을 이루고 사회조직 속의 울타리 안에서 같이 산다고 하는 것은 예술이라고 생각된다. 예술가는 선천적 소질도 있어야 하겠지만, 그보다도 절대적으로 필요한 요소는 무대 위에 서기 전의 연습과정일 것이다. 삶의 예술도 이와 같은 것이다. 사람에 따라서는 사람을 만나는 것을 좋아하고 사교적인 사람도 있다. 그러나 우리 주위에서 사람 만나기를 싫어하고 사람 만나는 데 부담을 느끼는 사람도 있다. 그러나 물 없이 물고기가 생존할 수 없듯이, 우리는 잠시도 인간적인 관계를 떠나 살 수 없는 존재이다. 여기서 우리는 다른 사람과 같이 사는 법을 배워야 하고 그 배운 것을 훈련과정을 통해 내 것으로 만들어야 한다.

우리가 몸담고 있는 조직과 직장생활도 마찬가지이다. 신입사원일 경우에는 갓 결혼한 신혼부부와 똑같다. 회사에 몸을 담은 이상 일을 충실히 하고, 사규를 잘 지키며, 상사를 잘 받들고, 동료들과 화목하게 지내야 한다는 것은 누구나 잘 아는 사실이다. 그러나 알면서도 잘 되지 않은 데서부터 문제가 생긴다. 근무 중 짜증날 때가 많고, 불쾌하며 상사의 얼굴을 쳐다보기 싫어지고, 또 부하를 못살게 군다. 나도 모르게 또는 안다 하더라도 어쩔 수 없는 경우를 당하고 산다. 그 원인은 모른다. 알 수 있다면 어릴 때부터 어린 시절의 성장과정에서 무엇인가 잘못된 것이라고 할 수 있다.

우리는 여기에서 마음을 재조직(reorganization)할 필요가 있다. 후술(後述)하는 감수성 훈련(sensitivity training : ST 훈련) 또는 인간관계 훈련을 통하여 의사전달이 강의 방식의 지식전달이 아니고 가슴과 가슴이 서로 부딪치고 마음에서 마음으로 전달되어 인격과 인격이 조합하는 새로운 상황으로 삶을 전개하게 될 것이다. 이렇게 되면 인간과 인간이 모여 사는 삶은 예술로 발전·승화될 수 있도록 하면서 진아(眞我)의 발견과 정립의 기회를 갖도록 해 줄 것이다. 짧은 인간의 삶을 예술작품으로 만들기란 그리 쉬운 일이 아닐 것이다.

　　따라서 인간관계를 원활히 하기 위한 피드백은 마음과 마음으로 전달하는 많은 연습과 개선훈련을 통하여 이루어질 수 있는 매우 높은 차원의 훈련이다.

　　피드백의 타이밍은 이러한 마음전달이 얼마나 효과적으로 일어나는가를 결정해 주는 역할을 한다. 즉, 시간의 경과에 따른 경화가 일어나지 않도록 행동이 끝난 즉시 피드백을 하는 것이 가장 좋다. 일정한 시간이 흐르고 나면 상황에 대한 인식의 정도가 약해질 것이며, 그에 따라 피드백의 효과도 낮아질 것이기 때문이다. 또한 즉시 이루어지지 않은 피드백은 피드백의 진의를 왜곡시켜 다른 의도를 가진 것으로 전달될 수 있다. 예컨대 상대방의 행동개선이 목적이 아니라 자기의 감정적 의도 내지는 상대의 비난으로 받아들여질 수도 있어 오히려 부정적인 결과를 가져올 수 있기 때문이다. 하지만 '즉시' 이루어진 피드백만이 필요한 것이 아니라 차후에라도 내가 아닌 상대방을 위한 피드백이 '필요로 할 때'에는 적절한 타이밍을 맞추어 하는 것이 바람직하다.

제3부

대인관계 차원의 커뮤니케이션

제8장

교류분석

제1절 교류분석의 이해

1 교류분석의 정의

교류분석(Transactional Analysis : TA)은 번(Eric Berne)이 창안한 '개인의 성장과 변화를 위한 체계적인 심리치료법이며 성격이론'이다. 교류분석은 프로이트(S. Freud)의 심리학에 기반을 두고 있는데, 이는 퍼스낼리티 속의 행동을 조정·통제하는 세 가지 원천인 본능(id), 자아(ego), 초자아(super ego)를 그 근간으로 하고 있으며, 정신의학자 번이 개발하였고, 그 후로 해리스(T. A. Harris)가 발전시켰다. 교류분석은 인간의 퍼스낼리티에서 나타나는 많은 현상을 심리학에 특별한 지식과 훈련을 받지 않은 사람도 이해하기 쉬운 언어로 바꾸었다. 즉, 교류분석에서 가장 많이 쓰이는 어버이(parent), 어른(adult), 아이(child), 게임(game), 각본(script) 등은 일상생활의 용어를 그대로 활용하고 있다.

교류분석이론에서는 모든 사람은 여러 가지 측면에서 특성을 달리하는 어버이, 어른, 아이의 세 가지 자아상태(自我狀態)를 가지고 있으며, 이 가운데 어느 하나의 입장에서 행동하고 다른 사람과 교류를 한다[50]고 설명한다.

어버이(P), 어른(A), 아이(C)의 세 가지 개념은 각각 상태의 역할(role)을 의미한다기보다는 심리적인 실재(psychological realities)를 의미하며, 어버이, 어른, 아이는 프로이트의 본능, 자아, 초자아와 같은 개념이 아니라, 일상적인 행동에서 나타나는 현상적 실재(現象的 實在)이다.[51] 어버이, 어른, 아이는 생리적인 연령을 의미하는 것이 아니라 정신적인 연령(psychological age)을 의미한다.

결국 이 세 가지의 상태는 실재하는 인물, 사건, 장소 및 감정을 포함하는 과거의 요건이 개인 내에 기록된 자료의 재생에 의해 나타나는데, 건전한 사람은 여러 부류의 다른 사람과의 관계에서도 균형이 잡힌 세 가지 자아상태를 유지한다. 교류분석은 개인 자신보다는 집단 속에서의 개인의 성장과 변화를 가져올 수 있도록 하고 있다.

2 교류분석의 기본철학

- 교류분석의 특징은 이론이 쉽고 평이하여 누구나 이해하기 쉽다. 심리상태를 표현하는 언어를 간단하고 생생한 어버이, 어른, 아이, 게임, 스트로크(stroke), 각본의 일상용어로 표현하고 있다.

- 교류분석의 철학은 인간의 긍정성(Ok-ness)을 적극적으로 확인하는 가치체계 위에 기초하고 있다. 이는 인간의 기본입장을 나타내는 자·타 긍정(I'm Ok-You're Ok)의 단순한 전이(轉移)적 감정이 아니라, 인간존재에 대한 실존론적 서술로서 인간존재의 본래성(authenticity)의 회복을 의미한다.

---

50) L. L. Steinmetz, *Human Relation: People and Work*, Harper & Row, 1979, p. 129.
51) E. Berne, *Games people play*, Grove Press, 1961, p. 24.

■ 모든 인간은 자신을 생활, 감정, 행동 등에 책임을 져야 하며 또 질 수 있다고 확신하다. 각 개인이 지니고 있는 긍정성으로 과거로부터 물려받은 부정성(Not Ok-ness)을 극복하고, 각본(script)에 의해 고정된 삶을 자발적인 자유와 책임으로 재 결단에 이를 수 있다고 보며, 이를 통하여 인간성장을 이룰 수 있다.
■ 교류분석의 철학은 사고, 감정과 행동의 세 차원을 조화롭게 통합하는 것이다.

제2절 구조분석

1 자아상태

(1) 자아상태의 정의

인간에게 일어나는 모든 사건은 뇌나 신경조직에 기록된다. 어린 시절의 모든 경험, 부모와의 관계, 사건의 인식, 이러한 사건과 관계된 감정, 기억 속에 남아 있는 치명적인 손상 등은 녹화테이프처럼 오래도록 남아있다. 이러한 경험이 다시 작동하면 그 당시의 기억과 경험을 회상할 수 있다. 이러한 기억과 경험을 담고 있는 저장소를 교류분석에서는 자아상태라고 한다. 자아상태는 크게 나누어 세 가지가 있고, 이것은 그때, 그 장소에 따라 다른 자아상태로 확실히 변화한다. 이것은 마음속의 에너지가 끊임없이 움직이고 있어 하나의 자아상태로 에너지가 집중한 때에 그 자아상태의 태도와 행동, 감정 반응 등이 나타나는 것이다.

지금 당신이 교통사고(젊은이의 난폭운전)를 목격했다고 하자. 당신이라면 어떤 반응을 보일 것인가? 이 반응의 타입에는 세 가지가 있을 것이다.

① "젊은이가 스포츠카 따위나 타고, 되어먹지 않은 놈 같으니, 그렇지만 큰 부상이라도 없었으면 좋겠는데……."

이 말은 야단을 치면서도 헤아려 주는 기분을 나타내는 감정의 표현방법으로 어렸을 때부터 부모로부터 들어온 말과 비슷하다고 생각되는데, 이것을 부모라 하여 P라고 기호화한다. 부모의 영향을 받고 있는 부분을 말한다.

② "어떤 상태에서 사고를 냈을까? 부상자가 있는 듯한데, 구급차는 불렀을까?"

이와 같이 냉정하게 현장상황을 분석해서 적절한 행동을 취하는 반응으로 어른으로서 생각하는 나의 부분이다. 이것을 어른이라 부르며 A라고 기호화 한다. 현실적인 나라고 할 수 있을 것이다.

③ "굉장하네, 이건 너무 화려하게 해 낸 거 아냐! 사고는 무서운데 무서워……."

이 말은 공연히 떠들어대는 제멋대로의 반응으로 어린이같이 느끼는 대로 행동을

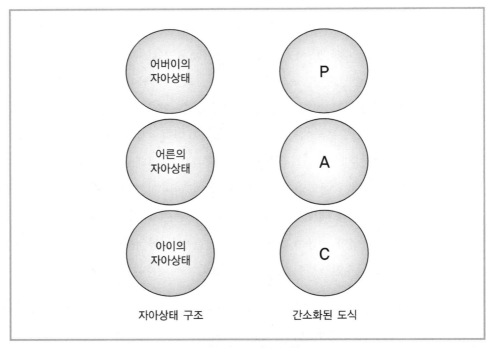

〈그림 8-1〉 자아상태의 도식

하는 부분이다. 이것을 어린이라 하며 **C**라고 기호화한다.

즉, 누구의 마음속에도 '세 가지의 나'라는 것이 있는데, 이것을 자아상태라고 한다. 그리고 위의 예처럼 때와 경우에 따라 우리의 마음은 그 세 가지 중의 어떤 것이 강하게 반응을 일으키는 것이다.

(2) 자아상태의 구체적 내용

① 어버이의 자아상태

사람이 **P**의 자아상태에 있을 때는 내려다보는 자세로 "밤새워 놀이를 하는 것은 못써!"라는 장면이나 상대방에 손을 내밀면서 "상당히 곤란한 것 같은데 좀 도와줄까……."라는 투로 부모가 하는 바와 똑같이 야단을 치거나 원조를 한다.
즉, 인간이 가지고 있는 어버이와 같은 심리적 상태를 말한다. 어버이는 어린이의 행동에 모형을 제공한다. 어버이의 자아상태(parent ego state)는 유아기의 아버지, 어머니 또는 다른 양육자의 큰 사람(big people)에 관한 관찰의 기록에서 연유된다.[52] 언제나 돌보아 주었으며, 옳았고 자신에 비하여 우월하였다는 기억으로 요약된다. 따라서 어버이의 자아상태는 어버이처럼 '지시하고', '보살펴 주고' 하는 어버이처럼 판단하고 생각하고 느끼고 행동하려는 경향이 있다.

② 어른의 자아상태

사람이 **A**의 자아상태로부터 심적 에너지를 내고 있을 때는 올바른 자세와 냉정한 태도로 "어떻게 하면 해결할 수 있을까, 어쨌든 확인해 보아야겠다."고 사실에 입각한 판단에 논리적으로 일을 해결하고자 한다.

어른의 자아상태(adult ego state)는 현실을 객관적으로 다루려는 상태이며 논리적 사고와 합리적·비감정적 행동이 특징이다.[53] 어른의 자아상태는 교육과 경험에 의해 학습되는 것으로 다른 자아상태를 통제하여 목표지향적인 행동을 하게하며, 자신

---

52) P. Hersey, and K. H. Blanchard, *Management of Organizational Behavior*, 6th ed., Prentice-Hall, 1993, p. 78.
53) *Ibid, op. cit.*, p. 83.

에 대하여도 비판적인 태도를 갖게 한다.

③ 어린이의 자아상태

"아아, 이것 참 예쁜데! 그렇게 비싸! 놀랬다!"와 같이 느낀 바의 자기를 그대로 표현하거나, 한편 "그래 이번에는 져 주지, 상대방이 나쁘니까……"라고 자기 본래의 감정을 누르며 조심성 있는 언행일 때에는 C의 에너지가 나오고 있는 것이다. 어린이의 자아상태는 유아기 때 기억된 경험을 가지고 있는 상태(child ego state)를 말하며, 그때의 기억처럼 생각하고 느끼는 것을 말한다.

이러한 세 가지 자아상태의 반응결과를 요약하면 〈그림 8-2〉, 〈표 8-1〉, 〈표 8-2〉, 〈표 8-3〉으로 나타낼 수 있다.

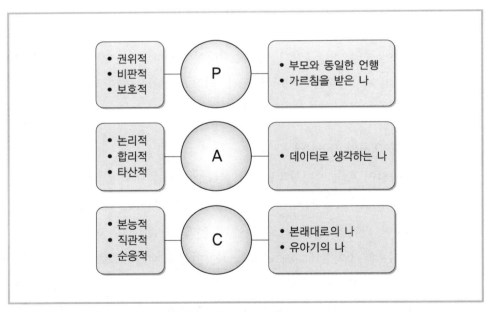

〈그림 8-2〉 자아 상태의 개요

〈표 8-1〉 어버이(P)의 자아상태 반응결과

구 분	표현과 행동
언어 표현	• ~해야 한다, ~하지 마, ~하지 않으면 안 된다, 언제나, 결코, 질문하지 마, 방해하지 마, 좋은 아이로 있어라, 도와주겠다. • 좋다, 나쁘다, 보기 싫다, 아름답다, 예쁘다, 영리하다, 바보스럽다, 장난이다, 틀렸다, 혜택 받은 사람, 돼먹지 않아 등 • 해 보아, 두려워하지 마, 자 이리 와, 괜찮겠지, 걱정하지 말고, 당신을 보살펴주지 등
행동/자세	• 손짓하며 비난한다, 손짓하며 위협한다, 등을 친다, 테이블을 두드린다, 눈을 위로 한 싫증난 얼굴, 발을 굴며 양손을 쥐며 참는다, 고개를 가로 흔든다, 고개를 세로로 흔들며 'ok'를 나타낸다, 양팔을 끼고 턱을 가라앉힌다, 얼굴을 위로 하고 내려다본다.
어투/표정	• 징벌적, 비난적, 격려적, 지시적, 동정적, 조소적 등 • 불쾌한 얼굴, 커다란 목소리를 낸다, 용기를 북돋아 주고 수긍한다, 이마에 주름살을 짓는다, 이를 악 다문다, 동정적, 거만한 얼굴, 미소, 애정적 등

〈표 8-2〉 어른(A)의 자아상태 반응결과

구 분	표현과 행동
언어 표현	• 어떻게, 언제, 누구, 무엇, 어디, 왜, 가능성, 결과는, 예, 아니요, 사실은 무엇인가, 이것은 실증되어 있지 않은 의견이다, 조사해 보자, 이제까지 무엇이 시정되었을까, 오후 9시 50분이다, 원리는 무엇인가, 이것을 시험해 보았는가, 비교해 보자, 원인을 찾자, 통계에 의하면 변경이 표현되어 있다, 회의는 금요일 오후 6시이다 등
행동/자세	• 똑바르고 굳어지지 않는 자세, 알맞은 높이의 눈으로 접촉, 손가락으로 무엇인가를 가리킨다, 피드백한다, 이해의 확인, 관심을 나타낸다.
어투/표정	• 여분의 정서를 끼지 않고 명쾌하게, 냉정, 직각적, 정보를 주거나 받거나 한다 등 • 사려 깊다. 주의 깊게 관찰한다, 질문하려는, 신선한, 지금, 기민한 시선, 자신만만한 얼굴

〈표 8-3〉 어린이(C)의 자아상태 반응결과

구 분	표현과 행동
언어 표현	• 무엇이, 이리 와, 엄마, 안 돼, 싫어, 줘, 몰라, 그리고 싶어, 나 예쁘죠, 자 날 봐, 무서워, 살려줘, 아무도 나를 좋아하지 않아, 네가 나를 울린 거야, 그이는 틀렸어, 내 것이 네 것보다 좋아, 집에 가고 싶어, 놀자, 제기랄, 이런 귀찮은 일, 모두가 나를 좋아하면 좋겠어.
행동/자세	• 의기소침, 신경질을 일으키고 뾰로통하다, 즐거운 듯, 마음이 들떠 있는 모습, 창피한 듯이 우물쭈물한다, 손톱을 깨문다, 손을 들어 신호를 보낸다
어투/표정	• 목청을 울리게 한다, 슬픈 듯이 운다, 속인다, 달콤한 이야기, 허락을 받는다, 괴롭힌다, 약 올린다, 역정 내고 가만히 있는다, 조소한다, 크게 웃는다, 흥분상태로, 큰 소리로 빠른 말을 한다. • 눈물진 눈초리, 볼멘 얼굴을 한다, 타인의 눈을 지켜본다, 눈을 내리깐다, 멍청하게 있다, 즐겁다, 흥분한 얼굴, 눈을 크게 뜬 얼굴, 슬픔에 잠긴다.

(3) 자아상태의 흐름

어버이, 어른, 아이의 자아상태는 한 상태로 고정되어 있지 않으며 늘 유동적으로 움직인다. 이것은 자아상태의 간격을 '정신에너지'가 자유로이 통과할 수 있다는 것이다. 각 자아상태의 그림은 서로 간격이 떨어지거나, 서로 겹쳐서는 안 된다. 이는 각 자아상태의 간격은 심적(心的) 에너지가 유동적으로 흐른다는 것을 나타낸다. 즉, 인간의 자아상태는 언제나 한 상태에서만 고정되어 있는 것이 아니라, 상태, 장소, 상대방에 따라 유동적이다. 어느 한 순간에 나타나는 사람의 행동은 세 가지 자아가 유동적으로 움직이다가 한 상태가 밖으로 표출되는 것이다. 어떤 자아상태에서 행동이 발현되었는지에 따라서 때로는 어버이의 자아상태에서 행동이 발현되어 지원적인 행동(예 : 보살핌, 보호함, 위로함, 용납함)이나 비판적인(critical) 행동(예 : 비판함, 금지함, 훈계함, 비용납적임)을 나타나거나, 어른의 자아상태에서 행동이 발현되어 논리적이거나 합리적인 행동이 발현된다. 때로는 아이의 자아상태에서 행동이 발현되어 자유롭고(free) 자연스러운(natural) 행동(예 : 호기심, 친밀함, 즐거운, 천진난만한, 공상·환상적임)이 있는데 이것을 자유로운 어린이 상태라(free child) 한다. 한편 어린이/아이상태의 다른 한 유형은 상대에게 자신을 표출하지 않고 맹목적으로 의존하거나 순응하는(adaptive) 행동(예 : 두려움, 잘 따르는, 노여움, 반항적임)이 있는데, 이런 행동이 발현될 경우 의존적인 또는 순응하는 어린이 상태(adapted child)라고 한다.

2 자아상태의 구조

(1) 구조분석의 정의

자기 이해를 하기 위해 세 개의 자아상태 P, A, C를 써서 자기 자신의 여러 행동이나 태도를 분석하는 방법으로 '구조분석'을 사용한다.

사람은 일상생활의 특정 장면에서 자아상태 P, A, C로 분석해 보면 어느 자아상태가 많이 사용되고, 어떤 것이 적은가를 알 수 있다. 구조분석(structural-analysis)에 의해 스스로의 일반적인 경향을 알 수 있다.

〈표 8-4〉 어버이(P)의 자아상태

통제적 P	보호적 P
• 보스기질이 있다.	• 거들어 준다.
• 질책한다.	• 잘 도와준다.
• 습관을 지킨다.	• 위로한다.
• 분별한다.	• 동정한다.
• 도덕적이다.	• 지지적이다.
• 비판한다.	• 양육적이다.
• 빈틈없고 꼼꼼하다.	• 잘 헤아린다.
• 통제한다.	• 간섭한다.
• 정의감이 있다.	• 구원한다.
• 보수적이다.	• 용기를 북돋는다.
• 권위를 중시한다.	• 귀여워한다.
• 크고 굵은 소리를 낸다.	• 칭찬한다.
• 지시, 명령을 엄격하다.	• 방임한다.

• 예의바르다.	• 자상하다.
• 규율을 지킨다.	• 보호한다.
• 전통을 지키려 한다.	• 마음을 쓴다.
• 동작이 활기차다.	• 돌보아 준다.
• 예의를 중시한다.	• 관대하다.
• 압력을 가한다.	• 격려한다.
• 엄격하다.	• 불쌍히 여긴다.
• 선의를 분명히 한다.	• 뺨을 맞대고 비빈다.
• 편견을 가진다.	• 보살펴 준다.
• 평가를 확실히 한다.	• 수긍한다.
• 압박한다.	• 껴안는다.

〈표 8-5〉 어른(A)의 자아상태

• 통계를 중시한다.	• 이성적이다.
• 안정된 느낌이다.	• 현실적이다.
• 컴퓨터적이다.	• 사실에 따라 행동한다.
• 무미건조하다.	• 계획을 세운다.
• 타산적이다.	• 신중하다.
• 잘 깨닫는다.	• 계산을 정확히 한다.
• 논리적이다.	• 냉정하다.
• 숫자에 밝다.	• 현상을 분석한다.
• 어른다움을 느낀다.	• 합리적이다.
• 냉담하다.	• 객관적인 행동을 한다.
• 차가운 인상이다.	• 논리가 정연하다.
• 많이 생각한다.	
• 정보를 수집한다.	

〈표 8-6〉 어린이(C)의 자아상태

자유로운 C	순응하는 C
• 재미있고 우습다.	• 예의에 따른다.
• 실컷 먹는다.	• 상대방의 감정에 맞춘다.
• 놀기 좋아한다.	• 아첨한다.

- 타인을 조작한다.
- 내키는 대로 행동한다.
- 적극적이다.
- 충동적이다.
- 자기 중심적이다.
- 제멋대로이다.
- 창의성이 풍부하다.
- 반발한다.
- 향락적이다.
- 적당주의다.
- 본능적으로 행동한다.
- 자발적이다.
- 버릇없는 행동을 한다.
- 자유로이 감정표현을 한다.
- 루즈하다.
- 건방지다.
- 순간적으로 머리가 회전한다.
- 직관적이다.
- 호기심이 많다.
- 천진난만하다.
- 활발하다.
- 자유로이 행동한다.

- 의존적이다.
- 순종한다.
- 자기를 책망한다.
- 영합한다.
- 마음이 비꼬인다.
- 반항한다.
- 양보심이 많다.
- 자기를 불쌍히 여긴다.
- 대결하지 않는다.
- 순응하기 쉽다.
- 좋은 아이이다.
- 협조적이다.
- 타협한다.
- 상대방의 말을 듣는다.
- 자기 기분을 억제한다.
- 발언을 삼간다.
- 얌전하다.
- 참는다.
- 솔직하다.
- 비판 없이 신뢰한다.
- 한 사람의 마음대로 움직인다.
- 감정을 억제 한다.

(2) 구조분석의 해석

P, A, C의 세 자아상태 중 어떤 자아상태에 편향되어 있느냐에 따라 P 주도형, A 주도형, C 주도형으로 나누어 볼 수 있다.

① P 주도형

P 주도형인 사람은 너무 융통성이 없고 성실하기 때문에 본래적 감정을 표현하지 못하여 인생을 즐기는 능력이 부족해 일중독에 빠지기 쉽다. 부모 또는 양육자가 하는 방법으로 "이렇게 해야 한다"든가 "저렇게 해야 한다"는 등이나 "이렇게 해준

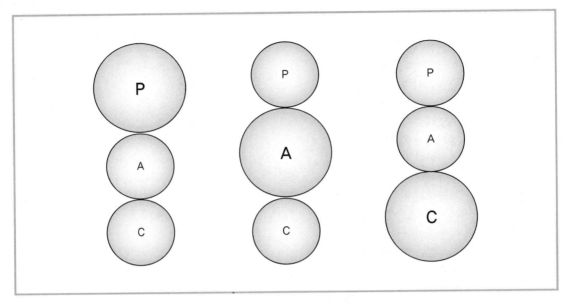

〈그림 8-3〉 자아상태 편향의 예

다.”는 식의 언행이 많아 상대방에게는 C주도형이 되어 버릴 것이다.

② A 주도형

A 주도형은 현실적 자아가 지나쳐 타산적이 되기 쉬우며, 합리적이기는 하지만 인간미가 적으며 상대방도 A의 자아상태가 될 것이지만 약간 차가운 관계가 될지도 모른다.

③ C 주도형

C 주도형은 유아적 욕구가 강하며 현실적 자아(A)의 부족 때문에 문제 처리나 해결에 어두우며 이상적 자아(P)의 미발달 때문에 사회적응도 어려운 점이 많으며 감정 면이 우세하여 자기 뜻대로 행동하거나 반대로 자기를 억제해서 상대방의 감정에 맞추려고 한다. 이런 사람을 대하는 상대방은 P로 접하는 일이 많아질 것이다.

구조분석을 하는 것은 세 자아상태의 분포를 통하여 일상생활에서의 언행을 개선하기 위해서이다. 따라서 평상시 자기 자신의 언행을 뒤돌아보아 P, A, C의 불균형을 조사하여 자아상태 개선의 단서를 잡고, 자아상태를 균형 있게 하면 좀 더 발전된 삶을 영위할 수 있다.

3 기능분석

(1) 기능분석의 정의

기능분석(functional analysis)은 구조분석의 P, A, C를 더욱 기능적으로 세분화하여, 그 사람의 자아상태가 어떻게 나타나는가를 구체적으로 알기 위한 방법이다. 기능분석에서는 부모의 자아상태 P를 통제적 P(controlling parent : CP), 보호적 P(nurturing parent : NP)로 분류한다. 또한 어린이의 자아상태 C를 분류하여 자유로운 C(free child : FC), 순응한 C(adapted child : AC)로 나누며, 성인의 자아상태 A는 나누지 않아 기능적으로 〈그림 8-4〉와 같이 다섯 가지로 분류된다.

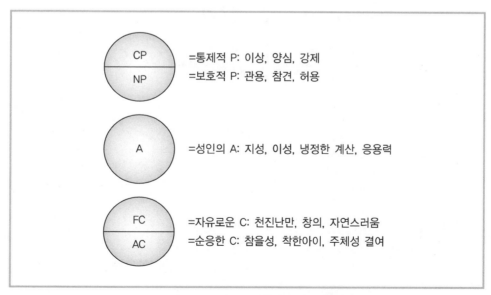

〈그림 8-4〉 자아상태의 기능적 분류

(2) 자아상태의 양면성

기능적으로 분류된 자아상태 CP는 비판적으로 나쁘고, NP는 보호적으로 좋으며 FC는 자유로이 표현하는 천진난만한 특성을 가지며, AC는 순응적으로 자기 스스로의 판단이나 행동이 없고, A는 냉철한 판단과 명석하다는 느낌을 주기 쉽다. 각각의 자아상태에는 긍정적·부정적 측면의 양면성이 있다.

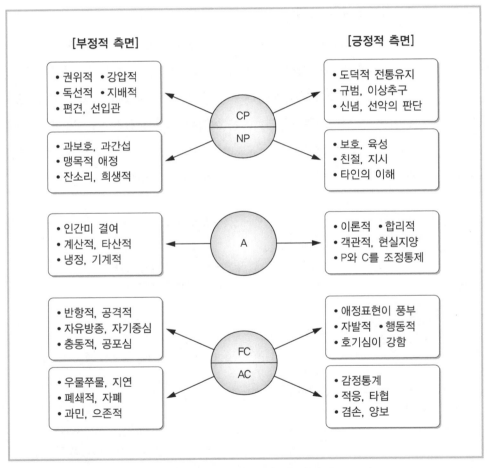

〈그림 8-5〉 자아상태의 양면성

(3) 에고그램 해석

에고그램은 가장 높은 상태(1차 개성)를 주목하여 어느 자아상태가 우위인지를 판단한다. 가장 높은 자아상태가 그 사람의 행동특성을 잘 나타내고 있다.

그 다음은 낮은 자아상태(2차 개성)와 함께 자아상태를 판단하여, 전체적으로 P(CP+NP)와 C(FC+AC)를 비교하고 어느 쪽이 높은가를 판단함으로써 P 또는 C쪽이 우세한가를 판단한다.

A의 자아상태는 다른 자아상태를 통제하는 작용을 하므로 어느 크기인지를 보는 것이 중요하다. A가 다른 자아상태보다 크면 통제가 가능하여 에고그램 자체가 A의 통제를 받고 있는 것이 되며, 반대의 경우는 A보다 큰 자아상태를 통제할 수 없다고 보며, A보다 큰 자아상태가 전체를 좌우하는 경향이 있다.

'높은 자아상태'와 '낮은 자아상태'의 경우 '긍정적(Ok)인 면'과 '부정적(Not Ok)인 면'을 보면 〈표 8-7〉, 〈표 8-8〉과 같다.

〈표 8-7〉 높은 자아상태의 긍정적, 부정적인 면

구 분	긍정적인 면	충고 및 조언	부정적인 면
CP	• 이상을 추구한다. • 양심에 따른다. • 규칙을 지킨다. • 피(의기)가 통한다. • 책임감이 강한 노력가이다.	• 완벽주의를 버리고 상대방의 좋은 점이나 생각을 인정하는 여유를 갖는다. • 일이나 생활을 즐긴다.	• 건성으로 대답한다. • 중도를 허용하지 않는다. • 비판적이다. • 자신의 가치관은 절대적이라 생각한다.
NP	• 상대방에게 공감한다. • 동정심이 많다. • 돌보기를 좋아한다. • 상대방을 잘 받아들인다. • 봉사정신이 강하다.	• 자신과 상대방의 관계를 가능한 한 냉정하게 파악하고 참견이나 간섭이 되지 않도록 한다.	• 지나치게 보호·간섭한다. • 상대의 자주성을 해친다. • 상대의 응석을 받는다. • 지나치게 타인 중심적이다.

A	• 이성적이다. • 합리성을 존중한다. • 사실에 따른다. • 객관적으로 판단한다. • 현실에 바탕을 둔다.	• 매사에 타산적으로 판단하지 말고 자신의 감정이나 상대의 기분 등에도 눈을 돌린다.	• 기계적이다. • 이해타산적이다. • 냉정하다. • 과업 중심적이다.
FC	• 천진난만하다. • 호기심이 강하다. • 직감력이 있다. • 활발하고 밝다. • 창조성이 풍부하다.	• 그때의 기분이나 감정으로 행동하지 말고, 선후를 생각하도록 한다. • 한번 호흡하고 행동하면 좋다.	• 자기 중심적이다. • 동물적이다. • 감정적이다. • 행동하고 싶은 대로 해버린다.
AC	• 협조성이 풍부하다. • 타협성이 강하다. • 착한 아이이다. • 매사에 순종한다. • 신중하다.	• 느낀 것을 망설이지 않고 표현한다. • 스스로 자신 있는 것부터 실행해 본다.	• 너무 조심스럽다. • 의존심이 강하다. • 참아 버리고 만다. • 매사에 주저주저한다. • 앙심을 품는다.

〈표 8-8〉 낮은 자아상태의 긍정적, 부정적인 면

구 분	긍정적인 면	충고 및 조언	부정적인 면
CP	• 대범하고 태연하다. • 융통성이 있다. • 일정한 틀로 파악할 수 없다. • 유연함이 있다. • 한가롭고 평온하다.	• 자기 자신에게 의무를 부과하고, 책임감을 갖고 행동하도록 한다. • 사물의 구분을 중요시한다. • 판단력을 기른다.	• 미적지근하다. • 구분이 불분명하다. • 판단력이 모자란다. • 규율을 지키지 않는다.
NP	• 산뜻하다. • 담백하다. • 주변에서 일어나는 일에 간섭하지 않는다.	• 가능한 한 상대에게 동정심을 갖도록 노력한다. • 가족이나 친구에게 서비스한다. • 동물, 식물을 잘 돌본다.	• 상대에게 공감·동정하지 않는다. • 다른 사람의 일에 마음을 쓰지 않는다. • 따뜻함이 없다.

A	• 인간미가 있다. • 좋은 사람이라는 이미지가 있다. • 순박하다.	• 정보를 수집하고 다양한 각도에서 사물을 생각한다. • 잘되지 않아도 스스로 답을 풀고 나서 다른 사람에게 상담한다.	• 현실을 무시한다. • 계획성, 생각이 정돈되어 있지 않다. • 논리성과 판단력이 부족하다.
FC	• 얌전하다. • 감정적으로 되지 않는다.	• 마음의 문을 닫아 버리지 않도록 될 수 있는 한 명랑하게 행동하며 기분을 돋운다. • 스포츠, 여행, 외식하러 가는 것도 좋다.	• 재미가 없다. • 어두운 인상을 준다. • 무표정하다. • 희로애락을 나타내지 않는다.
AC	• 자신의 페이스를 지킨다. • 자주성이 풍부하다. • 적극적이다.	• 상대의 입장이 되어 생각하거나 의견을 듣는다. • 상대의 입장을 세워 주고 존경한다. • 타인 우선의 태도를 기른다.	• 상대가 말하는 것을 듣지 않는다. • 일방적이다. • 접근하기 어려운 인상이다.

(4) 타인의 에고그램 진단

자아상태의 크기는 유동적이며 사람과 상황에 따라 변화된다. 교류분석은 개인 자신보다는 집단 속에서의 개인과 개인 또는 조직과의 원활한 관계를 갖는 것을 목표로 하고 있다. 따라서 자기의 자아상태를 명확히 하고 사회에서 관계를 맺고 있는 상대방의 자아상태를 파악하는 것도 매우 중요하다. 자기와 관련이 있는 타인의 에고그램을 진단함으로써 대인관계를 발전적으로 유지할 수 있다.

타인의 에고그램을 직관적으로 그려 보면, 상호 간의 잠재적인 유대를 높일 수 있으며, 가장 높은 에고그램에 대한 적절한 행동을 준비하여 조직의 효율성을 증가시킬 수 있다.

(5) 자아상태 활성화를 통한 자기 변화방안

'심적 에너지'도 신체적 에너지와 같이 그 양은 일정하다. 따라서 한 부분을 활성화시킴으로써 다른 부분이 감소되어 자아상태의 비중을 변화시켜 자기 변화를 유도할 수 있다.

[CP의 활성화방안]

■ 자신을 갖고 큰 소리로 이야기한다.

■ 등을 펴고 동작을 크게 한다.

■ 인생목표, 업무목표 등을 명확히 세운다.

■ 결정, 결심한 것을 끝까지 한다.

■ 가훈, 좌우명을 만들어 수시로 읽는다.

■ 자기 의견, 소신을 미리 준비한다.

■ 시간, 금전 등의 계획을 세우고 엄격히 지킨다.

■ 사물의 옳고 그름을 명확히 가린다.

■ 타인의 평가를 확실하게 한다.

■ 주위의 좋지 않은 행동에 주의를 준다.

[NP의 활성화방안]

■ 상대의 이야기를 친근감 있게 듣는다.

■ 사람을 좋아하고 싫어하는 편견을 없앤다.

■ 타인을 격려하고 용기를 북돋아 준다.

■ 타인에의 관심을 높이고 장점을 배운다.

■ 모임에서 총무나 서기의 역할을 맡는다.

■ 타인에게 관심과 호의를 몸으로 표현한다.

■ 타인의 부탁은 기분 좋게 받아들이고 최대한 지원하다.

■ 사회봉사활동에 앞장서 참가한다.

■ 관대한 애정으로 타인을 바라본다.

■ 타인이 듣고 싶어 하는 말을 준비해 둔다.

[A의 활성화방안]

■ 무엇이든 계획을 세우고 행동한다.

■ 같은 상황에서 타인은 어떻게 할까를 생각한다.

■ 가능성과 결과를 예측하고 전체를 보며 추진한다.

■ 찬반 양쪽을 모두 파악·판단한다.

■ 하려는 것을 미리 문장화·구체화 한다.

■ 6하원칙인 5W 1H를 활용하여 묻고 생각한다.

■ 감정이 격할 때 틈을 두고 천천히 말한다.

■ 현실상황, 여건을 감안해 행동한다.

■ 요가, 명상, 자율훈련 등 자기 조절 훈련을 한다.

■ 상대방 말의 내용을 확인 후 말을 한다.

[FC의 활성화방안]

■ 생각을 하면 곧 행동에 옮긴다.

■ 자질구레한 일에 구애받지 않는다.

■ 낙관적으로 생각하고 행동한다.

■ 자신의 생각을 적극적으로 피력한다.

■ 자신의 태도, 감정을 그대로 나타낸다.

■ 코미디를 보고 유행하는 농담을 해 본다.

■ 등산, 수집, 감상 등 취미활동을 적극적으로 한다.

■ 즐거운 공상을 통해 좋은 기분에 빠진다.

■ 사물에 대해 강한 호기심을 갖는다.

■ 최선을 다할 수 있는 일을 찾는다.

[AC의 활성화방안]

■ 내심 불만이라도 즉각 표현하지 않는다.

- 집단이나 타인이 정한 사항에 따른다.
- 상대가 어떻게 느끼는지 확인한다.
- 주위를 생각하고 상대의 안색을 살핀다.
- 부정, 거부하는 말을 한번더 생각한다.
- 상대 이야기를 잘 듣고 맞장구 쳐 준다.
- 스스로 겸손하고 상대를 추켜세운다.
- 세부적인 일까지 신경을 쓰고 배려한다.
- 자신의 기분·감정을 조절·억제한다.
- 평지풍파나 분란을 일으키는 일을 주도하지 않는다.

workshop과 토의자료

1. 에고그램은 자아상태의 정신에너지를 양적으로 보기 위해 나타낸 그래프이다.
2. 〈부록 8-1〉의 각 문항에 대하여 자기 모습의 정도를 점수로 기입하고 세로로 각 항목의 점수를 합계하여 각 항목의 점수를 에고그램 진단표에 꺾은선그래프로 작성하고 자신의 에고그램 유형의 특징을 살펴봅니다.
3. 본인의 자아를 활성화시키기 위한 방안을 찾아봅시다.
4. 본인과 관련이 있는 사람들의 특성을 생각하여 〈부록 8-2〉에 개략적인 에고그램을 작성하고, 본인과 상대방의 에고그램상의 특징을 분석합니다.
5. 상대방과의 관계를 개선하기 위하여 한 방안을 수립하고 그 내용을 토의합니다.

제3절 커뮤니케이션 유형분석

1 대화분석

(1) 대화분석의 정의

모든 사람은 타인과의 교류를 통하여 사회생활을 영위한다. 교류는 자극과 반응의 연속이므로 이 자극반응에 따라 잘 이루어지기도 하고 그렇지 못하기도 하다. 교류분석에서는 어떤 사람의 한 가지 자아상태에서 보내는 자극에 그 자극을 받은 사람의 한 가지 자아상태에서 반응이 되돌아오는 것을 대화라고 한다.

따라서 대화분석이란 어떻게 상호작용 하는가, 즉 자극과 반응관계를 간결한 모양으로 분석하여 명확히 하는 것이다. 다시 말해 구조분석이나 기능분석에 의해 명확해진 자아상태의 이해를 근거로 해서 일상생활에서 주고받는 말이나 행동, 태도 등을 분석하는 것이다.

언어에 의한 메시지가 상대편에게 완전히 이해되는 데에는 상대편의 말 뿐만 아니라 비언어적인 것도 중요한 역할을 한다. 대화분석은 이러한 주고 받음을 파악하고 이를 분석함으로써 상대방과의 인간관계에 어떠한 장애가 있는지, 그리고 어떻게 하면 그 장애를 제거할지 교류상의 문제점을 발견하고, 자극이나 반응을 변경하여 좋은 인간관계를 형성할 수 있도록 한다.

대화를 분석하려면 대화교류를 분류하는데, ① 목적을 달성할 수 있는 '상호교환적(complementary) 대화', ② 목적달성이 되지 않고, 대화가 중단되는 '상호교차적(crossed) 대화', ③ 말 이외의 다른 의도가 숨겨져 있는 '비노출적(ulterior) 대화'의 세 가지 종류가 있다.[54]

---

54) F. Luthans, *op. cit.*, pp. 379~390.

153

(2) 대화교류의 종류

① 상호교환적 대화

상호교환적(complementary) 대화는 자극과 반응이 상호평행선을 이루며 상호보완적 대화라고도 한다. 즉, 특정한 자아상태에서 송신한 메시지가 상대방의 특정한 자아상태로부터 예측했던 응답을 얻을 때 일어나는 대화의 교류를 말한다.

두 사람의 자아상태 중 두 개의 자아상태가 상호관여하는 교류로 발신과 응답방향이 평행하고 있다. 말하고 싶다고 생각한 것이 상대에게 전달되고, 상대에게서 듣고 싶은 말을 듣게 되므로 상호지지적 대화는 계속되어 목적이 달성된다. 따라서 이를 개방적인 교류라고도 하는데, 수신자가 적절한 상태에 의해 송신자를 받아들이는 한편, 피드백 또한 기대하는 응답을 보냄으로써 송신자가 기대하는 응답을 받을 수 있음을 말한다.

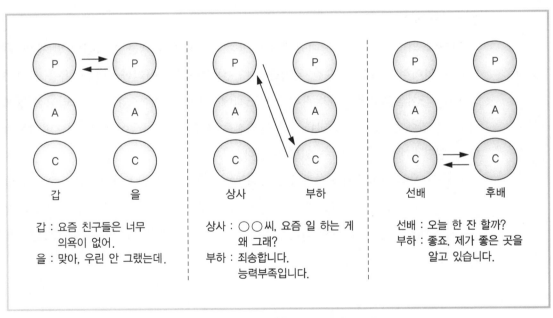

갑 : 요즘 친구들은 너무
　　의욕이 없어.
을 : 맞아, 우린 안 그랬는데.

상사 : ○○씨, 요즘 일 하는 게
　　　왜 그래?
부하 : 죄송합니다.
　　　능력부족입니다.

선배 : 오늘 한 잔 할까?
부하 : 좋죠. 제가 좋은 곳을
　　　알고 있습니다.

〈그림 8-6〉 상호교환적 대화의 예

〈그림 8-6〉의 예에서처럼 상호 간에 바람직한 자아상태를 가지고 원활한 인간관계를 가짐을 알 수 있다. 상대방이 어버이의 자아상태에서 질문을 하였을 경우 어버이로서 대답을 하였고, 아이의 자아상태를 가지고 자기와 같은 상태의 응답을 원할경우 아이로서 응답을 하는 경우이다. 대화의 교류가 이처럼 평행(parallel)으로 이루어질 때 건설적이고 상호유익한 인간관계가 형성된다. 여기서 대화의 교류는 평행선만 이루면 자아상태에 관계없이 대화의 교류는 보완적이고 무한히 계속되어 상호교환적 대화가 완성되지만, 일반적으로 가장 효과적인 대화교류는 어른과 어른 (Adult - to-Adult base)의 방식이다.

해리스(T. A. Harris)에 의하면 어른과 어른의 대화의 교류를 위한 지침을 다음과같이 제시하였다.

첫째, 자기 내면의 어린이를 인정하고 그의 취약점, 두려움 및 이 감정들의 주된표현방법을 연구하라. 둘째, 자기 내면의 어버이를 인정하고 그의 충고, 명령, 고정화된 가치관 및 이 감정들의 주된 표현방법을 연구하라. 셋째, 상대방에게 있는 어린이의 자아에 민감하고 그 어린이와 이야기하고 감싸며 보호하라. 넷째, 어른의 자아상태에게 객관적인 제반자료를 처리하고 현실에서부터 어버이와 어린이를 가려내도록 시간을 주기 위하여 필요하다면 열까지 숫자를 헤아려라.

② 상호교차적 대화

상호교차적(crossed) 대화는 자극과 반응이 교차하기 때문에 평행선을 이루지 못한다. 이는 자극에 예기하지 않았던 반응이 발생할 때 일어난다. 이것은 두 사람의자아상태 중 셋 또는 넷이 관여하는 것으로 발신자가 기대한 교류가 저지됨으로써교류는 단절되고 기대에 어긋나는 회답이 되돌아오기 때문에 목적은 달성되지 않은상태로 끊기는데, 별도목적에 새로 바꿀 수 있게 된다. 상호교차적 대화의 교류는상호교환적 대화의 교류와는 달리 반응이 자극에 대응하지 않고 기대에 어긋날 뿐만 아니라 송신자 대화의 의도까지도 다른 자아상태에서 나온 것으로 받아들여 반응이 나오기도 하여 송신자는 수신자가 메시지를 오해한 것으로 생각하거나, 때때로

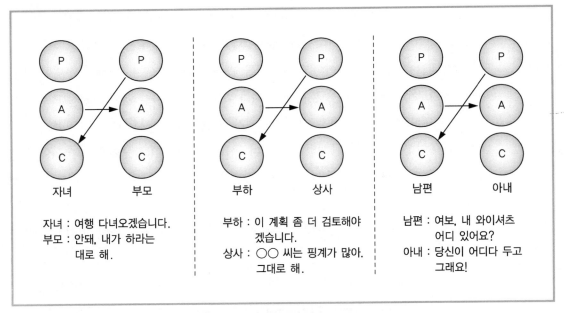

<자녀>
자녀 : 여행 다녀오겠습니다.
부모 : 안돼, 내가 하라는
　　　 대로 해.

<부하>
부하 : 이 계획 좀 더 검토해야
　　　 겠습니다.
상사 : ○○ 씨는 핑계가 많아.
　　　 그대로 해.

<남편>
남편 : 여보, 내 와이셔츠
　　　 어디 있어요?
아내 : 당신이 어디다 두고
　　　 그래요!

〈그림 8-7〉 상호교차적 대화의 예

심각한 불쾌감이 남게 된다.

〈그림 8-7〉의 예는 정보를 구하는 어른의 자극에 대하여 정보를 제공하는 어른의 상태로 대화의 교류가 이루어지지 못하고 어버이의 입장에서 상대방을 질책하는 경우이다. 자극과 반응이 어버이-어른-어린이 대화교류의 도식에서 교차될 때 커뮤니케이션은 중단된다. 〈그림 8-7〉의 마지막 예에서 아내가 "어디에 있어요'로 받는다면 상호교환적 대화가 될 수도 있으며, 아내의 자아상태가 어린이의 상태라면 "왜 당신은 나에게 큰소리만 쳐요" 하는 형태의 다른 상호교차적 대화로 발전될 수도 있다.

③ 비노출적 대화

비노출적(ulterior) 대화란 밖으로 표현되는 언행과 달리 마음속에 숨겨 놓은 의도를 가지고 교류를 하는 것을 말한다. 비노출적 대화는 항상 두 가지 이상의 자아상태를 포함하고 있다는 점에서 상호교환적 대화나 상호교차적 대화와 상이하다. 메

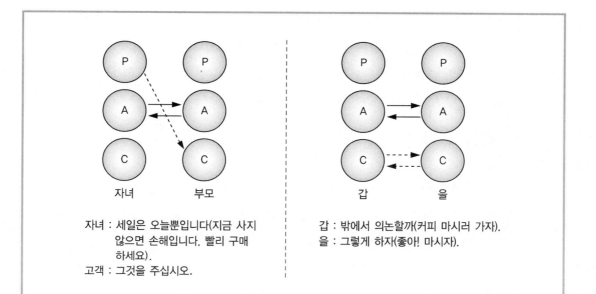

자녀 : 세일은 오늘뿐입니다(지금 사지
　　　않으면 손해입니다. 빨리 구매
　　　하세요).
고객 : 그것을 주십시오.

갑 : 밖에서 의논할까(커피 마시러 가자).
을 : 그렇게 하자(좋아! 마시자).

<그림 8-8> 비노출적 대화의 예

시지를 전달할 때, 어휘의 표면적인 의미로 전해지는 분명한 내용이 있지만, 또 다른 한편으로는 은폐된 다른 의미가 있는 경우로 실제 전달하고자 하는 메시지는 은폐된 채 대화가 교류된다. 이 은폐된 의도는 때로는 그 의도를 알고 대처하는 경우도 있고, 그렇지 못할 경우도 있다. 또는 사건의 진상 등은 이면에 숨겨 있고 표면적으로는 그것과 다른 형태의 대화교류가 이루어진다. 이와 같이 표면의 메시지와 이면의 메시지가 다른 교류를 비노출적 대화라고 한다.

　비노출적 대화의 교류에는 ① 세 가지 자아상태가 관여하는 '예각 비노출적 대화교류'와, ② 네 가지 자아상태가 관여하는 '이중 비노출적 대화교류'가 있다.

　<그림 8-8>의 예에서처럼 상호보완적인 비노출적 대화의 교류도 있지만, 대부분의 비노출적 대화는 비판적·파괴적[55]인 결과를 가져오게 되어 바람직하지 못한 민간관계가 형성되어, 비생산적이고 불유쾌한 감정이 남게 된다. 즉, 비노출적 대화의

---

55) F. Luthans, *op. cit.*, 1992, p. 381.

교류는 시간을 낭비하고 인간관계를 단절시키는 원인이 되므로 바람직한 인간관계의 유지와 원활한 커뮤니케이션을 위해서는 메시지의 숨은 의미와 의도를 파악하는 데 노력을 하여야 한다.

2 대화의 개선

"사회생활은 교류로 이루어져 있다." 즉, 대화의 교류란 자극과 반응의 연쇄 작용이므로 상대하는 사람 중 일방이 '자극의 방법'이나 '반응의 방법'을 다르게 함으로써 대인관계를 개선할 수 있다.

에고그램을 통하여 자아상태의 편중을 알았다면 필요에 따라 의식적으로 바꾸도록 노력하여 대인관계를 개선시켜야 한다. 하지만 자기 이외의 타인이 변하기를 기대하는 것은 불가능한 일이며, 상대를 바꾸라고 강요할 수 없는 일이다. 따라서 대화개선의 주체는 자기 자신이며 이를 통하며 타인의 개선을 유도할 수 있고, 궁극적으로 자기와 타인의 관계개선을 이끌어 낼 수 있다.

(1) CP → AC의 관계개선

통제적 어버이(CP)는 일반적으로 상대를 순응하는 어린이(AC)의 자아상태를 나타나게 한다. 다시 마하면, 상대에게 다른 의견을 제시하거나 생각한 바를 말할 수 없게 만들고, 감정을 감추고 마음에도 없는 감정에 의해 행동하는 자아상태가 되어 버리게 한다. 이러한 자아상태는 상대방의 본심을 분간할 수 없고 상황을 벗어나려고 지나쳐 가는 말로 넘겨 버리기 쉽다.

따라서 CP를 많이 사용하는 사람은 CP를 상대방의 AC를 향하지 않고 A를 향하여 대화를 시도해 보는 것이 좋으며, 그 방법으로는 ① 내용은 같으나 대화방법을 조금 완화할 것, ② 말 끝에 상대방의 의견을 구하여 어른(A)을 향한 대화를 시도하는 것이 좋다.

158

어른 대 어른(adult-to-adult)의 대화를 통하여 성숙한 대인관계가 유지되고 신뢰관계가 구축될 수 있다.

(2) NP → FC의 관계개선

보호적 어버이(NP)가 강한 사람의 경우는 상대를 자유로운 어린이(FC)의 자아상태로 나타나게 한다. "무엇이라도 다 해 준다"는 과잉적인 NP행동은 과보호로 인해 상대의 '주체성'과 '자율성'을 저해하게 된다. 따라서 필요 이상의 NP적 행동을 줄임으로써 상대방의 '자율성'과 '독립성'을 키우고 궁극적으로 스스로의 방법을 찾는 어른 대 어른(adult-to-adult)의 대화를 유도할 수 있다.

제4절 스트로크와 인생게임

1 스트로크의 정의

스트로크(Stroke)라는 말은 단지 애무라는 의미뿐 아니라 신체에 직접 접촉하는 터치 스트로크(Touch Stroke, 스킨십)부터 눈짓한다, 말을 건다, 승인한다는 등 정신적인 스트로크까지 매우 넓은 뜻을 가지고 있는 말로서 타인의 존재를 인정하기 위한 작용이나 행위를 말하며, 한 마디로 존재인지라는 것이다.

유아기 스트로크에 대한 욕구는 성장함에 따라서는 찬사나 승인 등 정신적인 스트로크로의 욕구로 이행하기는 하나 크고 작은 차이는 있어도 이것은 모두가 자기존재를 인정해 달라는 욕구로서 인간에게 꼭 필요한 것이다.

이와 같이 사람은 모두 스트로크를 필요로 하고 있으며, 사람이 산다는 것은 스트로크를 하기 위해서라고까지 할 수 있다.

2 스트로크의 종류

(1) 긍정적 스트로크와 부정적 스트로크

애정, 승인, 보수 등 인간에게 쾌적한 것을 긍정적 스트로크라 한다. 친교의 정이 가득 찬 신체의 터치와 애무로부터 대수롭지 않은 배려나 아침에 "안녕하세요"라는 한 마디까지도 여기에 포함되며, 상대방에게 기분 좋은 느낌(OK 감정)을 불러일으키는 모든 것이 긍정적 스트로크에 속한다.

그러나 이러한 말, 손짓, 행위 등이 상대방에게 불쾌한 감정(Not-OK)을 불러일으켜 상대방의 마음이나 신체를 손상시켰다면 이는 부정적 스트로크라고 한다.

사람은 긍정적 스트로크를 얻을 수 없으면 부정적 스트로크라도 얻으려 하게 된다. 즉, 스트로크 기아상태가 되면 부정적 스트로크라도 얻으려고 하지만, 부정적 스트로크가 쌓이면 일생동안 부정적(Not-OK)인 인생태도가 형성되기도 한다.

(2) 조건적 스트로크와 무조건적 스트로크

좋은 일을 했을 경우에만 스트로크가 주어지는 것으로서 공부를 잘 했으니까 상을 준다거나, 말을 잘 들었을 때 '착하다'라는 말은 조건적 스트로크에 속하며, 행위에 대한 칭찬은 되지만 인격에 대한 찬사는 되지 않는다.

이에 비해 조건 없이 상대방의 인격 그 자체, 존재 그 자체에 대한 승인, 찬사를 하는 경우를 무조건적 스트로크라 한다. 바람직한 스트로크는 조건적 스트로크가 아닌 무조건의 긍정적 스트로크이며, 그것은 상대방의 인격, 존재 그 자체에 대한 승인이며 찬사라야 한다.

이와 같은 긍정적 스트로크를 받고 자란 사람은 (OK)인 인생태도를 가지고 있어서 칭찬이나 승인의 말을 들었을 때 긍정적인 수용으로 발전적인 인간관계를 이룰 수 있다.

〈표 8-9〉 스트로크의 종류와 예

스트로크	신체적	정신적	조건적	무조건적
존재인지	직접적인 접촉에 의한 행위	접촉 이외의 간접적인 행위	특정 행위나 태도에 대하여	존재자체나 인격에 대하여
긍정적 (OK감정)	머리를 쓰다듬는다, 손을 잡는다, 어깨를 두드린다	칭찬한다 금일봉, 표창, 승진, 승급	심부름 고마워, 그 일은 용감했다, 참 좋은 일을 했다	너와 함께 있어 행복해, 난 네가 좋아
부정적 (Not-OK감정)	때린다, 꼬집는다, 들이받는다	꾸중한다, 흘겨본다, 얕잡아본다	공부 안 하면 안 돼, 태도가 불량스러워, 성의가 없군	이혼합시다, 자네 꼴도 보기 싫어, 당장 그만둬

(3) 신체적 스트로크와 정신적 스트로크

접촉에 의한 직접적인 스트로크를 신체적 스트로크라고 한다. 긍정적인 것으로는 어깨를 두들겨 준다거나 악수를 하는 등의 상대가 쾌감을 느끼는 신체접촉을 통한 스트로크가 있고, 부정적인 것으로는 때린다, 들이받는다 등과 같이 상대방에게 불쾌감을 느끼게 하는 신체접촉을 통한 스트로크가 있다.

정신적 스트로크는 말에 의하거나 접촉 이외의 간접적인 행위를 통한 스트로크를 말한다. 예로써, 칭찬한다, 금일봉, 표창을 받는다 등의 긍정적 스트로크와 꾸중한다, 경멸한다, 노려본다 등의 부정적 스트로크가 있다.

3 스트로크와 인간행동

사람이 받는 스트로크의 종류와 그 정도에 따라 그 후 사람의 됨됨이가 정해질 수 있다. 즉, 이것은 그 사람의 일생을 좌우하는 각본(脚本)이 어릴적 스트로크에 의해 기록된다는 말이며, 인생초기 부모·자식 사이의 접촉을 통해 그 사람의 인생에 대한 기본적인 자세가 완성된다는 말도 된다. 인생에서 승리자로서 살아가는 방법과 패배자로서 생활방법 정도 또한 어떠한 스트로크가 어느 정도로 주어지느냐에 따라 좌우하게 된다.

우리는 대부분 스트로크를 받거나 때로는 회피하면서 일상의 시간을 보낸다. 이와 같이 사람은 일상의 번잡한 스트로크의 교환에 지쳐 때로는 스트로크를 피해 타인과의 접촉하지 않는 시간을 만들게도 된다. 그런가 하면 스트로크의 교환이 부족하면 심심하거나, 절박하거나, 때로는 고통스럽기까지 하여 마치 배가 고파 견딜 수 없게 되는 것과 마찬가지로 스트로크 기아에 빠져 버린다. 그것은 타인 특히 부모나 상사로부터 무시당할 때는 그 경향이 조장되어 무리해서 스트로크를 받는 수단으로서 장난을 하거나 실패를 하거나 나쁜 짓을 하는 일도 있다. 이것이 거듭되면 게임이 된다.

알아두기

스트로크 결핍(영화 second chance)

22개월 된 수잔은 병원입원 당시 체중 6.75kg, 신장 71cm로 미국유아의 평균치에 비해 체중은 5개월, 신장은 10개월 된 아이에 불과했다. 물론 걷지도 못했고 '예, 예' 하는 말조차 할 수 없을 정도였다. 더구나 누군가가 가까이 다가가면 울어 버리고 포옹하거나 어루만지는 것도 싫어했다. 여러 가지 검사를 해 보았지만 수잔의 신체에는 아무 이상도 없었다. 의학적으로는 도무지 발육부진의 원인을 찾을 수가 없었고 의사는 당혹스러워했다.

그런데 엉뚱한 곳에 원인이 있었다. 수잔이 입원해 있는 3주 동안 부모가 한 번도 면회를 오지 않았고, 이를 이상히 여긴 병원관계자가 수잔의 부모를 방문하면서 밝혀졌다. 수잔의 부모는 젊은 학생부부로 뜻하지 않게 태어난 수잔을 몹시 귀찮아했고 거의 보살피지도 않았다. 더구나 수잔의 엄마는 "우리 애는 반항적이라 안아 주는 것도 싫어해요. 그냥 놔두는 것을 제일 좋아해요. 그리고 사실은 난 우리 애가 싫어요. 더 이상 우리 애를 보살필 자신이 없어요."라고 했다.

이런 면담결과를 토대로 병원에서는 수잔의 병명을 모성애정결핍증후군이라 결론 내리고 발육부진의 원인을 부모로부터의 스트로크 결핍으로 보았다. 그래서 의사는 전담간호사를 배정하여 수잔의 부모역할을 하게 하였다.

간호사는 하루에 6시간 동안 수시로 포옹을 하기도 하고 눈을 마주치기도 하면서 정신적·신체적 스트로크를 계속해서 주었으며 병원의 스태프들도 수잔에게 될 수 있는 대로 스트로크를 주려고 애썼다. 수 주일이 지난 후 수잔은 더 이상 사람이 가까이 다가가는 것을 싫어하지 않게 되었고, 오히려 조금씩 반응도 나타내기 시작했다. 또한 체중도 2.7kg나 늘었고 신장도 5cm나 커졌다. 운동기능과 정서도 놀라울 만큼 발달하여 의사표현도 할 수 있게 되었고, 모르는 사람이나 낯선 물건에도 흥미를 보이게 되었다. 그리고 몇 달 후 수잔은 혼자서 병원을 걸어 나갈 수 있었다.

제5절 인간관계의 개선

1 스트로크의 개선

(1) 노-스트로크

어떤 사물이나 대상, 사건 및 현상을 인식하지 않는 경우를 포함해서, 스트로크가 없는 경우를 노-스트로크라 한다. 노-스트로크(No-stroke)는 자기의 존재를 무시당한 것 같은 느낌을 주어 누적되면 관계를 악화시킨다.

(2) 무 시

무시는 노-스트로크의 일종으로, 상대를 인식하고 있으면서도 스트로크를 보내지 않는 경우를 말한다. 또는 "안녕하세요!"라고, 이쪽이 말했는데, 상대방의 반응이 없는 경우도 무시에 해당한다.

(3) 스트로크의 질과 양

스트로크는 같은 양과 질(정중함 부족)을 교환하여야 건전한 인간관계를 유지할 수 있다. 즉, 오랜만에 본 동료에게 "안녕, 어떻게 지냈어요"라고 인사를 건넨 경우, 상대방은 성의 없는 태도로 "안녕"이라고 지나쳐 버렸을 겨우 불쾌하다고 느끼는 것은 스트로크의 양(2문장과 1문장의 차이)과 질(성의 없는 태도)의 차이 때문이다.

이는 상대방의 양과 질이 모두 낮은 스트로크 반응으로 NP의 자아상태가 A의 자아상태의 개입 없이 CP로 이동되었기 때문이다.

따라서 스트로크 반응은 같은 양과 같은 질의 것을 타이밍을 잘 맞추어 보내야 한다. 보낸 스트로크와 되돌아온 스트로크가 같지 않으면 건전한 인간관계를 유지할 수 없다.

(4) 셀프–스트로크(self-stroke)

인간은 긍정적인 스트로크를 받을 수 없게 되면 부정적 스트로크라도 받으려고 한다.

에릭 번의 욕구이론에서 여섯 가지의 욕구는 어느 것 하나라도 없어서는 안되며 만약 어느 것 하나라도 결핍이 생기면 인간은 정신적인 공황상태에 놓이게 된다. 스트로크의 박탈이야말로 인간에게 가장 큰 고통이라고 볼 수 있다.

스트로크는 금일봉, 훈장, 표창장 등 약간의 금전이 필요한 경우도 있지만 부모, 상사, 동료에게 인정을 받거나 칭찬을 받는 것처럼, 비용이 들지 않는 경우가 대부분이나 실제로는 스트로크에 대해 매우 인색한 경우가 많다.

스트로크의 양과 질, 그리고 타이밍이 적절한 스트로크가 나오지 않는다면 스트로크에 대해 디스카운트로서 받아들여지게 된다. 스트로크가 없거나, 디스카운트된 스트로크로 인하여 노 스트로크로 느껴지게 되면 상대방은 셀프 스트로킹(self-stroking)으로 하며, 스스로 긍정적 감정(OK감정)을 수집하고, 그 감정을 축적하여 간다.

이러한 감정의 축적은 어떤 기회가 주어지면 감정의 홍수상태로 폭발하게 되며 이것이 반복되면 심리게임이 된다.

(5) 타이밍

스크로크는 양과 질도 중요하지만 타이밍(timing) 또한 매우 중요하다. 적시를 놓친 스트로크의 교환은 스트로크 기아를 초래한다.

스트로크의 타이밍은 상대에 대한 관심과 배려의 표시가 될 수 있다. 듣기에서 적극적 경청은 스트로크 교환의 타이밍에 대한 좋은 사례가 된다.

(6) 남의 이야기의 적극적 경청

스트로크가 결핍인 사람은 흔히 잘 떠드는 경향이 있으며, 떠들고 싶은 사람의 이야기를 잘 들어 주는 것(적극적 경청)도 스트로크를 주고 있는 것이 된다.

2 스탬프 수집과 인간관계 개선

(1) 골드 스탬프와 그레이 스탬프

스트로크 교환으로 인해 좋은 감정이나 나쁜 감정을 마음속에 축적하는 것을 스탬프 수집(stamp collection)이라고 한다. 사람의 대화의 배후에는 스트로크의 교환이 이루어지고, 그 결과가 좋으면 골드 스탬프(gold stamp)를, 나쁘면 그레이 스탬프(gray stamp)를 수집하게 된다. 스트로크를 받은 편에서는 자기의 마음속에 그 스탬프를 축적하게 되며 자아상태 C에 의해 이뤄지는 감정스탬프 수집은 어느 정도 축적되면 사소한 감정의 동요를 가져오게 되어 감정의 폭발을 가져오게 된다.

이는 평소 부정적(Not OK) 감정이 상당히 축적된 결과로서 폭발형태로 표출되며 감정폭발로 감정청산이 될 수 있다. 스탬프 교환의 예로서 언제나 얌전하던 아이가 어느 날 갑자기 부모에게 반항하는 것도 오랫동안 부모의 지나친 과보호(NP)나 이렇게 해라 그러면 안돼! 하는 지나친 규제(CP)로 인해 조금씩 축적된 부정적(Not-OK) 감정이 일거에 폭발한 것으로 볼 수 있다. 사소한 일까지 다 챙겨 주는 어머니와 자기 생각대로 살기를 강요하는 아버지의 틈바구니에서 자녀들은 자율성 박탈로 인해 그레이 스탬프가 충만해지고, 충만된 스탬프는 사소한 계기만 마련되면 언제라도 폭발할 수 있다.

(2) 그레이 스탬프의 청산

불쾌감을 의미하는 그레이 스탬프를 모으려면, 타인으로부터 부정적 스트로크를 받은 결과 모이는 것과, 자기 자신이 모으는 경우가 있다. 타인으로부터라고 해도, 어떤 사람으로부터 한 번만 부정적인 스트로크를 받는 것과 같은 사람으로부터 반복하여 몇 번이나, 또는 몇 개월, 아니 몇 년에 걸쳐 받는 것, 여러 사람으로부터 받는 것 등, 여러 가지 방법이 있다. 부정적인 감정이 쌓이면 청산을 하여야 하는데 그레이 스탬프의 축적 정도에 따라 청산이 대(大), 소(小)로 나타나게 된다.

그레이 스탬프는 시간이 경과함에 따라 그 부정적 감정의 정도가 심해져(생각할수록 불쾌한 감정)축적의 정도가 많아질 수 있으며 이것을 청산하지 않으면 정상적으로 일을 할 수 없게 된다.

그레이 스탬프의 해소는 방법에 따라 문제를 야기할 수 있는데, 불건전(다툼, 위압적인 태도)하거나 부도덕(폭력, 자살)한 청산방법이 그러한 예가 된다.

부정적 감정을 많이 축적하는 표현은 그 정도에 문제를 일으킬 수 있으므로 부정적 감정은 오래 축적하지 않고 그때그때 올바르게 표현하는 것이 현명한 방법이다.

(3) 인간관계 개선에의 적용

스탬프의 수집은 받은 스트로크의 종류와 양, 질에 따라 여러 가지 감정을 모으게 되며, 스탬프의 축적은 감정의 표현으로 나타난다. 여기서 감정은 스스로의 문제이므로 타인으로부터 유발되었다는 태도를 지양하여야 한다.

교류분석을 하는 목적의 하나는 커뮤니케이션하는 경우 주체성을 갖게 하는 것이다. 자기의 감정은 자신의 책임이고 타인의 감정을 책임질 수는 없다는 것을 분명히 인식하고 자기감정을 스스로 통제할 수 있어야 하겠다.

3 디스카운트감소를 통한 인간관계 개선

(1) 디스카운트의 이해

디스카운트(discount)란 할인을 의미하지만 교류분석에서는 자기 자신이나 타인과 관련된 상황이나 현실 등의 어떤 표상을 무시하거나 경시하는 마음으로 인해 나타나는 구체적인 행동양식이라고 정의하고 있다.

부정적 스트로크는 상대에게 아픔을 주고 감정을 상하게 하기는 하지만 기본적으로는 상대의 존재 자체는 인정하는 데 반해, 디스카운트는 자신이나 상대의 존재와 그 가치에 진실한 관심이 결여된 것이다. 이렇게 상대의 존재를 무시하거나 경시하는 독선적인 행동은 때로는 의식적인 것도 있지만 많은 경우 무의식적으로 이루어지며, 사람에 따라서는 이 같은 행동이 습관이 되어 대인관계가 원활하지 못한 경우도 발생한다.

긍정적 스트로크는 좋은 대인관계를 위해 필요한 반면, 디스카운트는 자기 자신이나 상대뿐만 아니라 대인관계 자체를 망치게 하며 이로 인해 여러 가지 문제를 야기한다. 디스카운트는 자기 자신을 손상시킬 뿐만 아니라 상대나 대인관계 전체를 손상시킨다.

분열증환자를 주로 연구해 온 시프에 의하면 디스카운트가 심해지면 병적인 상태까지 진행이 되는데, 대개 수동적 행동으로 나타난다고 한다. 어쨌든 디스카운트는 자기 자신, 타인, 현실상황 등 세 가지 영역에서 일어나며 각각의 영역에서 다음과 같이 4단계의 양상을 보인다.

(2) 문제해결과 디스카운트

① 문제존재의 경시

이는 머리가 아픈데 "대단치는 않다"라든가, "손님이 화내고 있어요"라고 하는데도, "뭐 괜찮아"라고 하는 등의 경우로 인간관계에 커다란 악영향을 초래한다.

② 문제의 존재는 인정하나 문제가 가지고 있는 의미를 경시

상처받거나, 모욕하는 이유를 가볍게 보는 등의 경우가 이에 속한다. 이 경우는 나중에 보다 큰 문제로 신상에 재난이 덮칠 수가 있다. 지진발생의 근거를 가볍게 본다든가, 동일한 재해를 두 번 당하는 등 어느 것이나 다 이런 것과 관계가 있다.

③ 문제의 해결가능성의 경시

"저 사람은 어차피 일을 할 수 없다", "또 시험 따위 치러도 안 돼"라든가, "이야기를 해도 안 돼" 등이 이에 속한다. 시도해 보기도 전에 부정해 버리는 경우가 이에 해당한다.

④ 문제해결을 위한 자신이나 상대의 능력을 경시

나는 원래 소극적인 성격이라서라든가, 그도 이제 나이가 차서 어쩔 수 없다는 등, 변화할 가능성을 사전에 디스카운트 해 버리는 경우가 있다.

디스카운팅이 인간관계를 해치고, '인생게임'으로 연결하는 교량역할이 된다는 것을 생각하면 '나도 OK, 당신도 OK'의 긍정적 인생태도를 만들어 가기 위하여 디스카운트를 이해하고 줄이는 노력을 해야 할 것이다. 디스카운트의 기능을 이해하고, 디스카운트로부터 자기 변혁을 기하여야 한다.

그렇게 하지 않으면, 디스카운팅의 교환은 게임으로 발전하여 비극으로 끝나게 될지도 모른다. 디스카운트를 이해하고, 대인관계를 원활하게 하려면 이러한 과소평가놀이를 그만두어야 한다.

workshop과 토의자료

1. 〈부록 8-3〉은 긍정적·부정적 스트로크를 주고받는 정도를 보기 위한 것입니다.

2. 본인의 스트로크 패턴을 분석합니다.

3. 본인의 스트로크 패턴의 개선점을 기술하고, 그 내용을 상호토의합니다.

4. 실천을 위한 구체적인 Action Plan을 작성, 발표하여 봅니다.

성격유형별 대화하기

제1절 MBTI 성격유형에 따른 커뮤니케이션 방법

1 융의 분석심리학과 MBTI

　융(Carl G. Jung)은 성격에 관한 연구를 많이 하였는데, 다양한 개인차에서 일정한 유형은 물론, 이 유형과 학문 및 일상생활 간의 밀접한 관계를 찾아냈다. 융은 인간의 보다 큰 세계, 즉 무의식세계에 대한 조직적이고 논리정연한 탐구를 통하여 인간의 삶의 의미를 새롭게 했다. 분석심리학에 관한 융의 가장 두드러진 공헌은 연구의 대상을 정신질환자에서 정상적인 인간에 이르기까지 확대시킨 데 있다. 프로이트 심리학과 융의 심리학은 다음과 같은 차이가 있다.

　첫째, 프로이트는 지나치게 병리적·결손적인 측면에서 인간을 설명한 반면, 융은 정상적인 인간의 마음을 다루었다.

둘째, 프로이트는 생물학적인 리비도(Libido)를 주장하면서 리비도의 개념을 오직 성적인 충동으로 보았지만, 융은 상징적·종교적인 원천과 같은 비생물적인 것까지 모든 정상적인 에너지를 포함하는 생명력으로 해석하였다.

셋째, 프로이트는 극단적인 인간론과 목적론을 주장하였지만, 융은 비인간론적인 동시성 원리를 주장하였다.

넷째, 프로이트는 방어기제(defence mechanism)를 주장하였지만, 융은 창조적 현실을 더욱 중요시하였다.

다섯째, 프로이트는 생물학적·기계론적인 접근방법을 중시하였지만, 융은 정신 현상의 깊은 의미와 독창성을 중시하는 현상학적인 접근방법(phenomenological approach)을 주장하였다. 1920년 융의 성격유형론 발표는 거의 20년에 걸친 연구성과였으며, 융은 이 학설이 정신과 의사로서 그가 임상에서 관찰해 온 모든 경험, 그리고 그 밖의 사회계층에서의 인간관계, 그 자신과 반대론자와의 대결과 갈등, 그의 학설의 특이성에 대한 다른 학자의 비판근거를 살펴보는 데서 생긴 것이라고 하고 있다. 융은 인간의 성격이 네 가지 기능으로 이루어지는데, 이 네 기능을 정신에너지의 흐름과 관심의 초점이 밖으로 향하느냐, 안으로 향하느냐에 따라 다시 여덟 개의 유형으로 분류하였다.[56)]

2 MBTI

MBTI(Myers-Briggs Type Indicator)란 융의 심리유형론을 바탕으로 하여 브리그(Katharince C. Briggs)와 마이어스(Isabel Briggs Myers)가 연구·개발 성격유형지표로서 융이 말하는 선천적으로 타고나는 개인의 심리경향을 발견하고, 그 경향에 따라 개인의 성격과 그 개인이 환경에 반응하는 태도가 다름을 이해함으로써 자신과 타인의 성격역동을 이해하는 데 아주 유용하게 사용되고 있는 도구이다. 우리나라

---

56) 조성목·김재득·박은미, 『인간관계의 이해』, 동림사, 2001, pp. 54~56.

에서는 김정택, 심혜숙이 문화적 차이를 고려한 표준화과정을 거쳐 1990년부터 산업장면, 상담장면, 교육장면 등 다양한 분야에서 활발하게 사용되고 있다. MBTI는 94개 문항으로 구성되어 있는 성격유형지표(type indicator)로서, 외향·내향(주의집중과 에너지의 방향), 감각·직관(정보수집의 방법), 사고·감정(판단과 결정과정), 판단·인식(행동이행과 생활양식)지표 중 개인이 선호하는 네 가지 지표로 표시된다.

MBTI의 목적은 각자가 인정하는 반응에 대한 자기 보고를 통하여, 인식과 판단과정에서 나타나는 사람의 근본적인 선호성을 알아내고, 각자의 선호성이 개발적·복합적으로 어떻게 작용하는지 결과를 예측하여 실생활에서 도움을 얻으려는 데 있다. 따라서 MBTI는 학생의 상담장면에서 상담자 자신의 이해뿐만 아니라, 이를 통하여 내담자와의 효과적인 상담관계를 맺어나가는 데 아주 도움이 된다는 사실이 경험적으로 입증되고 있다.

MBTI는 그 동안 카운슬링과 심리치료의 보조자료로 이용되어 내담자와 상담자 간의 라포(rapport) 형성뿐만 아니라 내담자의 행동을 보다 깊이 이해하는 데 유용한 도구로 사용되었다.

1980년대에 인사관리, 인력개발, 조직개발 등 다양한 분야에서 사용되어 교육훈련 전문가에게 선풍적인 인기를 끌고 있다. 이러한 MBTI의 이해를 통하여 우리는, 첫째 자기 자신의 유형을 파악하고 자신의 타고난 성격을 발견하여 환경에 조화하며 적응할 수 있다. 둘째, 타인의 주기능과 열등기능을 포함한 성격유형을 분석함으

〈표 9-1〉 MBTI의 네 가지 선호지표

지 표	선호경향	주요 활동
외향(E)–내향(I)	에너지의 방향은 어느 쪽인가?	주의초점
감각(S)–직관(N)	무엇을 인식하는가?	인식기능
사고(T)–감정(F)	어떻게 결정하는가?	판단기능
판단(J)–인식(P)	생활양식은 무엇인가?	생활양식

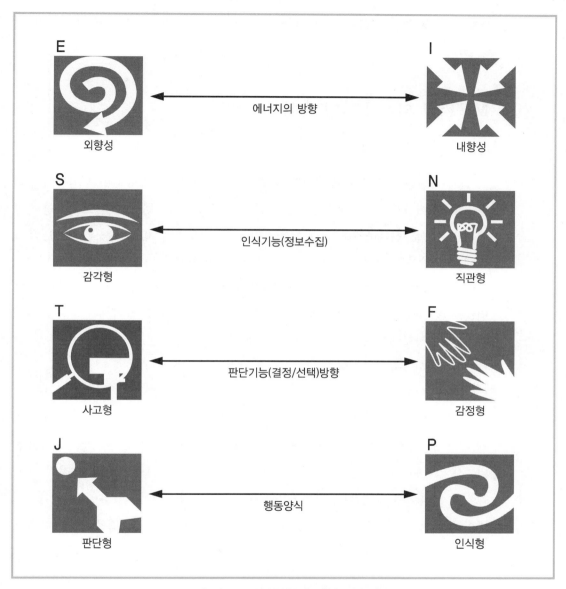

〈그림 9-1〉 MBTI의 네 가지 선호지표

로써 인간을 이해하고, 셋째 조직 속의 나를 이해하고 조직 전체의 유형을 파악함으로써 정형화된 조직의 루틴(routine)과 개발여지를 파악할 수 있다. 따라서 MBTI의 이해를 통해 성격을 이해함으로써 우리는 개인의 성격을 좀 더 깊이 있게 이해 할 수 있다.

3 MBTI의 열여섯 가지 유형

(1) ISTJ

실제 사실을 정확하고 체계적으로 기억하며 일처리에도 신중하며 책임감이 강하다. 집중력이 높고 강한 현실감각을 지녔으며 조직적이고 침착하다. 보수적인 경향이 있으며, 문제를 해결하는 데 과거경험을 잘 적용하며, 반복되는 일상적인 일에 인내력이 강하다. 자신과 타인의 감정과 기분을 배려하며, 전체적·타협적 방안을 고려하는 노력이 때로 필요하다. 정확성과 조직력을 발휘하는 분야의 일. 즉, 회계, 법률, 생산, 건축, 의료, 사무직, 관리직 등을 선호하여, 이런 분야에서 능력을 발휘하며, 위기상황에서도 안정적이다.

(2) ISTP

말이 없으며, 객관적으로 인생을 관찰하는 형이다. 필요 이상으로 자신을 발휘하지 않으며, 일과 관계되지 않는 이상 어떤 상황이나 인간관계에 직접 뛰어들지 않는다. 가능한 에너지소비를 하지 않으려 하며, 사람에 따라 사실적 자료를 정리, 조직하기를 좋아하며 기계를 만지거나 인과관계나 객관적 원리에 관심이 많다. 테크니컬한 분야에 흥미가 없으나 사실을 조직화하는 재능이 많으므로 법률, 경제, 마케팅, 판매통계분야에서 능력을 발휘한다. 느낌이나 감정, 타인에게 마음을 표현하기 어려워한다.

(3) ESTP

사실적이고 관대하며, 개방적이다. 사람이나 일에 대한 선입관에 관심이 별로 없다. 강한 현실감각으로 타협책을 모색하고 문제를 해결하는 능력이 뛰어나다. 적응을 잘하고 친구를 좋아하며 긴 설명을 싫어하고, 운동·음식·다양한 활동 등 주로 외관으로 보도, 듣고, 만질 수 있는 생활의 모든 것을 즐기는 형이다.

순발력이 뛰어나며 많은 사실을 쉽게 기억하고, 예술적인 멋과 판단력을 지니고 있으며, 연장이나 재료를 다루는 일에 능숙하다. 논리·분석적으로 일을 처리하고, 추상적인 아이디어나 개념에는 별로 흥미가 없다.

(4) ESTJ

실질적이고 현실감각이 뛰어나며 일을 조직·계획하여 추진시키는 능력이 있다. 기계분야나 행정분야에 재능을 가졌으며, 체계적으로 사업체나 조직체를 이끌어나 간다. 타고난 지도자로써 일의 목표를 설정·지시·결정·이행하는 능력이 있다. 결과를 눈으로 볼 수 있는 일, 즉 사업가, 행정관리 등의 분야에서 능력을 발휘할 수 있다. 속단·속결하는 경향과 지나치게 업무위주로 사람을 대하는 경향이 있으므로 인간 중심의 가치와 타인의 감정을 충분히 고려해야 한다. 또 미래의 가능성보다 현실의 사실을 추구하기 때문에 현실적·실용적인 면이 강하다.

(5) ISFJ

책임감이 강하고 온정적·헌신적이고 침착하며, 인내력이 강하다. 다른 사람의 사정을 고려하고 자신과 타인의 감정에 민감하며, 일처리에서 현실감각을 갖고 실제적·조직적으로 처리한다. 경험을 통해 자신이 틀렸다고 인정될 때까지 어떠한 난관이 있어도 꾸준히 밀고 나가는 형이다.

때로 의존적이고 독창성이 요구되며, 타인에게 자신을 충분히 명확하게 표현하는 것이 필요할 때가 있다. 타인의 관심과 관찰력이 필요한 분야, 즉 의료, 간호, 교직, 사무직, 사회사업가에 적합하다. 이 유형은 일에 대처할 때 행동은 분별력이 있다.

(6) ISFP

말없이 다정하고, 양털 안감을 넣은 오버코트처럼 속마음이 따뜻하고 친절하다.

그러나 상대방을 잘 알게 될 때까지 이 따뜻함을 드러내지 않는다.

동정적이며 자기 능력에 모든 성격유형 중에서 가장 겸손하고 적응력과 관용성이 많다. 자신의 의견이나 가치를 타인에게 강요하지 않으며 반대의견이나 충돌을 피하고 인화를 중시한다.

사람과 관계되는 일을 할 때 자신과 타인의 감정에 지나치게 민감하고, 결정력과 추진력이 필요할 때가 많다. 일상활동에서 관용적 · 개방적, 융통성, 적응력이 있다.

(7) ESFP

현실적 · 실제적이며 친절하다. 어떤 상황이든 잘 적응하며 수용력이 강하고 사교적이다. 주위의 사람이나 일어나는 일에 대하여 관심이 많으며 사람이나 사물을 다루는 사실적인 상식이 풍부하다.

물질적 소유나 운동 등의 실생활을 즐기며, 상식과 실제적 능력을 필요로 하는 분야의 일, 즉 의료, 판매, 교통, 유흥업, 간호직, 비서직, 사무직, 감독직, 기계를 다루는 분야를 선호한다.

때로는 조금 수다스럽고, 깊이가 결여되거나 마무리를 등한시하는 경향이 있으나, 어떤 조직체나 공동체에서 밝고 재미있는 분위기 조성역할을 잘한다.

(8) ESFJ

동정심이 많고 다른 사람에게 관심이 많으며 인화를 중시한다. 타고난 협력자로서 동료애가 많고 친절하며 능동적인 구성원이다.

이야기하기를 즐기며, 정리 · 정돈을 잘하고, 참을성이 많으며, 다른 사람을 잘 도와 준다. 사람을 다루고 행동을 요구하는 분야, 예를 들면 교직, 성직, 판매, 동정심을 필요로 하는 간호나 의료분야에 적합하다.

일이나 사람에 대한 문제에 냉철한 입장을 취하는 것을 어려워한다. 반대의견에 부딪쳤을 때나 자신의 요구가 거절당했을 때 마음의 상처를 받기 쉽다.

(9) INFJ

창의력과 통찰력이 뛰어나며, 강한 직관력으로 말없이 타인에게 영향력을 미친다. 독창성과 내적 독립심이 강하며, 확고한 신념과 열정으로 자신의 영감을 구현시켜 나가는 정신적 지도자가 많다. 직관력과 인간 중심의 가치를 중시하는 분야, 즉 성직, 심리학, 심리치료와 상담, 예술과 문학 분야이다. 테크니컬한 분야로는 순수과학, 연구개발분야로서 새로운 시도에 대한 열정이 대단하다.

한 곳에 몰두하는 경향으로 목적달성에 필요한 주변적인 조건을 경시하기 쉽고, 자기 내부의 갈등이 많고 복잡하다. 이들은 풍부한 내적인 생활을 소유하고 있으며 자기 반응을 좀처럼 남과 공유하지 않는다.

(10) INFP

마음이 따뜻하고 조용하며 자신이 관계하는 일이나 사람에 책임감이 강하고 성실하다. 이해성이 많고 관대하며 자신이 지향하는 이상에 대하여 정열적인 신념을 가졌으며, 남을 지배하거나 좋은 인상을 주고자 하는 경향이 거의 없다. 완벽주의적 경향이 있으며, 노동의 대가를 넘어 자신이 하는 일에 흥미를 찾고자 하는 경향이 있으며, 인간이해와 복지에 기여할 수 있는 일을 하기를 원한다. 언어, 학문, 문학, 상담, 심리학, 과학, 예술분야에서 능력을 발휘한다. 자신의 이상과 현실이 안고 있는 실제상황을 고려하는 능력이 필요하다.

(11) ENFP

열성적·창의적이며 항상 새로운 가능성을 찾고 시도하는 형이다. 문제해결에 재빠르고 관심이 있는 일은 무엇이든지 수행해 내는 능력과 열성이 있다. 다른 사람에게 관심을 쏟으며 사람을 잘 다루고 뛰어난 통찰력으로 도움을 준다. 상담, 교육과학, 저널리스트, 광고, 판매, 성직, 작가 등의 분야에서 뛰어난 재능을 보인다. 반복되는 일상적인 일을 참지 못한다. 또한 한 가지 일을 끝내기도 전에 몇 가지 다른 일을 한꺼번에 추구하는 경향을 가지고 있다. 통찰력과 창의력이 요구되지 않는 일에는 흥미를 느끼지 못하고 의욕을 불러일으키지 못한다.

(12) ENFJ

민첩하고 동정심이 많고 사교적이며 인화를 중요시하고 참을성이 많다. 다른 사람의 생각이나 의견에 진지한 관심을 가지고 공동선을 위하여 다른 사람의 의견에 대체로 동의한다. 현재보다는 미래의 가능성을 추구하며 편안하고 능숙하게 계획을 제시하고 집단을 이끌어가는 능력이 있다.

사람을 다루는 교직, 성직, 심리 상담치료, 예술, 문학, 외교, 판매 등에 적합하다. 때로 다른 사람의 좋은 점을 지나치게 이상화하고 맹목적 충성을 보이는 경향이 있으며, 다른 사람도 자기와 같을 것이라고 생각하는 경향이 있다.

(13) INTJ

행동과 사고에서 독창적이며 강한 직관력을 지녔다. 자신이 가진 영감과 목적을 실현시키려는 의지와 결단력과 인내심을 가지고 있다. 자신과 타인의 능력을 중요시하며, 목적달성을 위하여 시간과 노력을 바쳐 일한다.

직관력과 통찰력이 활용되는 분야, 즉 과학, 엔지니어링, 발명, 정치, 철학분야 등에서 능력을 발휘한다.

냉철한 분석력의 향상을 위하여 일과 사람을 있는 그대로의 사실적인 면을 보고자 하는 노력이 필요하며, 타인의 감정을 고려하고 타인의 관점에 진지하게 귀기울이는 것이 바람직하다.

(14) INTP

과묵하나 관심이 있는 분야에는 말을 잘하며 이해가 빠르고 높은 직관력으로 통찰하는 재능과 지적 호기심이 많다. 개인적인 인간관계나 친목회 또는 잡담 등에 별로 관심이 없으며, 매우 분석적·논리적·객관적 비평을 잘 한다. 지적 호기심을 발휘할 수 있는 분야, 즉 순수과학, 연구, 수학, 엔지니어링분야나 추상적 개념을 다루는 경제, 철학, 심리학분야의 학문을 좋아한다.

지나치게 추상적·비현실적이며 사교성이 결여되기 쉬운 경향이 있고, 때로 자신의 지적 능력을 은근히 과시하는 수가 있기 때문에 거만하게 보일 수 있다.

⒂ ENTP

독창적이고 창의력이 풍부하고 넓은 안목을 갖고 있으며, 다방면에 재능이 많다. 풍부한 상상력과 새로운 일을 시도하는 솔선력이 강하며 논리적이다. 새로운 문제나 복잡한 문제의 해결능력이 뛰어나며 사람의 동향에 대해 기민하고 박식하다. 그러나 일상적·세부적인 일을 경시하고 태만하기 쉽다. 즉, 새로운 도전이 없는 일에는 흥미가 없으나 관심을 갖고 있는 일에는 대단한 수행능력을 가지고 있다. 발명가, 과학자, 문제해결사, 저널리스트, 마케팅, 컴퓨터분석 등에 탁월한 능력이 있다. 때로 경쟁적이며 현실보다는 이론에 더 밝은 편이다.

⒃ ENTJ

활동적이고 솔직하며, 결정력과 통솔력이 있고, 장기적 계획과 거시적 안목을 선호한다. 지식에 대한 욕구와 관심이 많으며 특히 지적인 자극을 주는 새로운 아이디어에 높은 관심을 가진다. 일 처리는 사전준비를 철저히 하며 논리분석적으로 계획·조직하여 체계적으로 추진해 나가는 형이다.

다른 사람의 의견에 귀를 기울일 필요가 있으며, 자신과 타인의 감정에 충실할 필요가 있고, 자신의 느낌이나 감정을 인정하고 표현함이 중요하며, 성급한 판단이나 결론을 피해야 한다. 그렇지 않으면 누적된 감정이 크게 폭발할 가능성도 있다.

〈표 9-2〉 MBTI의 16가지 성격유형

ISTJ	ISFJ	INFJ	INTJ
세상의 소금형 한 번 시작한 일을 끝까지 해 내는 형	**임금 뒤편의 권력형** 성실하고 온화하며 협조를 잘하는 형	**예언자형** 사람과 관련된 뛰어난 통찰력이 있는 형	**과학자형** 전체적인 부분을 조합하여 비전을 제시하는 형
ISTP	**ISFP**	**INFP**	**INTP**
백과사전형 논리적으로 뛰어난 상황적응력이 있는 형	**성인군자형** 따뜻한 감성이 있는 겸손한 형	**잔다르크형** 이상적인 세상을 만들어가는 형	**아이디어 뱅크형** 비평적인 관점이 있는 뛰어난 형
ESTP	**ESFP**	**ENFP**	**ENTP**
수완 좋은 활동가형 친구, 운동, 음식 등 다양한 활동을 선호하는 형	**사교적인 유형** 분위기를 고조시키는 우호적인 형	**스파크형** 열정적으로 새로운 관계를 만드는 형	**발명가형** 풍부한 상상력을 가지고 새로운 것에 도전하는 형
ESTJ	**ESFJ**	**ENFJ**	**ENTJ**
사업가형 사무적·실용적·현실적으로 일을 많이 하는 형	**친선도모형** 친절과 현실감을 바탕으로 타인에게 봉사하는 형	**언변능숙형** 타인이 성정을 도모하고 협동하는 형	**지도자형** 비전을 가지고 형을 활력적으로 이끌어 가는 형

자료 : 한국심리검사연구소(KPTK)와 http://www.kptk.com/index.html인용

제2절   DiSC 성격유형에 따른 커뮤니케이션 방법

인간은 일반적으로 태어나 성장하여 현재에 이르기까지 자기만의 독특한 동기요인에 의하여 선택적으로 일정한 방식으로 행동을 취하게 된다. 이러한 일정한 행동방식은 자기만의 경향성을 이루게 되어 자기가 일하고 있거나, 생활하고 있는 환경에서

아주 편안한 상태로 그러한 행동을 하게 되는데, 이를 행동패턴(behavior pattern) 또는
행동스타일(behavior style)이라고 한다.

심리학자 마스턴(W. M. Marston)은 인간행동의 경향성은 인간이 환경을 어떻게
인식하고, 그 환경 속에서 개인의 힘을 어떻게 인식하느냐에 따라 네 가지의 형태로
행동을 이룬다고 하였는데, 이를 각각 주도형(dominance), 사교형(influence), 안정형
(steadiness), 신중형(conscientiousness)으로 분류하여 설명하였으며, DiSC는 네 핵심요
소의 약자이다.

> [DiSC 행동유형의 특징]
> ■ 사람은 서로 다른 행동경향성을 갖는다.
> ■ 사람은 각자 다른 방식으로 타인을 인식한다.
> ■ 사람 간의 차이는 단지 나와 다를 뿐이다.
> ■ 사람의 인식은 객관적이어야 하며, 타인의 행동패턴의 차이에 선입관을 가져
>   서는 안 된다.
> ■ 다른 사람과의 관계에서 어떤 행동을 편안하게 느끼고, 어떤 행동에는 불편함
>   을 느낀다.
> ■ 인간관계에서의 불편함은 긴장을 야기한다.

1 성격유형의 판별

DiSC의 성격유형은 인간이 환경을 어떻게 인식하느냐에 따라 외부 환경에 좀처
럼 반응하지 않는 비감응적인 유형과, 외부 환경에 쉽게 반응하는 감응적인 유형으
로 분류하였다. 그리고 그 환경 속에서 개인의 힘을 어떻게 인식하느냐에 따라 자기
주장을 잘하는 주장적인 형과 좀처럼 자기주장을 하지 않는 비주장적인 유형으로
분류하였으며, DiSC모델유형의 매트릭스는 〈그림 9-2〉와 같다.

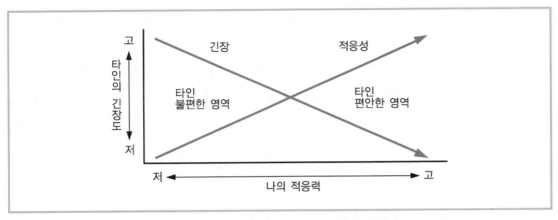

〈그림 9-2〉 적응성과 긴장도에 따른 인간관계

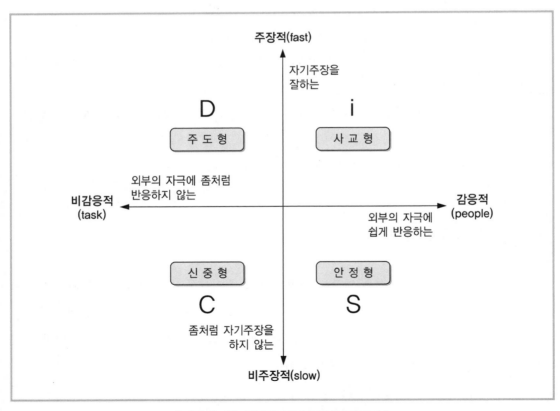

〈그림 9-3〉 DiSC 모델유형의 매트릭스

Workshop과 토의자료

1. DiSC는 네 가지 행동유형을 통하여 인간행동을 쉽게 이해할 수 있도록 한 진단방법이다.

2. 〈부록 9-1〉의 DiSC 간이 진단지의 작은 사각형의 네 개 문항에 대하여 자신을 표현하는 말에 가장 가까운 것부터 4점, 3점, 2점, 1점을 주어 합계 10점이 되도록 합니다(여섯 개 사각형의 군으로 되어 있어 합계 60점이 되도록 합니다).

3. 유형별 점수분포표에 해당 문항의 점수를 합산하여 합계점수를 내어 본인의 유형을 판단합니다(레이더 차트에 각각의 유형별 합계점수로 표시하면 본인의 유형을 보다 정확히 볼 수 있습니다).

4. 각각의 유형별로 4개 그룹으로 나누어 그룹별로 하나의 주제를 선택하여 토의합니다(토의시간 : 5~10분).
   - 1주제 : W/S계획을 수립(일정, 주제, 장소, 비용 등 모든 사항)
   - 2주제 : 일정지역에서 현 장소까지의 약도 그리기

5. 토의 결과를 각 그룹별로 전체 발표합니다.

6. 각 그룹별 차이에 대하여 생각되어지는 바를 토의합니다.

7. 각 그룹별로 상호이해를 증진하기 위한 방안을 토의합니다.

2 DiSC의 네 가지 유형별 일반적 특징

(1) 주도형(D)의 일반적 특징

결과를 성취하기 위해 장애를 극복함으로써 스스로 환경을 조성한다.

- 빠르게 결과를 얻는다.
- 다른 사람의 행동을 유발시킨다.

- 도전을 받아들인다.
- 의사결정을 빠르게 내린다.
- 기존상태에 문제를 제기한다.
- 지도력을 발휘한다.
- 어려운 문제를 처리한다.
- 문제를 해결한다.

(2) 사교형(i)의 일반적 특징

다른 사람을 설득하거나 영향을 미침으로써 스스로 환경을 조성한다.

- 사람과 접촉한다.
- 호의적인 인상을 준다.
- 말솜씨가 있다.
- 다른 사람을 동기유발 시킨다.
- 열정적이다.
- 사람을 즐겁게 한다.
- 사람과 상황에 대해 낙관적이다.
- 그룹 활동을 좋아한다.

(3) 안정형(S)의 일반적 특징

과업을 수행하기 위해 다른 사람과 협력한다.

- 예측가능하고 일관성 있게 일을 수행한다.
- 참을성을 보인다.
- 전문적인 기술을 개발한다.
- 다른 사람을 돕고 지원한다.
- 충성심을 보인다.

■ 남의 말을 잘 듣는다.

■ 흥분한 사람을 진정시킨다.

■ 안정되고, 조화로운 업무 환경을 만든다.

(4) 신중형(C)의 일반적 특징

업무의 품질과 정확성을 높이기 위해 기존의 환경 안에서 신중하게 일한다.

■ 중요한 지시나 기준에 관심을 둔다.

■ 세부사항에 신경을 쓴다.

■ 분석적으로 사고하고 찬반, 장단점 등을 고려한다.

■ 외교적 수완이 있다.

■ 갈등에 간접적 또는 우회적으로 접근한다.

■ 정확성을 점검한다.

■ 업무수행에 비평적으로 분석한다.

3 DiSC의 네 가지 유형별 선호환경

(1) 주도형의 선호환경

■ 힘과 권위가 제공되는 환경

■ 위신과 도전이 있는 환경

■ 개인적 성취가 가능한 환경

■ 다양한 활동과 업무가 가능한 환경

■ 직접적인 답이 제공되는 환경

■ 성장의 기회가 있는 환경

■ 통제와 감독으로부터 자유로운 환경

■ 새롭고 다양한 활동이 있는 환경

(2) 사교형의 선호환경

- 인기, 사회적으로 인정받을 수 있는 환경
- 능력에 공개적으로 인정받는 환경
- 의사표현이 자유로운 환경
- 직무 외에 그룹 활동이 있는 환경
- 민주적인 관계를 맺을 수 있는 환경
- 통제나 세세한 것으로부터 자유로운 환경
- 의견을 자유롭게 개진할 수 있는 환경
- 상담하고, 조언해 줄 수 있는 환경
- 업무환경이 우호적인 환경

(3) 안정형의 선호환경

- 변화에 대한 이유가 없는 한 현상을 유지하는 환경
- 예측가능한 일상업무가 제공되는 환경
- 업무성과에 대한 진실한 평가가 있는 환경
- 그룹일원으로서 인정받는 환경
- 일 때문에 가정생활이 침해받지 않는 환경
- 표준화된 절차가 제공되는 환경
- 갈등이 적은 환경

(4) 신중형의 선호환경

- 업무수행의 기준이 명확한 환경
- 전문성을 입증할 수 있는 환경
- 업무수행에 영향을 미치는 요인을 통제할 수 있는 환경
- 원인에 질문을 요구하는 환경
- 전문기술과 성취를 인정하는 환경

4 DiSC의 네 가지 유형별 행동전략

(1) 주도형의 행동전략

- 다른 사람의 도움이 필요함을 이해한다.
- 실제 경험에 근거한 기술을 이용한다.
- 어떤 결정을 내린 이유에 대해 먼저 말로써 표현한다.
- 일하는 속도를 조절하고 여유를 갖는다.

(2) 사교형의 행동전략

- D나 S가 중간선 아래에 있으면 시간 관리에 신경을 쓴다.
- 의사결정에서 객관성을 유지한다.
- 타인을 보다 현실적으로 평가한다.
- 우선순위와 마감일을 명확히 한다.

(3) 안정형의 행동전략

- 변화를 우선적으로 고려한다.
- 자신의 가치를 자각한다.
- 자신의 전체에의 기여도를 안다.
- 자신과 유사한 능력과 성실함을 보이는 사람과 일한다.
- 창의적인 면을 격려한다.

(4) 신중형의 행동전략

- 주의 깊은 계획이 요청되는 일을 맡는다.
- 직무기술과 수행목표를 정확히 하는 일을 한다.
- 업적성취만큼이나 사람이 개인적 가치를 존중한다.
- 갈등상황에 인내심을 기른다.

187

5 DiSC의 네 가지 유형별 판별

DiSC는 인간관계에서 타인의 행동유형에 따른 행동패턴을 이해하고, 그에 따른 대응방안을 강구하는 데 의의가 있다. 그에 따라 타인의 유형판별을 위한 방안은 〈그림 9-4〉와 같다.

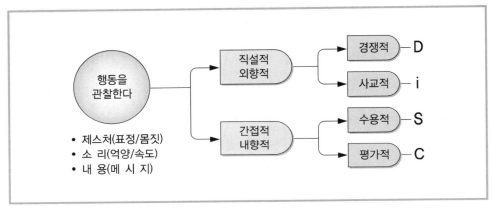

〈그림 9-4〉 행동유형 판별방안

〈표 9-3〉 DiSC 유형별 행동경향

D	i	S	C
• 신속한	• 유연한	• 신중한	• 부드러운
• 강력한	• 재치 있는	• 실제적인	• 지지적인
• 독립적인	• 사교적인	• 분석적인	• 성실한
• 대담한	• 열정적인	• 집요한	• 충성스러운
• 경쟁적인	• 호기심이 많은	• 정확한	• 겸손한
• 진취적인	• 말 잘하는	• 확고부동한	• 자발적인
• 자신 있는	• 실용적인	• 체계적인	• 협력적인
• 결단력 있는	• 유행에 민감한	• 근면한	• 신뢰로운
• 활동적인, 지배적인	• 사람 중심의	• 절약적인	• 탁월함을 추구하는
• 결과 중심적인		• 원리적인	• 관계 중심적인
		• 자료 중심적인	

6 DiSC 유형별 욕구와 강·약점

(1) 주도형

주도형인 사람은 일에 관심을 가지고 있어 솔선수범하고, 결과나 성과를 중시하는 데 높은 가치를 둔다. 주도권을 잡아 새로운 과제에 도전하거나, 목표달성을 위해 최대한의 노력을 경주한다. 행동은 신속하고, 기회를 교묘히 이용하여 남을 밀어제치고라도 자기의 의지를 관철시킨다. 혼자서 일을 하거나 남을 지도하여 일을 하게 하기를 좋아한다. 경쟁심도 다른 유형에 비하여 높다. 대인관계는 담백한 편이고, 일 이외의 교제라든가 세상 돌아가는 이야기 등은 좋아하지 않는다.

〈표 9-4〉 주도형의 강점·주의점

강 점	주의점
① 효율적·능률적이다.	① 타인에 대한 배려가 부족하다.
② 열심히 일한다.	② 억지를 부린다.
③ 행동이 민첩·신속하다.	③ 말투가 거칠다.
④ 책임감이 강하다.	④ 지나치게 자기 중심적이다.
⑤ 늘 성과(결과)를 중시한다.	⑤ 안색, 목소리, 표정이 빈약하다.
⑥ 도중에 포기하지 않는다.	⑥ 무리한 목표라도 도전한다.
⑦ 시간에 정확하다.	⑦ 냉담하다.
⑧ 간결하고 낭비가 적다.	⑧ 남의 말을 귀담아듣지 않는다.
⑨ 활동적이다.	⑨ 세부사항을 놓칠 수 있다.
⑩ 스스로 움직인다.	⑩ 생각보다 행동이 앞선다.

(2) 사교형

사교형인 사람은 매사에 적극적이며, 자신은 물론 남도 잘 부추긴다. 사교적이며, 이야기하기를 즐기고 늘 주변에 활발한 분위기를 조성해 내며, 인정받기를 좋아하고 칭찬욕구가 강하다. 주변사람과 커뮤니케이션을 꾀하면서 일을 추진해 나가지만, 주도권을 잡는 데도 관심을 기울여, 창조적인 것을 찾아 위험을 무릅쓰고 문제해결에

〈표 9-5〉 사교형의 강점·주의점

강 점	주의점
① 행동이 적극적이다.	① 주제에서 벗어난다.
② 매사에 열중한다.	② 시간관념이 희박하다.
③ 재치가 있고 활기가 넘친다.	③ 감정에 좌우된다.
④ 말을 유창하게 잘한다.	④ 기분에 따라 기복이 심하다.
⑤ 상대방을 몰두하게 한다.	⑤ 정리·정돈이 서툴다.
⑥ 영감(inspiration)을 중요시한다.	⑥ 정형화된 일을 싫어한다.
⑦ 민감하게 반응한다.	⑦ 논리적인 생각을 싫어한다.
⑧ 미래지향적이다.	⑧ 쉽게 흥분하고 충동적이다.
⑨ 설득력이 있다.	⑨ 세부사항을 간과하기 쉽다.
⑩ 감정표현을 잘한다.	⑩ 끝까지 하는 끈기가 부족하다.

도전한다. 사람을 끌어 모으는 능력과 서로 협력하게 만드는 설득력도 있으나, 계획을 세워 구체적·체계적으로 일을 추진하는 것에는 싫증을 낸다.

(3) 안정형

안정형인 사람은 무엇보다도 개인적인 관계를 중시한다. 부드럽고 성실하며 따뜻

〈표 9-6〉 안정형의 강점·주의점

강 점	주의점
① 협력적이다.	① 결단이 느리다.
② 가까이 하기 쉽고, 친하기 쉽다.	② 자기주장이 적다.
③ 대인관계에 능숙하다.	③ 성과에 대한 관심이 희박하다.
④ 코칭이나 상담을 잘한다.	④ 남의 일에 너무 신경을 쓴다.
⑤ 개인적인 정보에 강하다.	⑤ 모험하기를 싫어한다.
⑥ 온화하다.	⑥ 신속하지 못하다.
⑦ 소집단활동을 즐긴다.	⑦ 의사결정에 주저하기 쉽다.
⑧ 상대방의 기분을 잘 헤아린다.	⑧ 변화를 추구하지 않는다.
⑨ 책임감이 강하고 성실하다.	⑨ 갈등이 싫어 의견에 동조한다.
⑩ 남의 말을 잘 듣는다.	⑩ 변화하는 데 시간이 걸린다.

한 감정의 소유자란 느낌이 들며 수용과 안정의 욕구를 가지고 있다. 팀워크를 중시하여 철저한 협력 아래 일을 추진해 가기를 좋아하지만, 모험은 별로 선호하지 않는다. 무엇보다도 책임을 공동으로 지고 싶어한다. 인간관계를 쌓는 데 관심이 있으며, 결단을 하거나 의사결정 때에는 주위 사람으로부터 지원을 요청한다.

(4) 신중형

신중형인 사람은 목표를 향해 착실히 추진해 나가는 것에 높은 가치를 둔다. 행동은 언제나 냉정하고 침착하며 차분하다. 자기주장을 잘하지 않고, 말이 없는 편이기 때문에 상대방에게 소극적인 사람으로 비춰질 경향이 높으며, 안전에 대한 욕구가 높다. 일은 체계적이며, 사실과 논리에 입각한 접근을 중시하고, 정보나 데이터를 수집 · 분석하기를 좋아하며 모험은 최소한으로 하는 방법을 철저히 검토한다. 대인관계에서 자신의 감정을 드러내지 않고 모르는 사람과 쉽게 친하기가 어렵다.

〈표 9-7〉 신중형의 강점 · 주의점

강 점	주의점
① 근면하다.	① 유연성이 부족하다.
② 매사를 면밀히 추진한다.	② 의사결정에 시간이 걸린다.
③ 논리적, 체계적이다.	③ 박력이 부족하다.
④ 질을 중시한다.	④ 혼자서만 일하기를 선호한다.
⑤ 문제발견에 흥미를 느낀다.	⑤ 감정표현과 표정이 부족하다.
⑥ 사실을 중시한다.	⑥ 너무 보수적인 경향이 있다.
⑦ 지식, 정보를 수집한다.	⑦ 사교성이 부족하다.
⑧ 일의 끝마무리를 잘한다.	⑧ 융통성이 부족하다.
⑨ 자기관리를 잘한다.	⑨ 타인의 감정을 읽지 못한다.
⑩ 분석력이 뛰어나다.	⑩ 지나치게 완벽을 추구한다.

제4부

조직 차원의 커뮤니케이션

제10장
프레젠테이션 발표

제1절 프레젠테이션의 의의

자신의 의견을 상대에게 전달하는 단순한 커뮤니케이션을 넘어, 프로그램을 준비하고 전략을 세워 상대방이나 청중을 설득할 때 우리는 '발표를 한다.'고 하고, 영어로는 "프레젠테이션(presentation)을 한다."고 한다. 프레젠테이션이라는 말은 동사 프레젠트(present : 발표하다, 소개하다, 내놓다)에서 나온 말이다. 발표나 소개를 하는 사람인 발표자는 프레젠터(presenter)라고 한다. 사전적 의미로는 '발표란 "세상에 널리드러내어 알린다."는 뜻이며, 발표회는 연구 또는 창작결과를 발표하는 모임이라고말할 수 있다.57)

자신과 자기가 속한 조직의 목표를 달성하기 위해 우리는 발표의 기회가 더욱

---

57) 운평언어연구소, 『국어사전』, 금성교과서(주), 1999.

많아지고 있다. 발표에 대한 기본적인 기술은 훈련이 필요하다. 우리의 교육방법은 교사의 일반적인 수업을 주입받기에 급급하여 훈련되지 못하였다. 자기를 알리기, 생각을 논리적으로 구성하기, 조리 있게 말하기, 객관적인 자료를 찾아 시각적으로 꾸미기 등의 프레젠테이션 기법을 학습 받지 못하면 사회생활 중 대인관계에서 얻을 수 있는 기회를 잃는 경우가 있다. 그러므로 이번 발표기법의 장에서는 프레젠테이션의 발표기법과 효과적인 프레젠테이션의 리허설 방법을 기술하였고, 무엇보다도 청중을 압도하는 프레젠테이션의 기법과 시각자료를 이용한 돋보이는 효과자료를 사용하는 방법을 다루기로 하겠다.

제2절　프레젠테이션과 커뮤니케이션 효과

프레젠테이션은 연설과 동일시되기도 하는데, 연설(speech)은 메시지를 듣기 위해 모인 청중(audience)에게 구조화된 형식으로 말하는 것이다. 프레젠테이션은 연설보다는 덜 구조화된 것으로 시각자료를 사용하기도 한다.[58] 그러나 이러한 구분이 점차 흐려지고 있다. 연설하는 사람이 시각자료를 사용하는 추세이고, 프레젠테이션 역시 연설과 같이 설득력을 가지고 말하는 요령이 필요하기 때문이다.

프레젠테이션은 목적에 따라 여러 가지로 분류할 수 있다. 기업의 내외적인 커뮤니케이션 수단으로 이용될 수 있다. 기업 내적으로는 기업의 내부 구성원 간에 내적 자료를 의사소통하기 위해 이용된다. 기업외적으로는 기업이 고객에게 홍보의 목적으로 할 수도 있고, 기업자금을 모으기 위해 프레젠테이션 방법이 유효하다. 개인적인 프레젠테이션의 경우에는 학생이 자신의 주제를 여러 사람 앞에서 발표하거나 자신을 채용전략에 활용하여 자기 알리기를 할 수도 있다. 물론 연설자가 대중 앞에서 연설하기 위해 프레젠테이션을 할 수도 있다.

---

58) L. E. Boone, D. L. Kurtz, and J. R. Block 저, 양창삼 역, 『비즈니스커뮤니케이션』, 도서출판 석정, 1998.

196

1 프레젠테이션의 효용

A 기업의 공장을 방문할 때 방문자는 다른 기업이 소개하는 방법과 이 기업의 홍보방법의 차이를 실감한다. 특히 기업소개를 하는 시청각기법에서 많은 것을 배우고 간다는 말을 많이 듣는다. 이 기업의 공장장 H 씨는 방문자에게 기업을 소개하는 프레젠테이션의 모델을 다른 기업이 의례적으로 하는 것과는 달리 기업홍보전략으로 삼았다. 보통의 경우 회사에 손님이 방문하였을 경우 차대접과 함께 전시장이나 공장의 생산라인을 보여 주는 것으로서 기업을 잘 소개하였다고 생각한다. 그러나 A 기업은 공장장이 직접 만든 파워포인트 자료를 이용하여 프레젠테이션을 한다. 프레젠테이션 내용에는 회사의 프로필(개괄) 소개, 기업의 역사, 기업에 대한 일반적인(수상, 인증, 생산량 등)소개, 경영전략, 품질관리 활동사항 등이다. 이렇게 함으로써 바로 이어지는 기업의 공장순회와 기업자금모집이나 기업이 납품업자에게 당부하는 사항을 효과적으로 전달할 수 있고, 일반고객에게는 기업에 대한 좋은 이미지를 심어 주는 효과가 있다.

(1) A 기업의 성공적인 기업홍보 프레젠테이션 기법

- 기업방문자의 이름을 공장출입구에 붙인다.
    - 호의적으로 환대한다고 생각하게 하고 긍정적이고 강렬한 인상을 받게 된다.
- 차 대접을 하고 기념품을 증정한다.
    - 기업방문을 기념하는 작은 기념품을 마련한다.
- 회사에 대한 프레젠테이션을 한다.
    - 파워포인트 형식의 소개자료를 빔프로젝터를 이용하여 프레젠테이션한다.
    - 회사의 상세한 소개와 함께 품질관리 활동상황 및 제품생산에 관한 내용 등 전반적인 상황을 설명한다.
- 공장을 돌아보며 이해를 시킨다.
    - 이미 프레젠테이션을 통해 소개를 상세히 했기 때문에 이해를 잘한다.

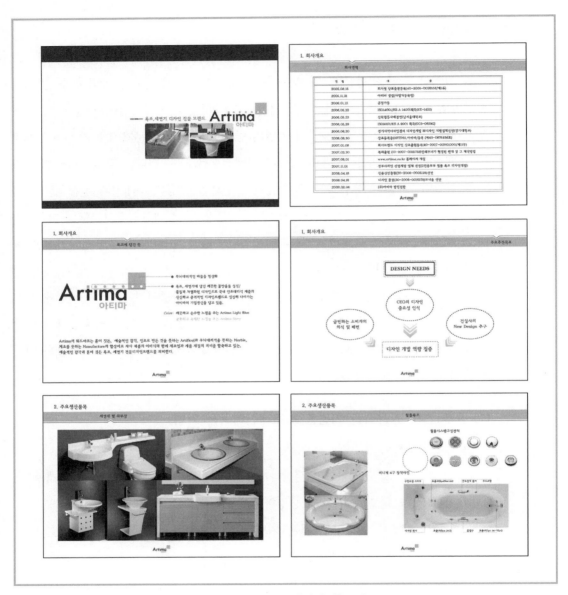

〈그림 10-1〉 A 기업의 홍보자료

■ 회사에 대한 충분한 이해와 새로운 것을 배웠다며 고마워한다.
　─ 영원히 남을 추억을 만든다.

(2) 실패 기업홍보 프레젠테이션 기법

대개의 경우 기업의 손님방문 시 다음과 같은 방법으로 안내를 하고 끝내는 경우가 많다.

- 차 대접을 한다.
  - 일반적인 형식적인 인사
- 공장 한 번 보실까요?
  - 공장을 한 바퀴 돌아본다.
- 식사라도 같이 하시죠?
  - 같이 밥 먹는 경우 친해진다는 일반적인 상식, 그러나 불편해하는 경우도 있다.
- 안녕히 가십시오.
  - 결국에는 기업에 대한 별다른 인상을 주지 못하고 돌아간다.

A 기업은 프레젠테이션을 외부 고객인 구매업체 손님뿐만 아니라, 내부 고객인 종업원과 납품업체(자재, 외주 등) 직원에게 매년 초 주기적으로 경영진에 속해 있는 공장장이 직접 발표를 한다.

그러므로 구매업체에서는 믿음과 신뢰를 하게 되어 계약이 늘어나고, 영업부서 각 담당자는 이를 적극적으로 활용하고 있다. 또한 종업원에게는 자기 회사에 대한 자긍심을 갖게 해 주어 생산성이 향상되며, 납품업체에게는 안심하고 거래를 지속할 수 있는 모기업이라는 믿음을 갖도록 만든다.

프레젠테이션은 기업홍보에서만 활용되는 것이 아니고 알리고자 하는 모든 부문에서 필요하다. 즉, 자기를 소개하기, 자기가 탐구한 내용을 학우 앞에서 발표하기, 교사가 학생에게 수업을 하기 및 고객 앞에서 판매하는 세일즈의 경우 등 일상적인 많은 부문에서 필요하다.

2 프레젠테이션 준비

일반적인 상식으로는 프레젠테이션을 순서대로, 즉 서론, 본론 그리고 결론의 순으로 준비해야 한다고 생각하기 쉽다. 그러나 실제로는 이런 방식은 큰 도움이 되지 못한다. 성공적인 프레젠테이션을 하기 위해서는 먼저 3P, 즉 장소(place), 청중(people), 목적(purpose)을 분석하여 전략을 세운다. 그 다음 프레젠테이션 배경과 결론을 문장으로 기술한다. 본론이 되는 요지와 세부내용을 개발하고, 결론부와 도입부을 작성한다. 다음과 같은 순서로 다시 정리하여 프레젠테이션을 해야 한다.

이처럼 프레젠테이션을 준비하는 데에는 지름길이 없다. 거쳐야 할 단계를 거쳐

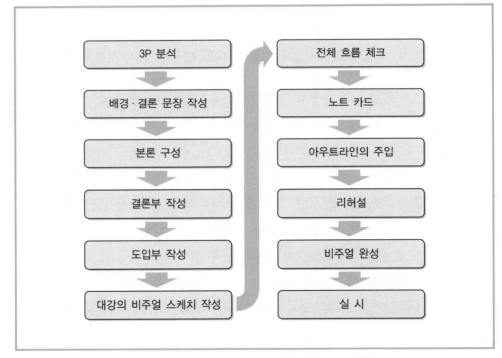

〈그림 10-2〉 프레젠테이션 준비흐름도[59]

야만 제대로의 프레젠테이션이 가능하다. 음식을 주문하고 아무리 빨리 달라고 외쳐도 음식이 익지 않으면 대접할 수 없는 것과 같다.

이와 같이 프레젠테이션을 준비할 때에도 시간이 없다는 이유로, 거쳐야할 과정을 거치지 않고 생략하면 설익은 프레젠테이션이 될 수밖에 없다.

3 목표설정과 전체 진행

프레젠테이션을 할 때 다양한 문제가 목표설정으로 좁혀지면 다시 다음과 같은 요소를 고려해야 한다. 특히 주제를 자신이 선택할 경우에는 이러한 과정은 더욱 필요하다.

- 주어진 상황에 맞는 주제를 선택하라.
- 자신 있는 주제를 선정하라.
- 참신한 주제를 선택하라.
- 프레젠터가 진심으로 관심이 가는 주제를 선정하라.
- 주어진 시간 안에 다룰 수 있는 주제를 선정하라.

4 요지개발

(1) 요지개발 방안

목표를 정하고 난 후에는 목표달성을 위한 세부적인 사항을 고려해야 한다. 즉, 목표달성을 위해서는 구체적으로 어떻게 해야 하는 것일까?

요지의 주요 내용은 네 가지 용어의 첫 글자를 딴 'KISS'를 염두에 두면서 개발한다.[60]

즉, 요지는 간단하고 짧아야 한다.

> **K I S S**
> · Keep
> · It
> · Simple
> · Short

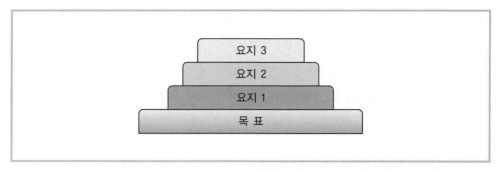

〈그림 10-3〉 요지개발

자료 : 한정선, 『프레젠테이션, 오리엔테이션』, 김영사, 2000, p. 93.

- 전개될 내용 준비
- 첫 번째 요지를 보충, 강조
- 목표달성을 위한 마지막 핵심내용

상기내용을 살펴보면 첫 번째 요지는 청중의 관심을 불러일으키면서 다음에 전개될 요지를 준비시켜 주는 역할을 할 수 있도록 생각하고 제시하는 것이 좋다.

(2) 요지의 배열순서

세부요지를 전개할 때에는 인간의 데이터 처리속성을 고려하는 것이 좋다.

① 연대순

과거에서 현재, 또는 현재에서 과거로 전개한다.

② 공간적

- 비슷한 지역에 있는 것부터 모아서 제시한다.
- 예를 들면 서울을 중심으로 지방으로 옮겨가며 제시한다.

---

60) 나상억 역, 위의 책.

③ 주제별

비슷한 주제끼리 합쳐서 제시한다.

④ 인과관계

칸트(Immanual Kant)에 의하면 인간은 시간과 공간과 인과관계를 통해서 데이터를 처리한다고 한다. 다시 말해 인간은 정보를 구조화할 때 언제 일어났는가, 즉 시간을 생각하고, 어디서 일어났는가, 즉 공간을 생각하며, 어떻게 일어났는가? 즉 원인과 결과를 생각한다는 것이다. 일단 이러한 구조화를 거쳐 인간의 두뇌에 저장된 정보는 구조화되지 않은 정보보다 오래 기억되며 쉽게 기억해낼 수 있다.

⑤ 마인드 매핑(mind mapping)

- 머릿속에는 수많은 아이디어와 참고할 수 있는 예가 오가지만, 이것을 어떻게 정리하며 어떻게 골자를 찾아내어 요지를 개발할지 선명하지 않을 때 마인드 매핑 방법을 사용한다.
- 마인드 매핑은 남녀노소를 막론하고 매일 매일의 생활 스케줄을 정하는 데서 부터 1주일 동안 할 일을 정하거나, 올 한 해의 계획을 세우는데도 사용할 수 있으며, 새로운 프로젝트를 시작할 때, 여행을 갈 때 또는 최근에 읽은 책에서 기억하고 싶은 것을 메모하는 방법에 이르기까지 다양하게 적용할 수 있다.

마인드 매핑을 작성하다 보면 생각이 가지를 쳐나가게 되어 새로운 생각을 쉽게 적용시켜 볼 수 있는 장점이 있다. 이 밖에도 한 화면에 제시되듯 보기 쉽고 알아보기 용이하게 제시 될 뿐만 아니라 시간·종류·지역별로 구분 지어 볼 수 있다.

마인드 매핑은 머리에서 진행되는 사고과정을 종이 위에 제시해 주는 것이다. 이렇게 할 때 꼬리에 꼬리를 물고 새로운 것이 생각나며, 이 아이디어들을 비교하여 정리할 때 요지개발이 용이해진다.

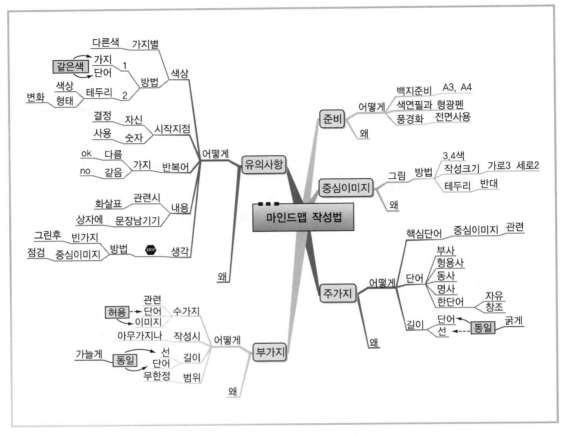

〈그림 10-4〉 마인드 매핑

자료 : http://blog.naver.com/hypermin

5 세부내용 개발

(1) 자원모집

요지가 개발되고 나면 그 주제어에 대한 세부내용을 탐색해야 한다. 자료가 충분할수록 프레젠테이션은 윤택해진다. 자료는 여러 가지 방법으로 찾아볼 수 있다.

■ 내부 자원 : 회사, 기관의 자료(물품설명서, 통계자료, 뉴스레터, 보고서)

- **외부 자원** : 전문서적, 잡지, 학술지, 주간지, 일간지, 전산망을 통한 자료
- **개인적 자원** : 개인소장 자료 및 발표자료

이러한 자원을 가지고 어떠한 것을 찾아내야 하는지는 다음과 같다.

- **예** : 그림을 보여 주기보다는 대개 말로 제시해 주는 것이 머리에서 나름대로 상상할 수 있도록 도와주는 것이 효과적이다.
- **비교** : 비교는 제시한 내용을 명료화시켜 주거나 강조해 줄 수 있다.
- **인용** : 대개 유명한 사람이 발표하거나 제시한 내용으로 이해를 하는 데 도움을 준다.
- **연구결과** : 요지를 뒷받침해 주는 데 매우 도움이 된다. 연구결과나 통계자료는 사실에 근거한 것으로, 제시한 내용을 정당화하고 재확인시켜 주기 위하여 흔히 사용된다.
- **시청각매체** : 프레젠테이션의 효과를 극대화할 수 있다.

(2) 전 이

전이(transition)란 하나의 요지가 끝나갈 때 소개된 요지를 정리해 줌과 동시에 다음에 소개될 요지로 자연스럽게 안내해 주는 역할을 한다. 즉, 프레젠테이션에서 전

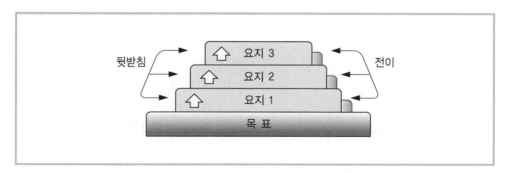

〈그림 10-5〉 목표, 요지 그리고 전이의 관계

자료 : 한정선, 앞의 책, p. 102.

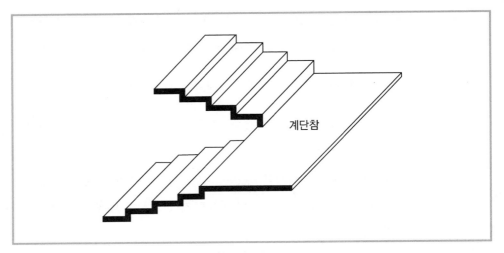

〈그림 10-6〉 계단참

이는 계단참과 같다. 긴 층계를 올라갈 때 중간 중간에 조금 넓은 계단참이 있어 가쁜 숨을 돌리기도 하고, 올라가던 방향이 바뀌지기도 하듯이, 발표에서 전이란 이렇게 하나의 요지를 끝내고 다음 요지로 넘어가는 데 계단참의 구실을 해 준다.

전이는 청중에게 새로운 요지로 옮겨가고 있다는 사실을 알려 주는 역할을 할뿐만 아니라 새로운 요지에 대한 관심까지도 유발할 수 있어야 한다. 그러므로 전이란 간단할수록 좋다. 몇 가지 예를 들면 다음과 같다.

① "지금까지 우리는 ○○○ 기업의 노조폭력사례를 살펴보았습니다. 이러한 사례를 염두에 두고, 왜 이러한 일이 일어나는지 그 원인을 규명해 보기로 합시다."
② "지금까지 저는 우리가 왜 이 활동을 추진해야 하는지 그 첫 번째 이유를 말했습니다. 그러나 또 다른 이유가 있습니다. 그것이 바로……."
③ "여러분은 이제까지 새 상품의 장점인 기능성의 설명을 들었습니다. 그러나 이것만이 장점은 아닙니다. 또 다른 장점은 바로 효율성입니다. 최근 연구조사에 의하면……."

6 개요와 요약

세부내용과 전이의 개발이 끝난 다음에는 개요(preview)와 요약(summary)을 준비해야 한다. 이는 영화상영의 경우 녹화를 마친 다음에 그 장면 중에서 예고편을 만드는 것이나, 취재를 하고 기사를 쓴 후에 머리기사를 작성하는 신문기사와 같다.

(1) 개 요

개요는 앞으로 하고자 하는 이야기를 예고해 주는 것이라면 본론에서는 이야기하겠다고 한 것을 전해 주어야 하고, 요약에서는 이미 한 이야기 중에서 요지를 간추려 정리하면 된다.

이를 시간적으로 구분해 보면 개요는 미래가 되며, 본론은 현재, 그리고 요약은 과거가 되며 한 프레젠테이션 속에 미래, 현재, 과거가 모두 포함되는 것이다. 요약은 프레젠테이션의 끝부분에 해당하는 것으로 이 프레젠테이션을 다 듣고 발표장을 떠나는 청중이 반드시 기억해 주었으면 하는 사항을 중심으로 정리하면 된다.

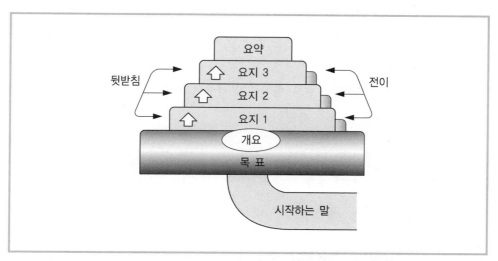

〈그림 10-7〉 시작하는 말, 개요 그리고 요약의 관계

자료 : 한정선, 앞의 책, p. 105.

(2) 시작하는 말

그러면 어떠한 말로 프레젠테이션을 시작할 것인가? 미국의 전 대통령 조지 부시 (George Bush)의 미디어와 스피치 자문위원인 로저 아이리스(Roger Ailes)는 프레젠테이션은 처음 7초가 가장 중요하다고 하였다. 즉, 7초 동안에 청중은 발표자가 자신이 있는지, 긴장하고 있는지, 웃고 있는지, 찡그리고 있는지, 주눅이 들어 있는지, 편안한 자세인지, 잠이 덜 깬 상태인지, 지나치게 엄숙한지, 목소리가 맑은지 등을 판단할 수 있다고 한다.

따라서 시작하는 말(opener)은 프레젠터 자신을 청중의 입장에 놓고 준비해야 한다. 어떻게 하면 청중의 관심을 끌 수 있을까? 내가 청중이라면 어떠한 말에 관심을 가지게 될까? 청중은 프레젠터가 청중이 처한 상황에 관심을 갖고 있는지 궁금해하고, 프레젠터가 청중이 처한 상황에 관심을 갖고 있는지 알고 싶어 하며, 프레젠터가 들어 볼 만한 이야기를 할 수 있는 사람인지 판단하려 한다.

그러므로 프레젠터는 청중이 처한 상황에 관심이 있거나 유사한 경험이 있다는 것을 알려 줄 필요가 있으며, 이 주제에 대해 얼마나 알고 있는지를 암시해 주어야 한다. 다시 말해 프레젠터는 처음 몇 마디에서 프레젠터와 청중이 일체가 될 수 있는 말을 해야 한다. 청중의 관심을 끌 수 있는 말이란 쉽게 찾을 수 없으며 다각적으로 생각하며 많은 노력과 시간을 기울여야 한다.

그러면 어떠한 말로 시작해야 청중에게 좋은 인상을 줄 수 있을까? 시작하는 말에는 다음과 같은 유형이 있다.

- 권위자의 말 인용
- 단언적인 표현
- 일화의 제시
- 수사학적인 질문제기
- 시나리오의 제시

(3) 요약 및 행동화할 사항

성공적인 프레젠테이션이란 시작도 중요하지만 끝맺음도 잘해야 한다. 즉, 프레젠테이션이 끝난 다음 청중은 사고의 변화나 행동의 변화, 또는 지금까지 해 오던 일에 긍정적·발전적인 변화를 가져올 수 있어야 한다. 따라서 변화를 불러일으키기 위해서는 프레젠테이션의 내용을 요약해 줌과 동시에 청중에게 무엇인가 실천하게 유도해야 한다.

결론을 내리는 데에는 다음과 같은 여러 가지 방법이 있다.

- 요지를 강조해줄 수 있는 짤막한 이야기로 끝맺음한다.
- 속담이나 격언, 또는 잘 알려진 문구로 끝을 맺는다.
- 상황에 맞는 시를 낭독하면서 끝을 맺는다.
- 주제를 대신해줄 수 있는 예를 들면서 끝을 맺는다.
- 지금까지 거론된 요지를 요약하면서 끝을 맺는다.

미국 CBS 방송의 앵커 찰스 오스굿(Charles Osgood)은 프레젠테이션을 준비할 때 제일 마지막에 할 말을 제일 먼저 쓴다고 이야기한 적이 있다. 제일 마지막에 청중

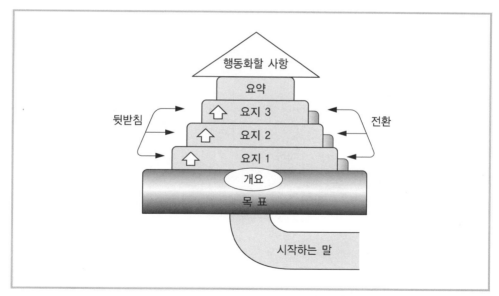

〈그림 10-8〉 서언, 개요, 요약의 관계

자료 : 한정선, 앞의 책, p. 111.

209

에게 하고 싶은 말이 결국 프레젠테이션의 핵심이 되기 때문이라고 그 이유를 밝혔다. 결론을 제일 처음에 쓰든, 마지막에 쓰든, 그 순서와 관계없이 준비하는 데도 몇 가지 기억할 것이 있다.

알아두기

프레젠테이션 시간초과는 금물

주어진 시간 안에 프레젠테이션을 끝내야 한다. 우리나라 사람이 제일 지키지 못하는 것이 바로 시간이다. 주어진 시간이 15분이면 15분 내에 프레젠테이션을 끝내야 한다.

마무리에서 신념과 자신감을 갖는다

신념을 가지고 프레젠테이션을 마무리해야 한다. "이제 주어진 시간이 다 되어 끝내겠습니다."로 끝맺음을 할 때 청중은 맥이 빠진다. 물론 주어진 시간이 다 되었으니까 끝을 내야 하지만 그보다는 "지금까지 배운 것을 기초로 우리들 한 사람 한 사람이 프레젠테이션에 대한 두려움 없이 훌륭한 프레젠테이션을 할 수 있으리라 저는 확신합니다."로 끝내는 것이 더 좋을 것이다.

시간배분

30분의 프레젠테이션이라면 서언에 2분, 요약에 1분, 질의응답에 5분, 본론에 22분 정도 할애하면 균형 잡힌 프레젠테이션이 될 것이다. 따라서 끝나갈 때 새로운 아이디어 주제를 소개하지 말아야 한다.

마지막 말은 짧을수록 좋다

마지막 말이 너무 길어서는 안 된다. 어떤 발표자는 "마지막으로, 끝으로, 한 가지 더 이야기하자면" 하는 식으로 끝맺음이 너무 긴 경우를 보게 된다. 이렇게 마지막 말이 마지막이 아닌 경우 청중은 마지막 말에 관심을 끌 수가 없으며 정말로 마지막이 되어 끝나기만을 기다리게 된다. 또한 이러한 프레젠터는 대개 주어진 발표시간을 초과한다.

7 효율적인 원고작성

원고준비는 두 가지로 나누어 생각할 수 있는데, 하나는 논문집이나 발표 집에 실릴 논문형식의 원고이며, 다른 하나는 프레젠테이션용 원고이다. 발표 집에 실릴 원고는 글말로 써야 하며, 프레젠테이션 할 때 사용할 원고는 입말로 써야 한다. 발표집의 원고는 '읽는 사람'을 위하여 원고를 작성하는 것이며, 프레젠테이션을 할 때 사용할 원고는 '듣는 사람'을 위해 원고를 준비해야 한다.

프레젠테이션을 위한 원고준비는 여러 가지 형태로 할 수 있다. 3×5인치 독서카드에 요지만 적어서 하는 경우도 있고 A4용지에 워드프로세서로 원고를 작성하는 경우도 있다. 워드프로세서로 작성할 때에도 다음과 같은 점에 유의해야 한다.

- 서체의 크기를 12포인트 이상, 즉 18로 한다.
- 흑백보다는 컬러로 평면보다는 입체로 한다.
- 줄의 간격을 넓게 한다. 즉, 200정도 또는 2라인 정도로 한다.
- 종이 양옆의 여백을 많이 남겨 두어 필요시 메모할 수 있도록 한다.
- 인쇄는 종이 한 면에만 하는 것이 좋다.
- 숫자는 발음 나는 대로 적어 주는 것이 좋다. 예를 들면 111만 2,543으로 써 주는 것이 좋다.
- 문장 도중 페이지를 바꾸지 않는 것이 좋다. 즉, 문장 도중 다음 페이지로 넘어가는 경우, 새 페이지에서 문장을 시작하는 것이 좋다.
- 각 면은 쪽 번호를 달아 준다.
- 원고를 넘기기 쉽도록 스테이플러로 한데 찍어 두지 않는다.

〈표 10-1〉 원고작성 시 고려사항

구 분	내 용
단문원칙	문장은 가능하면 단문으로 하는 것이 좋다. 복문이나 지나치게 긴 문장은 여러 개의 단문으로 수정해야 한다.
관심유발 및 청중장악	청중의 관심을 유지하도록 노력해야 한다. 강의식 텔레비전 프로그램에서는 90초마다 우스운 이야기를 해야 시청자를 끌 수 있다고 하나, 가능하면 5분마다 청중의 관심을 끄는 문구(punch line)의 사용을 권한다.
인용 예는 요지와 일치할 것	예나 비유는 요지에 부합되어야 한다. 예나 비유를 들을 경우 그것이 요지와 부합되지 않을 때 청중은 혼돈을 하게 되고, 프레젠터가 왜 이러한 예를 들었을까, 이것이 내용과 무슨 관계가 있는 것일까를 생각하느라 프레젠테이션의 내용에 귀를 기울이게 되지 않는다. 따라서 요지에 걸 맞는 예나 비유가 없을 때에는 들지 않는 것이 더 좋을 수 있다.
숫자서술방법 – 개략숫자로 한다	숫자를 이야기 할 때에는 대략적으로 서술한다. 단, 과학이나 수학 등 정확한 수치를 요구하는 경우는 제외된다. 예를 들면 '48.27% 보다는 반 정도'라고 이야기하는 것이 더 좋으며, 정확한 데이터를 요하는 발표가 아니라면 소수점은 생략하는 것이 상례이다.
전문용어, 은어, 유행어	전문용어나 약어의 사용을 삼가야 한다. 청중에게 익숙하지 않은 전문용어나 약어는 사용하지 않는 것이 좋다. 또 전문용어가 아니고 상투어나 은어 또는 유행어일지라도 그 뜻을 모르는 사람이 있을 수 있으므로 유행어 등의 사용도 청중 대부분이 안다고 판단되지 않는 한 사용하지 않는 것이 바람직하다.

제3절   리허설

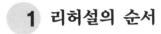

1 리허설의 순서

프레젠테이션의 경험이 없는 사람일수록 리허설은 필요하다. 실제 프레젠테이션을 한다고 생각하면서 기기를 사용하며 연습한다. 특히 도입과 결론은 공을 들여

〈표 10-2〉 리허설의 순서

구 분	내 용
1단계	도입부에서 결론부까지 전체를 스스로 이야기해 본다 [체크해 볼 것] ① 청중이 이해할 수 있겠는가 ② 말의 흐름과 구성은 적절한가
2단계	전달이 용이한가 유의하면서 리허설을 해 본다 [체크해 볼 것] ① 자세는 올바른가 ② 얼굴표정이나 손의 처리는 자연스러운가 ③ 발음은 명료한가 ④ 말의 속도, 억양 및 강약은 적절한가
3단계	시청각기기를 사용하여 리허설을 해 본다. 문제점을 정정하고 보강 및 삭제한다 [체크해 볼 것] ① 발표하는 것에 조리가 있는가 ② 논리가 정연한가 ③ 자료는 충분하게 준비된 것인가 ④ 사실과 의견의 형평성에 문제는 없는가 ⑤ 시청각자료가 효과적인가

자료 : 야하타 히로시 저, 나성억 역, 『프레젠테이션 박사』, 21세기북스, 1997, p. 261 재인용.

몇 번이고 리허설을 한다.

2 리허설의 종류

(1) 원고 리허설

방송드라마나 뮤지컬 또는 연극 등을 준비 할 때 보면 무수히 많은 연습을 거친다. 첫 번째는 대본연습을 하고 두 번째는 간이 연습이며, 세 번째는 총연습으로 실제 프레젠테이션이 이루어질 장소에서 원고, 시각자료 모두를 다 갖추고 연습해 보는 것이다.

첫 번째 단계는 일단 원고작성을 하고 난 뒤 최종본이 나오기 전에 처음으로 소리를 내어 읽으면서 연습을 하는 것이다. 이때, 어색한 단어, 긴 문장, 명확하지 않은 표현 등을 발견하게 되고 또 의외로 새로운 예나 더 좋은 비유가 떠오를 수도 있다. 띄어 읽기, 한숨 돌림, 강조해 주어야 할 부분 등도 이 연습을 통해 결정할 수 있다. 또한 프레젠터 자신의 음성, 어조, 속도, 그리고 무의식적으로 자주 쓰는 의미 없는 말, 즉 '어', '음', '아', '정말', '참으로', '되게' 등의 단어를 얼마만큼 자주 사용하는지, 말의 속도가 알맞은지를 알아볼 수 있다.

프레젠테이션을 할 때에는 청중이 듣기 편한 속도, 듣고 이해할 수 있는 속도로 이야기해야 하며 같은 프레젠터라 할지라도 프레젠테이션의 내용에 따라 말의 속도 또한 달라지게 된다.

또한 보통 말을 하듯이 위의 글을 읽으면서 시간을 측정해 보기 바란다. 몇 분이 걸리는지 알 수 있을 것이다. 똑같은 프레젠터라도 내용에 따라 말의 속도가 달라진다. 전달하고자 하는 내용에 따라 말의 속도는 달라질 수 있으며, 한 프레젠테이션 안에서도 속도의 변화가 있어야 청중의 주의를 집중하기가 수월하다.

일단 원고의 읽기연습이 만족스럽게 진행되면, 그 다음에는 거울 앞에 서서 연습을 해 보는 것도 도움이 될 것이다. 이때 거울은 자신의 모습을 그대로 비추어 줄 뿐만 아니라 청중의 역할을 할 수도 있다. 원고와 거울, 즉 원고와 청중을 자연스럽게 오가며 보고 있는지, 표정은 어떤지 등을 알아낼 수 있다. 또는 오디오 테이프에 녹음을 한 후 들어 보는 것도 많은 도움이 된다.

(2) 시청각 리허설

두 번째 단계의 연습은 첫 번째 연습을 통해 수정되어 나온 최종원고와 이에 준하여 제작된 시청각자료를 가지고 실제로 하듯 필요한 제스처를 쓰면서 연습하는 것이다.

프레젠테이션을 할 때에는 준비한 원고를 읽지 않도록 해야 한다. 원고를 읽지 말아야 하는 이유는 원고를 읽으면 청중과 시선을 맞추기가 어려우며, 원고를 읽으며 청중을 바라보는 것을 반복하다 보면 원고의 어느 부분을 읽고 있는지 잊어버리는 경우가 발생할 수도 있고, 원고를 읽으면 억양의 변화가 없이 목소리가 단조로울 수 있기 때문에 지루해지는 결과를 가져오며, 원고를 읽으면 주제를 잘 이해하고 있지 못하다는 인상을 줄 수 있다. 그러나 꼭 읽어야 하는 경우에는 텔레비전 뉴스의 앵커가 읽는 모습을 생각하며 사전에 소리내어 읽으며 충분한 연습을 해야 하고, 읽으면서 되도록 청중과 시선을 맞추도록 노력해야 한다.

일부 프레젠터는 원고를 외워서 프레젠테이션을 하려고 하는 경우도 있다. 원고의 양이 많은 경우에는 적어도 첫 부분만이라도 외워서 프레젠테이션을 한다면 자연스럽게 프레젠테이션이 진행되리라 기대하기도 한다. 그러나 실제로 청중은 외워서 하고 있다는 것을 알 수 있고, 외운 문장이 끝났을 때 원고를 보며 더듬거리면 유창하게 시작한 것의 가치가 없어지고 만다. 따라서 프레젠테이션을 할 때에는 원고를 외우지 말아야 한다.

제4절 프레젠테이션의 효율적 관리

1 처음 90초

프레젠테이션을 하기 위해 프레젠터가 청중 앞에 섰을 때, 프레젠터는 청중의 관심과 주의를 자기 자신에게로 집중시켜야 한다. 아무리 철저하게 내용과 시각자료를 준비했어도, 준비된 내용을 제대로 전달하기 못하면 애쓰고 준비한 보람이 없게 된다. 특히 시작하고 처음 얼마 동안, 정확히 말하면 처음 90초가 매우 중요하다.

흔히 프레젠테이션을 듣기만 하는 것으로 생각하기 쉽지만, 사실 프레젠테이션이란 보고 듣는 것이다. 따라서 흥미로운 것, 관심을 끌 수 있는 것을 보여 주어야 한다. 어떻게 보여 줄 것인가? 앨버트 메라비언(Albrt-Mehrabian)은 면 대 면(面對面) 커뮤니케이션을 할 때 세 개의 채널을 통해 메시지를 전달하게 된다고 하였다. 세

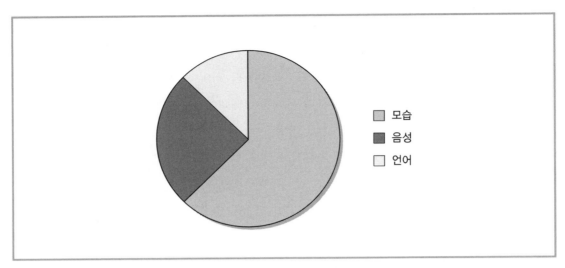

〈그림 10-9〉 프레젠테이션에 영향을 미치는 요소

자료 : 한정선, 앞의 책, p. 158.

개의 채널이란 바로 언어, 음성 그리고 시각적인 것, 즉 모습이다.

2 두려움 장애와 극복

　　프레젠터가 긴장하고 자연스럽지 못하면 청중에게 자기가 가진 것을 충분히 전달할 수 없을뿐더러 청중에게도 전혀 도움을 주지 못한다. 이러한 부자연스럽고 두려운 마음은 프레젠테이션의 기회를 많이 가지면서 줄어들 수 있다. 비즈니스의 성공을 바란다면 프레젠테이션에 성공해야 한다. 아무리 획기적인 제품을 개발했다 할지라도 주위사람이 이해해 주지 않으면 의미가 없다. 능력, 지식, 사고, 제안, 서비스, 기술 등 자신이 가진 장점을 주위사람에게 프레젠테이션을 통해 알리지 않으면 비즈니스가 시작될 수 없다.

〈표 10-3〉 두려움극복 방법

순 서	해소방법
준 비	• 적극적인 태도를 갖는다. • 철저한 준비와 연습을 한다. • 개요서를 작성하여 연습한다. • 거울과 조언자 앞에서 리허설을 한다.
대 기	• 주변상황에 몰두한다. • 긴장감을 푸는 몸동작을 한다.
실 행	• 미소를 띠며 청중을 둘러본다. • 엄지발가락에 힘을 준다. • 개요서를 보며 실행한다. • 반복 · 요약한다.

3 청중의 마음을 읽는 프레젠터

프레젠터의 태도는 곧바로 청중에게 투사되어 반사된다. 프레젠터가 어색해하고 있으면 청중도 어색해하고, 프레젠터가 편안한 자세로 이야기를 하면 청중도 편안한 자세로 이야기를 듣는다. 프레젠터가 웃으며 이야기를 하면 청중도 웃으며 듣고, 굳은 얼굴로 이야기를 하고 있으면 청중도 굳은 얼굴로 듣게 된다.

따라서 청중의 표정, 청중의 반응에서 프레젠터 자신의 모습을 발견할 수 있기에, 청중의 모습이 프레젠터가 원하는 모습이 아니라면 프레젠터 자신이 자기의 모습, 태도, 표정을 바꾸어야 할 것이다.

(1) 유머사용

■ 유머는 혼자 전달할 있는 것이어야 한다. 다른 사람의 도움이 필요하거나 청중에게 질문을 하여 그 응답에 따라 대처하는 식의 유머전달은 삼가야 한다.

■ 고상한 유머여야 한다. 저질의 유머는 그러한 유머를 전하는 프레젠터의 수준

도 의심스럽지만 청중을 얕보고 있다는 의미도 되기 때문에 저질의 유머는 하지 말아야 한다.

■ 새롭고, 신선하고, 예측하지 못한 것이어야 한다. 바로 이 점이 매우 힘든 것이다. 남이 알지 못하는 새로운 유머, 따라서 신선함을 줄 수 있는 유머, 그리고 처음 시작에서는 알고 있는 유머라는 생각이 들었지만 들을수록 전혀 예기치 못한 내용이어야 한다. 이미 알고 있는 유머를 전할 때, 이 프레젠터가 앞으로 할 소리가 뻔하다는 생각이 들기 쉽다.

■ 프레젠테이션의 의도나 목적, 내용과 연관이 되어야 한다. 유머는 전달하고자 하는 내용과 연관이 되거나 의도한 바가 청중에게 전달되어야 한다. 아무리 우스운 이야기일지라도 그것이 뜻한 바가 뚜렷하지 않을 때 청중은 일단 웃고 나서, 프레젠터가 왜 저런 이야기를 했는지 의아해한다. 뿐만 아니라 프레젠테이션의 의도나 목적, 내용과 연관이 안 된 유머는 프레젠테이션의 효과를 증대하기보다는 오히려 감소시키는 결과를 가져오기도 한다.

■ 짧아야 한다. 유머는 전달이 매우 중요하다. 그런데 전달을 못하는 사람일수록 중요하지 않은 것을 묘사하는 데 신경을 쓰고 시간을 소비한다. 예를 들면, "지난 화요일 오후였던가, 내가 막 나가려고 하는데, 전화가 울려서 아니다. 지난 화요일이 맞다. 지난 화요일 오후다" 이런 사람의 이야기를 인내를 가지고 듣고 나면 이 사람이 전하고자 하는 이야기에서 요일은 중요하지가 않다는 것을 종종 깨닫게 된다. 그러나 이 경우 요일에 지나치게 집착해서 요지를 들을 마음이 없어지게 된다. 주위에서 전달을 잘하지 못하는 사람을 관찰해 보면 별로 중요하지 않은 사실, 사건, 현상에 따라서 유머는 핵심되는 이야기만 간단하게 전해야 하며 쓸데없는 곁가지는 쳐 버려야 한다.

■ 유머를 전하면서 자신이 얼마나 유머 감각이 있는 사람인지, 스스로 대견하게 느끼고 있다는 것이 청중에게 전달되어서는 안 된다. 사실 프레젠터로서 우스운 이야기를 했을 때 많은 청중이 웃어 준다면 더 바랄 것이 없겠다. 그러나

'여러분 우습지요?'라든지 '재미있지요'라는 이야기로 재미있었던 분위기를 망쳐서는 안 된다.

■ 무엇보다 중요한 것은 유머를 전하기 전에 프레젠터가 미리 웃지 말아야 한다.

자료 : 한정선, 앞의 책, pp. 183~185.

4 질의응답 처리

질의응답에 대처하는 기본은 질문을 분류하여 정형화시키고, 질문에 대한 정확한 단계를 밟아 처리하며, 프레젠터가 질문자보다 강력해야 한다.

(1) 질문에 대처하는 기본방법

■ 질문을 분류하고 정형화한다.
■ 단계를 밟아 답변한다.
■ 강력하게 답변한다.

이러한 질문의 종류는 다음과 같다.

(2) 질문의 종류

■ 분명하지 않은 점을 명확히 하고 싶다.
■ 추가정보를 얻고 싶다.
■ 자기 견해를 피력하고 싶다.
■ 자기의 생각을 확인하고 싶다.
■ 단지 두드러져 보이고 싶다.

이러한 질문을 받고 대답할 때 말썽이 생길 가능성도 있는데 그것은 다음과 같다.

(3) 질문을 둘러싼 말썽의 원인

- 질문자가 스스로 정말 무엇을 알고 싶은지 모르고 있다.
- 답변하는 사람이 질문의 의미를 오해한다.
- 다른 청중은 무시한 채 발표자와 질문자 두 사람이 시간을 사용한다.
- 답변하는 사람이 생각을 정리하지 않고 대답한다.

그러면 질문을 받을 때 프레젠터는 어떤 태도와 마음가짐을 가져야 하는 것일까?

(4) 프레젠터가 질문을 받을 때의 태도와 마음가짐

- 질문을 잘 들어야 한다. 그리고 질문을 신중히 들어야 한다.
- 질문을 들으면서 질문의 의도와 성격을 파악해야 한다.
- 답을 하기 전에 질문에 대해 칭찬을 해 주는 것이 좋다.

아울러 답변할 때 조심할 점이 있다.

(5) 프레젠터가 답변을 할 때 조심해야 할 점

- 너무 방어적인 태도를 보이지 않아야 한다.
- 지나치게 성급하게 답하지 말아야 한다.
- 질문을 잊어버리지 않는다.
- 질문의 취지를 잘못 이해하고 동문서답하지 않는다.

만일 답을 모르는 경우에는 간단히 모르겠다고 이야기하고, 이상한 질문을 하더라도 질문자에게 무안을 주어서도 안 된다.

(6) 반대의견을 받았을 때 취할 수 있는 태도

- 일리 있는 이야기라고 일단 인정해 주어야 한다. 말도 안 되는 소리라고 하면 심한 논쟁이 될 수도 있다.
- 격앙된 감정을 완화시켜 주어야 한다. 이때 프레젠터는 음성을 프레젠테이션을 하던 것보다 더 낮게 가라앉히고 차분히 이야기한다.

다음과 같은 과정을 거친 후 질의응답이 끝난 후에 프레젠터는 반드시 짧고 명확하게 끝맺는 말을 해야 한다. 마치 영화의 끝 장면이 중요하듯 프레젠테이션에서도 끝맺는 말은 중요하며 청중이 행사장을 떠나면서 계속 음미할 수 있는 말로 끝맺음을 해준다면 두고두고 기억에 남는 프레젠테이션이 될 것이다.

제5절 비주얼 프레젠테이션

1 기억을 돕는 시각자료

프레젠테이션은 시각적인 자료를 동원하여 메시지를 효율적으로 구성하고 전달하는 것이라고 정의한 바 있다. 시각자료가 프레젠테이션에서 유용한 이유는 인간의 기억메커니즘과 연관을 갖고 있기 때문이다.

심리학자에 의하면 인간의 기억은 세 단계로 나뉜다고 한다. 세 단계란 감각장치(sensory store), 단기기억(short-term memory), 그리고 장기기억(long-term memory)이다.

첫 번째 단계인 감각장치는 인간의 오감을 통해 들어오는 모든 정보를 일단 수용한다. 이 감각 장치에서는 1~2초 동안 정보가 머무를 뿐 곧 잊혀진다. 따라서 수용이라는 표현보다는 스쳐 가는 것으로 생각하는 편이 더 알맞을 것이다. 이렇게 감각

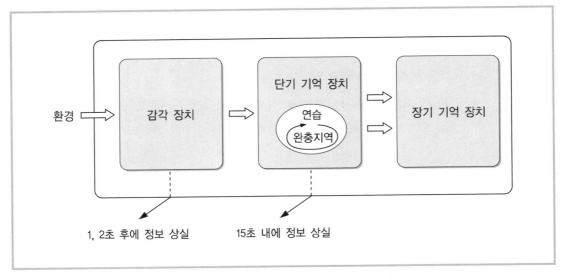

〈그림 10-10〉 인간의 단계별 기억장치

자료 : 한정선, 앞의 책, p. 206.

장치에서는 정보가 스쳐 가기 때문에 용량은 매우 크다. 다시 말해 정보를 담아 두는 것은 무한정이지만 오래 기억하지 못할 뿐이다.

둘째 단계가 단기기억이다. 감각장치에서 잊혀지지 않고 단기기억으로 넘어간 정보는 대개 15초 안에 잊어버리게 된다. 단기기억에는 정보를 담을 수 있는 용량의 한계가 있다. 즉, 7개를 단위로 한다. 7개의 숫자도 되며, 7개의 단어도 되며 7개의 공통성이 있는 것의 묶음도 된다.

셋째 단계는 장기기억이다. 단기기억단계에서 수용된 정보를 연습, 반복하거나, 강력한 자극의 정보인 경우에는 잊혀 지지 않고 장기기억으로 넘어가 저장되며, 평생 잊혀 지지 않고 기억된다.

실제로 정보는 눈과 귀를 통해, 즉 시각과 청각을 통해 주로 들어오게 된다. 즉, 시각을 통해 83%의 정보가 감각되며, 청각을 통해서는 11%, 후각은 3.4%, 촉각이 1.5%, 그리고 미각을 통해서는 1.0%의 정보가 감각될 뿐이다.

시각 자료를 사용하지 않고 프레젠테이션을 할 때 프레젠터는 38% 정도 목표를

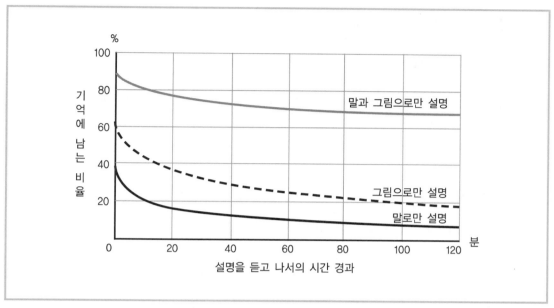

〈그림 10-11〉 시간경과와 기억률

자료 : 한정선, 앞의 책, p. 208.

달성할 수 있는 반면, 시각자료를 사용하는 경우에는 67% 정도의 목표를 달성할 수 있다고 한다. 또한 동의를 구해야 하는 경우 말로만 했을 때에는 58%, 시각자료를 사용했을 경우에는 79%가 설득되었다고 한다.

　시간경과와 기억률을 비교해 볼 때, 이야기만으로 설명했을 때 20분이 지나면 18% 정도 기억하며 100분이 지나면 4% 정도 기억한다. 그림만으로 설명을 하였을 때에는 100분이 지나도 19% 정도는 기억할 수 있었고, 말과 그림을 병행했을 때 20분이 지나도 80%를, 100분이 지나도 70%를 기억할 수 있었다.

2 시청각자료의 활용

(1) 시각자료의 유형

시각자료(visual aids)는 비즈니스 리포트나 제안서(proposal)에서 사용하는 표(table), 차트(chart), 그림(illustrations) 등을 말한다.

시각자료는 긴 설명문이 주는 단조로움에서 벗어나 통계적 관계를 드러나게 하며, 어려운 개념을 쉽게 이해하도록 돕는다.[61] 시청각자료는 청중의 주의를 끌 수 있어야 하며, 메시지를 효과적으로 전할 수 있어야 한다. 또한 기억하기 쉽고 전달된 내용이 잘 활용될 수 있어야 한다.

자료를 제시하는 방법은 위에서 언급하였듯이 세 가지이다. 즉, 문장으로 제시하기, 표로 구성하여 제시하기 및 차트로 제시하기가 그것이다. 이 세 가지는 단독으로 사용되기보다 복수로 사용하는 것도 유효한 방법이 될 수 있다. 정보를 제시할 때 표의 제목, 즉 표제(title)를 처리하는 방식도 커뮤니케이션 효과에 영향을 준다. 비지시적 표제는 단순히 핵심주제나 용어를 제시하는 것이다. 이에 반하여 지시적 표제는 구체적으로 메시지의 방향이나 내용을 서술하여 제시하는 것을 말한다. 예컨대, '공장의 생산성'이라고 하면 비지시적 표제가 되며, '공장의 생산성 상승표'라고 하면 지시적 표제가 된다.

〈표 10-4〉 표제의 방식

비지시적 표제	지시적 표제
• Factory Productivity	• Factory Productivity Soars
• Current Inventory	• Current Inventory Level Declines 30 percent
• Employees Benefits	• Employees Benefits Rising Faster than Inflation
• Sales by Region	• Sales in Southwest 20 percent Higher than Sales in Northwest

자료 : L. E. Boone, D. L. Kurtz, and J. R. Block, 양창삼 역, 『비즈니스 커뮤니케이션』, 1998, p. 228.

---

61) 양창삼, 앞의 책, pp. 226~229.

(2) 표의 사용

표는 데이터나 단어를 가로세로와 체계적으로 정돈해 청중이나 독자에게 참고하고 비교하기 쉽게 만들어 놓은 것을 말한다. 표가 단순히 차트보다 이해가 쉽지 않다고 할 수는 없다. 왜냐하면 구체적이고 복잡한 숫자정보를 표로 나타내면 차트보다 더 정확할 수 있다.

(3) 차트의 사용

아무리 자료를 응축시켜 표로 표시한다 하여도 특정 시기에서 상승과 하강 및 움직임을 명쾌하게 나타내는 데는 한계가 있다. 이런 경우 표보다 차트를 사용하면 방향성과 동태적 움직임을 표현할 수 있다.

차트는 숫자자료를 시각적인 형태로 나타낸 그림(diagram)으로 추세, 움직임, 배분, 사이클 등을 나타내는 데 이용된다. 이것은 다른 말로 그래프라고도 할 수 있다. 차트는 표보다는 덜 자세해서 때로는 정확성을 요구할 때에는 표와 더불어 사용하여야 한다. 차트의 종류는 여러 가지가 있다. 이러한 차트가 적절히 사용되는 것이 중요하다.[62]

3 차트의 유형과 특징

차트는 모두 비교를 두드러지게 나타내기 위한 것이다. 비교의 내용은 크게 구성, 아이템, 시계열, 빈도, 배분 등이 있으며, 이러한 성격에 따라 차트의 유형이 결정된다. 이에 따라 구성비교차트, 항목비교차트, 시간적 추이 차트, 빈도차트, 상관성 정도 차트 등으로 구분된다.

---

62) 위의 책, p. 231.

〈표 10-5〉 차트형식과 비교목적간의 상관성

구 분	구성비교	항목비교	시간적 추이	도수분포	상관성 정도
원그래프					
가로막대 그래프					
세로막대 그래프					
꺾은선 그래프					
점그래프					

자료 : 김한영 역, 앞의 책, 2002, p. 43.

구성비교(component comparison)는 전체 중에서 몇 %를 차지하고 있는가의 구성 골격을 보일 때 쓰인다. 예를 들어 회사의 시장점유율, 특정 지역 판매량이 회사전체에서 차지하는 정도, 부처 간의 예산배분 정도비교, 가계소득 중에서 식생활비가 차지하는 비중, 즉 엥겔지수 등 구성비교에는 원그래프, 일명 파이차트가 사용된다.

항목비교(item comparison)는 특정 시점에서 개인, 지역, 제품·생산설비, 여러 변수의 상대적 서열을 나타낼 때 사용된다. 여러 변수의 예를 들면 종업원의 만족도, 생산성 등이 있다. 항목비교를 프레젠테이션할 때 쓰이는 단어로는 '~보다 많다' '~보다 적다' '~과 같다' 등이 쓰인다. 항목비교를 위해서는 가로막대그래프가 사용된다.

시계열비교(time series comparison) 또는 추세분석이란 시간이 흐름에 따라 항목이 어떻게 변화하고 있는가를 보기 위해 사용된다. 시계열비교를 프레젠테이션할 때 쓰이는 단어는 '증가한다.', '감소한다.', '상승세에 있다.', '하강세에 있다', '기복이 심하다(fluctuate)', '유지하고 있다' 등이다. 시계열 비교를 위해서는 칼럼(기둥)이나 선(꺾은선)을 이용한 차트가 사용된다.

빈도분포(frequency comparison)는 연속으로 나타낸 일련의 숫자범위 안에 몇 항목이나 속하는가를 보여 주기 위해 사용된다. 빈도분포를 프레젠테이션 할 때 사용되는 단어로는 '범위', '분포', '집중' 등이 있다. 이때에는 세로막대그래프와 포물선그래프가 사용된다.[63]

4 시각적 언어의 규칙

시각자료를 제작할 때에도 따라야 하는 규칙이 있고 문법이 있고 나름대로의 논리가 있다.[64]

시각자료에서는 마침표를 붙일 필요가 없다. 마침표의 사용은 오히려 사고의 흐름에 방해가 된다.

한 줄의 길이는 영어인 경우 대개 transparency(TP)는 65자, 슬라이드는 40자로 제한을 한다. 그러나 글꼴의 모양과 크기에 따라 글자수는 달라지며 글꼴의 모양과 크기는 청중수에 좌우된다.

한글의 경우, TP는 38자, 슬라이드는 29자로 제한하는 것이 좋다.

---

63) 양창삼, 앞의 책, pp. 232~238.
64) 한정선, 앞의 책, pp. 242~255.

24 포인트
18 포인트
12 포인트

    TP자료에는 제일 큰 서체가 24포인트, 일반적인 크기가 18포인트, 그리고 제일 작은 크기가 12포인트이다. 12포인트보다 작은 크기로 서체를 사용하는 경우에는 거의 읽을 수가 없으며 24포인트 이상의 큰 서체를 쓰는 경우에는 화면을 너무 채우는 경향이 있어 부담을 줄 수 있다. 특별한 의도가 있거나 400명 이상을 대상으로 한 프레젠테이션에서는 30포인트의 서체를 사용하여도 된다.

36, 24, 18
포인트

    슬라이드인 경우에는 가장 큰 서체 크기가 36포인트, 일반적인 크기가 24포인트, 그리고 제일 작은 크기가 18포인트이다.

슬라이드

TP

    슬라이드는 화면의 비율이 2 : 3이며 TP자료의 가로세로 비율은 4 : 5이므로 슬라이드에 사용하고자 제작한 그림을 TP에 사용할 경우나, 이와 반대로 TP자료에 사용하고자 제작한 그림을 슬라이드에 사용할 때 조금 어색하게 보이는 경우가 있다.

원쪽정렬은 보는 사람에게 시각을 고정시켜 주기 때문에 쉽게 빨리 읽을 수 있도록 해 준다. 따라서 프레젠테이션용 자료에서는 가장 좋은 정렬이다.

윤곽체나 그림자체는 산만하게 보이고 읽기 나쁘므로 사용하지 않는 것이 좋다. 우리말의 경우에도 받침이 있는 단어가 많으므로 밑줄체, 윤곽체, 그림자체의 사용은 각별한 주의가 필요하며 특별한 경우가 아니라면 사용하지 않는 것이 좋다.

5 시각자료의 효과적 화면구성

얼굴과 화면을 비교해 보면 화면이 안정적으로 보이는지 불안정하게 보이는지 잘 알 수 있다. 그러나 화면을 구성할 때 알아두어야 할 것이 황금분할이다. 황금분할

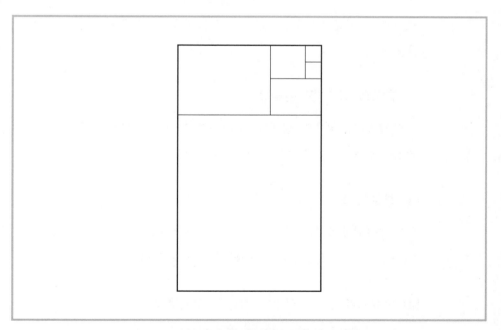

〈그림 10-12〉 황금비율에 의한 분할된 화면
자료 : 한정선, 앞의 책, p. 261.

은 1개의 선을 a와 b로 나누었을 때(a > b), b : a = a : (a + b)가 되도록 나누는 것이다. 즉, b = 1이라고 하면 a는 약 1.618이 된다. 즉, 화면의 가로세로가 2/3되게 화면을 나누는 것이 바람직하다.

　　사람의 시선은 화면상에서 왼쪽 상단에서 가운데 아래쪽으로 이동한다는 사실이다. 따라서 중요한 내용, 또는 텍스트의 배열시 이 점을 고려하면 청중이 오래 기억할 수 있는 시각자료를 제작할 수 있을 것이다.

6 시각자료의 색상선택

(1) 강조목적

　　간단한 논제차트에서 논제에는 한 색을, 그리고 두드러지게 할 필요가 있는 단어나 구에는 다른 색을 사용한다. 발표자의 요지를 하나씩 전개시키는 특수차트에서는 현재 토의하고 있는 요지에는 밝은 색을, 이미 결론을 내린 것에는 차분한 색을 사용한다.

(2) 항목의 확인 및 분류목적

　　예를 들어, 석유의 정제과정을 설명하는 도해에서 디젤급 연료에는 한 색(또는 색군)을, 가솔린에는 또 다른 색을 선택한다.

(3) 항목의 정돈목적

　　색상바퀴에서 서로 옆에 있는 색을 선택하고 중요한 것에서부터 덜 중요한 순서로, 또는 그 반대의 순서로 항목의 색을 정한다.

(4) 분위기를 연상시키거나 감정의 상기목적

　　많은 색은 서로 다른 감정적 효과를 일으킨다. 오류나 위험, 분노를 암시하기 위해서는 빨간색을, 성장이나 돈을 암시하기 위해서는 녹색을, 신뢰나 평온을 암시하기 위해서는 파란색을, 경쾌함을 암시하기 위해서는 노란색을 사용한다. 파스텔조의 색은 낭만을 연상시킨다. 녹색이나 노란색, 갈색은 옥외를 연상시킨다. 다른 많은 색에는 각각 의미가 있으며 문화에 따라 색의 의미가 다양하다.

(5) 색 선택 시 유의사항

■ 배경색은 사람이 가장 선호하는 푸른색이다. 그렇지만, 사실 배경이나 글꼴색깔로 가장 좋은 색이 흑색이라고 한다. 그 이유는 많은 색깔과 좋은 대조를 이루기 때문이다.

■ 하얀 배경색이나 노란 배경색에 까만 글꼴색이 읽기 쉽다. 반대로 까만 배경에 흰색이나 노란 글꼴색도 읽기 쉽다.

■ 번지는 경향이 있는 분홍색이나 주황색(orange)은 삼가는 것이 좋다.

■ 흰색 배경에는 검정색, 빨간색, 푸른색, 녹색 등의 색깔이 어울린다. 반면에 까만 배경에는 흰색, 노란색, 빨간색, 푸른색, 녹색 등이 어울린다.

■ 노란색은 가시도가 가장 높은 색이다. 노란색이 검은색과 결합되면 가장 눈에 잘 띄는 색 배합이 된다.

■ 학생이 리포트를 제출할 때 색지는 글씨가 검은색인 경우 흰색의 배경색이 가장 좋다. 흰색 다음으로는 연한 아이보리색과 연한 크림색이 좋다.

■ 비즈니스 현장에서의 프레젠테이션은 거의가 푸른색을 배경색으로 사용하고 있다. 따라서 무난한 프레젠테이션을 하고자 할 때에는 푸른색을 배경색으로 택하는 것이 안전할 것이다.

■ 노란색은 짙은 배경 색의 큰 점(bullet)이나 부제목 색깔로 많이 사용한다.

■ 녹색은 투사할 때 색이 다르게 나타날 수 있다. 색을 선택한 후에는 제작이 진행되기 전에 미리 투사해 보고 반드시 색을 확인한 후 사용해야 한다. 녹색은 대개 강조(highlight)하는 색깔로 사용된다.

■ 한 화면은 세 개의 색이 가장 좋으며, 아무리 많아도 일곱 색깔 이하로 변화를 제한하는 것이 좋다.

색의 영향

① 관심을 끌고 흥미를 유지한다.

② 절대필요한 정보를 강조한다.

③ 학습과 기억을 촉진시키고 55~78%까지 생각해 낸다.

④ 이해력을 73%까지 증가시킨다.

⑤ 기꺼이 읽고자 하는 마음을 80%까지 증가시킨다.

⑥ 인식력을 78%까지 증가시킨다.

⑦ 동기와 참여를 80%까지 증가시킨다.

⑧ 오차수를 55~35%까지 줄인다.

⑨ 50~85%까지 (제품과 아이디어를) 더 효과적으로 선전한다.

⑩ 그래프의 구성요소 사이에 더 뚜렷한 구분을 제공하기 때문에 명료성을 높인다.

⑪ 논제에 대한 더 많은 관심을 일으키기 때문에 별도의 요소를 추가한다.

⑫ 비교를 더 쉽게 하기 때문에 구성요소들을 관련시킨다.

⑬ 혼동됨이 없이 더 많은 구성요소를 연관되게 하기 때문에 정보를 간결하게 한다.

⑭ 발표자에 영향을 주는 신망을 더한다.

자료 : 3M미팅 매니지먼트 팀, 이태복 역, 『회의를 성공적으로 하는 법』, 창현출판사, 1995, p. 234.

7 프레젠테이션 환경

(1) 좌석배치

좌석은 스크린에서 너무 가깝게 배치하면 눈이 쉽게 피로를 느낄 수 있으며, 앞줄의 왼쪽 끝이나 오른쪽 끝에 앉은 사람은 화면이 잘 보이지 않는 경우가 있으므로, 좌석배치는 다음과 같이 하는 것이 바람직하다.

첫줄의 좌석은 스크린 가로길이의 두 배 되는 곳에서부터 시작하여 제일 뒷줄은

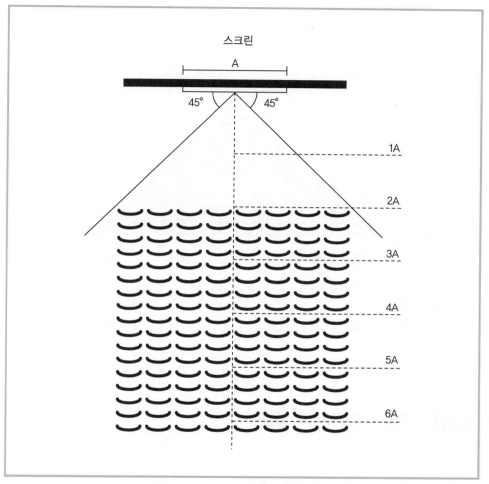

<그림 10-13> 스크린과 좌석배치

자료 : 한정선, 앞의 책, p. 218.

스크린 가로 길이의 여섯 배 되는 곳이어야 한다. 또한 좌석은 스크린 중앙에서 45°
이내에 위치해야 눈이 피로하지 않으며 선명한 상을 볼 수 있다.

빔프로젝터를 사용할 때에는 키스톤(keystone)현상이 일어나지 않도록 스크린이
나 빔프로젝터의 렌즈를 조절해야 한다. 이 키스톤 현상은 빔프로젝터의 렌즈에서
부터 스크린의 위쪽과 아래쪽의 거리가 서로 달라야 하는데, 그 거리가 다르지 않기

233

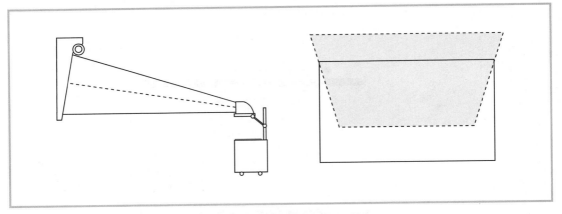

〈그림 10-14〉 키스톤 현상
자료 : 한정선, 앞의 책, p. 219.

때문에 일어난다. 이것은 스크린의 위쪽과 아래쪽이 수직이 되도록 설치하거나, 빔 프로젝터의 내장된 장치를 이용해서 조절 및 해결한다.

제6절   자기 알리기와 발표

　자기를 홍보하는 경우는 여러 가지가 있다. 채용의 경우에는 면접과 자기소개서 작성을 통하여 자기를 알린다. 학술발표의 경우에는 자신이 연구한 주제를 시청각 자료를 활용하여 일목요연하게 효과적으로 발표할 수도 있다. 면접이나 자기소개서 작성을 잘 해서 채용에 성공하고, 연구주제를 논리적으로 발표하는 것 역시 프레젠테이션을 하듯 전략적으로 준비할 필요가 있다.

1 면 접

면접(interview)은 채용과정에서 선발을 위한 수단으로 이용되거나 시험장에서 필기시험을 대신하여 능력을 평가하는 도구가 된다. 최근에 면접은 필기시험이나 학업성적을 고려하는 것 외에 심층면접을 하여 능력은 물론, 태도나 인성 등을 파악하는 주요한 선발도구로 활용된다.

(1) 면접의 중요성

면접은 사람됨을 보고 조직의 목적달성을 위하여 함께 일할 수 있는 시너지효과를 낼 수 있는 사람을 찾기 위한 방법이다.

대부분의 기업들은 인재중시의 전시효과 때문에 면접비율을 높이고 있으며, 필기시험 이후에는 면접이 당락을 결정한다. 주어진 짧은 시간에 자신의 능력을 보아주어야 하며, 또한 실무자보다는 경영진이 면접을 실시함으로 면접 시의 인상은 향후 조직생활에 있어서도 매우 큰 영향을 미친다.

(2) 면접의 유형

- 자유 면접 : 순서 시간에 구애받음이 없이 자유롭게 실시
- 표준 면접 : 미리 작성된 면접 질문표에 의하여 순서대로 실시
- 비지시 면접 : 일정한 형식을 두지 않고 깊게 말려들어가거나 따지려 하는 형태의 면접
- 스트레스 면접 : 피 면접자의 감정을 건드리거나, 어려운 질문이나 논리적인 추론을 보기 위한 면접

다음은 국내의 기업들이 순발력, 인생관 등 을 알아보기 위해 질문하는 내용을 살펴보면 〈표 10-6〉과 같다.

〈표 10-6〉 면접 시 이색 질문과 대처법

질문유형	사 례	질문 목적	대처 요령
선택형	부모님과 애인이 둘 다 위급할 경우 어디로 갈 것인가?(현대자동차)	순발력·결단력 등을 가늠	정답은 없다. 자신의 가치관에 판단을 내리고 그 이유를 설명한다. 회사의 창업정신과 연관지어 대답하면 금상첨화
무인도형	홀로 무인도에 남긴다면 가지고 갈 물건은? (SK텔레콤)	절박한 상황을 가정해 순발력 뿐 아니라 인생관 등을 측정	어떤것을 선택하느냐보다 선택의 이유를 밝히는 게 중요하다. 역시 기업이 바라는 인재상을 고려해 답하면 좋다
황당형	서울시내에 있는 중국집 전체의 하루 판매량을 계산하시오(효성)	면접자가 스트레스를 받았을 때의 반응과 문제 해결 능력을 본다.	지나치게 황당해 답을 못하면 감점요인이 된다. 인내심을 갖고 떠오르는 생각을 요령 있게 대답한다.
사교형	노래방에서 몇 시간이나 놀 수 있는가? (아모레퍼시픽)	조직 융화 능력을 떠보기 위해 한 것	술이나 노래가 아니라도 전체 분위기를 띄우기 위해 잘하는 것들을 내세우면 좋다. 대표곡 한 곡 정도는 생각해 갈 것
애정형	자기 집 한 달 평균 전기요금은? (한국전력)	회사에 대한 평소 관심도를 파악	지원한 회사의 활약상에 대해선 기본적으로 알아둬야 한다.
PR형	자신이 얼마짜리 사람이라고 생각하나? (동양생명)	자기 표현능력 및 적극성 재치를 떠본다	이때는 톡톡 튀는 응답이 가장 인상을 준다.

자료 : 중앙일보 중앙경제 E1, 2006. 10. 31.

(2) 외국계 기업의 면접경향

외국계 기업이 신규인력을 충원할 때 우리 나라 대기업과 같이 일정시점 거의 같은 시기에 선발하는 방법이 아니고, 보통 결원이 생겼을 때, 모집광고를 통해 회사에 접수되어 있는 이력서 중에서 적임자를 뽑아 면접 시험날짜를 통보하는 형식이다. 특히, 외국계 기업의 경우는 당락의 가부가 면접에 달려있다고 해도 과언이 아니므로 면접을 잘 받기 위해서 외국계 기업의 면접이 어떻게 진행되고, 어떻게 대처해야 하며, 어느 정도의 영어실력을 갖춰야 하는가 등을 사전에 충분히 알아두어야 한다.

최근에 국내 기업체에서도 영어로 면접하는 곳이 많아지고 있으므로, 외국계 기업의 면접요령을 알아두면 국내기업의 취직 활동에도 많은 도움이 될 것이다.

① 면접의 주안점

■ 응시자의 인간적인 면이 어떠한가.
■ 경력이나 학력 등을 정확하고 명료하게 전달하는가.
■ 질문의 의도를 명확하게 파악하고, 대답이 적합한가.
■ 자신의 의사를 명확하게 전달하는가.
■ 일에 대한 성취욕이 강하게 전달되는가.
■ 회사에 협조성이 있는가.
■ 유연성과 적응력을 갖추고 있는가.
■ 풍부한 일반상식을 갖추고 있는가.

② 면접받을 때의 주의 사항

■ 예상되는 질문에 대해 대답을 준비한다. 특히 경력이나 학력은 이력서를 기초로 간결하게 대답할 수 있도록 준비한다.
■ 회사쪽에 질문하고 싶은 사항에 대해서는 메모를 해 둔다. 외국계 기업 면접에서는 메모를 지참해도 무방하다.
■ 강조하고 싶은 점은 여러 번 말하는 것이 좋다. 특히 장점으로서 어필하고 싶은 점은 몇 번이고 반복해서 강조하자.
■ 좋게 보이도록 최선을 다하고, 약점이나 단점은 입 밖에 내지 않는다. 다시

말해, 무엇이든지 자신 있게 할 수 있는 일은 전면으로 내세우고, 설사 경험이나 학력, 연령 등이 모집조건에 미달할지라도 자기 입으로 그것을 끄집어 낼 필요는 없다.

다양한 기업에서 요구하는 인재는 천차만별이어서 모집특성을 한 마디로 설명하기는 어렵다. 특히 외국계 기업의 경우는 문화와 환경 등 각기 다른 면접의 특성이 있고, 직무에 대한 인재의 요구하는 특성도 다르므로 전체적인 특징을 파악하기가 매우 어렵다.

(3) 면접의 매너

매너는 면접실문을 여닫을 때라든가, 인사할 때, 그리고 면접 중의 자세에 드러난다. 예를 들어, 악수는 이쪽에서 먼저 손을 내밀지 말고, 면접관이 악수하자고 할 때 가볍게 응하는 식이면 된다. 또 의자에 앉을 때도 상대방이 "Please have a seat" 하고 권하는 말을 들은 다음에 앉아야 한다. 그리고 면접이 끝나면, 일어나기 전에 "Thank you for your time" 하고 자기를 위해 시간을 내준 데에 대한 감사말을 잊어서는 안 된다.

다음에 면접관에게 좋은 인상을 남길 수 있는 면접시의 매너를 더 정리해 본다.

① 면접관의 눈을 본다

유럽이나 미국에서는 상대방의 눈을 보면서 이야기하는 것이 에티켓이다. 우리나라에서는 상대방 눈을 빤히 쳐다보는 것을 불경스럽게 여겨온 까닭인지, 말할 때 시선을 마주치지 않으려는 경향이 있는데, 면접 중에는 반드시 인터뷰어의 눈을 보면서 이야기하도록 한다. 면접관이 여럿일 경우에는 질문한 사람에게 시선을 멈춘다. 두리번거리거나 침착하지 못한 태도를 보여서는 안 된다.

② 질문을 잘 들을 것

면접시험에서는 면접관의 질문이나 말을 잘 듣고 그 의도를 정확히 파악해서 간결한 표현으로 적합한 대답을 하는 것이 중요하다. 영어에 자신이 있다고 해서 일방적으로 거침없이 말한다거나, 반대로 자신이 없어 당일치기로 암기한 듯한 내용을 기계적으로 말하는 것은 좋은 인상을 주지 못한다. 중요한 것은 영어를 유창하게 구사하는 것보다 천천히라도 조리 있게 의사소통을 할 수 있는가 하는 것이다, 요컨대 영어실력보다는 커뮤니케이션 능력이 있느냐 없느냐가 중요하다.

③ 정확한 표현

말씨 영어에도 상황에 따른 적절한 말씨가 있으며, 면접에서는 정확하고 경우에 어긋나지 않는 표현이 사용되어야 한다. 그렇다고 너무 어렵게 생각할 필요는 없지만, 슬랭(slang : 속어)만은 사용하지 않도록 하자. 몰상식하다고 보이기 십상이다.

④ 태도로서 나타내 보일 것

면접에서 응시자는 어떤 일이 있어도 그 회사에서 일해 보고 싶다는 열의가 면접관에게 전달되도록 성의 있는 마음가짐으로 임해야 한다. 의욕과 성의는 본인의 눈빛이나 태도에 저절로 나타난다. 더군다나 상대방은 응시자가 무심코 하는 행동 하나라도 놓칠세라 지켜보고 있으므로 더 말할 나위가 없다. 특히 면접시간에 늦는다면 처음부터 의욕을 의심받게 되고 합격은 거의 바랄 수 없다.

2 영어 프레젠테이션

외국인을 상대로 프레젠테이션을 하게 될 때, 당황하거나 두려워서 내용을 잘 알고 있음에도 불구하고 발표하지 못하는 예가 많다. 영어 프레젠테이션도 마찬가지로 일정한 규칙에 따라 준비하는 것이 전략적으로 필요하다. 우선 자주 쓰이는 언어를 알아두고 체계를 짜 놓으면 주제만 바꾸어 반복하면 되기 때문이다.

영어 프레젠테이션은 청중이가 외국인이므로 문화다양성을 인정하여야 한다. 문화에 대한 논의는 후에 상세히 하기로 한다. 여기에서는 자신의 메시지를 영어로 외국인에게 알리기 위해 필요한 단어를 정리해 보고 전체적인 구성을 살펴보는 것이 중요하다.

(1) 도입부의 프레젠테이션 각본

영어 프레젠테이션 역시 각본(script)을 짜서 준비한다. 도입부의 각본구성을 표로 나타낼 수 있다.[65]

알아두기

presentation script

날짜(date) :

주제(subject) :

이름(name) :

(사회자에 대한 인사) : Thanks you Madam Chairman for your kind introduction

(서두인사) : Good morning ladies and gentlemen

(도입부/자기소개) : I'd like to introduce myself. I'm Judy Yang. I'm from Fortune Co., Ltd.

(프레젠테이션에 대한 환영인사) : I'm honored to give this presentation today.

(배경설명) : To put it briefly sales and profits are down.

(프레젠테이션 목적) : I'm here today to help you get started

(로드맵) : To begin with I'd like to look at past performance

Secondly I want to analyze current sales

Then I'm going to present some options.

Finally I shall be recommending a new stratagy

---

65) 나상억 역, 앞의 책, pp. 280~293.

① 영어 프레젠테이션에 쓰이는 언어

- 사회자에 대한 인사(expressing thanks to a chairman)

  — Thank you very much Mr. Chairman for your gracious introduction.

- 서두인사(greeting and signaling the start)

  — Good afternoon everybody.

- 도입부/자기소개(introduction)

  — Let me introduce myself. My Name is Lina Hwang. And I'm from ABC University.

- 환영인사(welcome)

  — 자신을 프레젠테이션하도록 한 것에 대한 인사

  — Thank you for attending the meeting this morning.

- 배경설명(setting the scene)

  — To be concise benefit program.

- 프레젠테이션 목적(expressing purpose)

  — My main aim this evening is to help you get started.

- 로드맵(road map)

  — 로드맵 이란 청중을 어떤 길로 안내하여 목적지까지 가겠다고 하는 것으로, 미리 윤곽을 보여 주는 것이다. 대개 목차처리와 같으며 숫자체계를 따른다.

  — Firstly I'd like to look at past performance

  — Next I want analyze current sales.

  — Lastly I'm going to present promotion program.

(2) 본문구성

본문구성(body sheet)은 대분류의 요지를 중분류체계로 한 다음 ,다시 소분류체계를 잡아 아이디어를 적어 골격을 구성한다. 주제로 들어가는 부분이다.

① 영어표현

■ 주제로 들어감(introduce topics)

— To begin with I'd like to review this year's sales.

— Next I want to discuss the data.

— Let me move on by recommending possible solutions.

■ 의견발표(expressing opinions)

— I would say that your prices are too high.

■ 발표진행, 되돌아보기(moving on and looking back)

— Let's now move on to the financial aspects of the problem.

— The losses were due to the strike but I shall come to this later.

— Let's back to my first diagram.

■ 기각과 대안모색(elimination alternative)

— We reject options A, because of the marginal savings it would give us.

■ 권유(making recommendations)

— We recommend an increase in this year's dividend.

■ 주제 이외의 이야기(digressing)

— Let me digress here for a moments.

■ 판단근거(justifying decisions)

— Owing to a rise in demand, we have increased output.

■ 시각자료선택(choosing visuals)

— I'd like you to look at this diagram(graph, bar chart, ped chart, flow chart, matrix, table, figure, map, model) you can see.....

■ 시각자료 보는 법의 제시(naming parts of visuals)

— The vertical axis shows performance.

— The horizontal axis shows organizational effectiveness.

         — The curve indicates conflict degree.

   ■ 시각자료 설명(explaining visuals)

         — Sales rose slightly in June.

         — Prices declined gently in the final quarter of last year.

         — Profit reached a peak in 1998.

(3) 말미의 프레젠테이션 각본

① 요약(summing up)

To sum up then, we must reduce our production costs and become move market-oriented.

summary :

    _____

    _____

    _____

conclusion :

    _____

    _____

    _____

closing :

    _____

    _____

    _____

② 결론(concluding)

I'd like to conclude by saying that.... We need to take some kind of action soon.

③ 마무리(final)

As this point, I think we should conclude this meeting.

Thank you very much (for your attention).

 workshop과 토의자료

1. 〈부록 10-1〉은 영어프레젠테이션의 실례입니다. 이를 참고로 하여 〈부록 10-2〉의 차트를 보고 내용을 영어프레젠테이션 실습을 합니다.
2. 영어프레젠이션에서 문제점과 개선점을 토의합니다.

3 영문이력서 작성

영문이력서는 우리말로 작성하는 이력서와 내용이 다른 것은 없다. 다만 구성방식이 다르고 서술순서 등에서 약간의 차이가 있을 뿐이다. 다음은 영문이력서에 포함되어야 할 항목이다.

(1) 구성항목

① PERSONAL DATA(개인정보)

이름, 주소, 전화번호, 생년월일, 성별 등. IDENTIFYING INFORMATION이라고도 한다.

② JOB OBJECTIVE(희망직종)

■ 희망하는 직종과 직무.

■ CAREER OBJECTIVE, 또는 단순히 OBJECTIVE라고도 하고, 미국에서는 GOAL이라고도 한다.

③ QUALIFICATIONS(자격)

희망직무에 대응하는 능력과 자질. CAPABILITIES라고도 한다.

④ WORK EXPERIENCE(경력)

- 원칙적으로 최근의 것으로부터 과거로 거슬러 올라가면서 적는다. 특히 경력자인 경우는 우리말 이력서와는 반대로 경력을 학력보다 먼저 적는다. 학생일 경우는 학력을 먼저 적는다.
- EMPLOYMENT HISTORY, WORK HISTORY, 또는 간단하게 EXPERIENCE, EMPLOYMENT라고 할 때도 있다.

⑤ EDUCATION(학력)

특별한 요구가 없는 한 최종학력만 적으면 된다. 전문대나 대학졸업자이면 초등학교, 중학교, 고등학교 등은 적을 필요가 없다. 대학원 졸업인 경우에는 대학학력부터 적는다. EDUCATION HISTORY라고도 한다.

⑥ ACTIVITIES(각종 활동 경력)

학교에서의 서클활동(EXTRACURRICULAR ACTIVITIES)과 자원봉사 등 사회활동(SOCIAL ACTIVITIES)을 요약해서 쓴다. 요즘에는 자원봉사활동을 적극적으로 평가하는 기업이 많아지고 있다.

이 밖에도 표창 같은 특기할만한 사항이 있으면 HONORS AND AWARDS 항목을 만들어 기재할 수 있고, 기타항목도 필요에 따라 추가할 수 있다. 물론 위에 언급한 항목을 모두 빠짐없이 기술해야 하는 것은 아니다. 자기에게 맞게 적절히 취사선택해도 되고, 또 순서도 자기가 가장 강조하고 싶은 요소를 앞으로 가져가는 등 앞뒤를 바꿔도 무방하다.

단, 개인정보(이름, 주소, 전화번호), 희망직종, 학력, 경력, 신용조회처 같은 다섯 가지 요소는 빠짐없이 기재해야 한다.

■ 영문이력서의 기본 예

RESUME

Joe, Sung-Jun
334, Doguk-dong
Kangnam-gu, Seoul 135-270
PERSONAL DATA :
    Date of Birth : March 4, 1970
    Sex : Male
    Health : Excellent
    Telephone : (02) 344-2635(home)
              010-   -   (cel)
OBJECTIVE : Management
EDUCATION :
    2000. 3~2007. 2 Dae-Hyun University of Business Administration
    1996. 3~1999. 2 Dae-Hyun High School
WORK EXPERIENCE :
    Clerked for the Accounting Section of Jung-mil
    Department Store for part-time job (1990 and 1991)
MILITARY SERVICE :
    1992~1994 Sergeant, Honorable Discharge
SKILLS :
    Book keeping 2nd class, 1990(Official Exam)
    Computer : Workable knowledge
REFERENCES :
    Available upon request
The statement mentioned above is correct and true to the best of my knowledge.

Joe, Sung-Jun

(2) 항목별 기재사항

① NAME(이름) : 이름, 성의 순으로 적는다. 경우에 따라 생년월일, 성별도.

② ADDRESS(현주소) : 번지, 동, 구, 시도명, 우편번호의 순으로 적는다.

③ PHONE(전화번호) : 지역번호도 잊지 말 것.

④ JOB OBJECTIVE(희망 직종) : 현재의 희망과 장래의 목표를 적는다.

⑤ QUALIFICATIONS(자격, 능력) : 희망직종과 관련되는 자격, 경험, 능력 등을 적는다. 학력과 경력 그리고 특기 등에서 추려낸다.

⑥ WORK EXPERIENCE(경력) : 최근의 것으로부터 과거로 거슬러 올라가며 적는다.

- Name of company(회사명) : 정식으로 영문회사명을 적는다.
- Address of company(주소) : 주소에는 빌딩이름 같은 것도 포함시킨다.
- Job Title(직책명) : 영문직함을 기입한다.
- From to(재직기간) : 각각 월, 연도 순으로 기입한다.
- Description of Job(업무내용) : 특히 중요한 것에 대해 쓴다.
- Name of company(회사명) :
- Address of company(주소) :
- From to(재직기간) :
- Description of Job(업무내용) :

⑦ EDUCATION(학력) : 최종학력을 기입한다. 대학원을 졸업한 경우는 대학원과 대학을 모두 기입한다. 수학기간은 연도만으로 충분하다.

- From to(수학기간) :
- Name of college(대학명) :
- Address of college(소재지) :
- Degree earned(학위) :
- Major(전공) : 전공과목, 이수과목을 적는다.

- Special Awards and Honors(표창) : 장학금을 받았을 경우 구체적으로 적는다.

⑧ SKILL(기능, 특기) :

- LANGUAGE ABILITY(어학력) : 영어에 관해서는 특히 강조한다. TOEFL 점수라든가, 어학연수내용 등을 상세하게 적는다.
- TYPING(타자) : 타자 외에도 속기, 부기, 워드프로세서, 컴퓨터기술이나 지식도 적는다. 특히 검정시험자격은 상세하게 기입한다.

⑨ HOBBIES(취미) : 스포츠, 기타 취미를 적는다.

⑩ ACTIVITIES(활동사항) : 서클활동이나 사회 활동의 경험을 쓴다. 거기서 어떠한 역할을 했는가에 대해서도 기입한다.

⑪ REFERENCE(조회) : 조회 Available on request, 또는 Furnished upon re-quest라고 써 두면 되지만, 실제로 제출할 필요가 생길 때를 대비해 대학의 지도교수나, 근무처의 상사 등 자신의 능력을 보증해 줄 수 있는 사람의 연락처를 메모해 둔다. 이름, 주소, 전화 번호, 회사명, 대학명, 직함 등을 적는다.

데이터가 조목조목 정리되면, 다음으로는 그것을 어떻게 이력서로서 마무리 짓느냐에 신경을 써야 한다. 상대방이 읽기 쉬우며, 군더더기가 없으면서 요점이 확실하게 드러나도록 한다.

(3) 영문이력서의 마무리

① 졸업예정자 : 경험이 부족한 사람을 위한 스타일의 예

NAME(이름) :
ADDRESS(현주소) :
PHONE(전화번호) :
JOB OBJECTIVE(희망직종) :
QUALIFICATION(자격) :
EDUCATION(학력) :
20XX-20XX   Name and Address of Graduate School(대학원이름, 소재지)
            Graduate Degree(취득학위)
            Name and Address of College(대학이름, 소재지)
            Undergraduate Degree(취득학위)
ACTIVITIES(과외활동) :
HONORS(상벌) :
WORK EXPERIENCE(아르바이트 경험) : 최근부터 먼저 기록
20XX-20XX   Job(담당직무)
            Name and Address of company(회사명, 소재지)
            Description(업무내용)
20XX-20XX   Job
            Name and Address of company
            Description of job
20XX-20XX   Job
            Name and Address of company
            Description
SKILL(특기) :
HOBBIES(취미) :
REFERENCES(신용조회) :   Furnished upon request

---

(4) 커버레터

커버레터(cover letter)란 이력서와 함께 제출하는 자기에 대한 소개서로서, 영어로
는 letter of application이라고 한다. 이를테면, 일종의 자기 PR문으로 이력서의 내

용을 보완함과 동시에 채용담당자에게 좋은 인상을 주고자 하는 의도가 담긴 글이다. 실제로 채용담당자가 응모서류를 받고 무엇보다 먼저 읽게 되는 것이 커버레터이므로, 그에 대한 인상 여하에 따라 이력서까지 읽을 것인가가 결정된다고 해도 과언이 아니다. 따라서 그 역할은 이력서 이상으로 중요하다고 할 수 있겠다. 우리나라에는 이러한 관습이 없어서 커버 레터의 존재조차 모르는 사람들이 많을 것으로 생각된다. 커버 레터는 이력서에 반드시 첨부되어야 하며, 커버레터 없이 이력서만 제출하면 몰상식하다고 여겨지고, 그것만으로도 불합격의 원인이 될 수 있다. 이번 기회에 이력서 뿐만 아니라, 커버레터의 중요성에 대해서도 올바른 인식을 갖도록 하자.

① 커버레터의 역할
- 본인의 전체적인 상황을 조목조목 쓰는 형식을 전달하는 객관적인 데이터라면 커버레터는 자기가 그 회사에 어떻게 얼마만큼 기여할 수 있는 인재인가를 문장으로 표현한다.
- 가진 자격, 능력, 경험 등이 모집직종에 얼마나 적합한가를 강조하고, 그 회사와 직종에 관심이 크다는 것을 어필한다.
- 만큼, 상대방의 관심을 끌어 본인을 직접 만나 보고 싶다는 마음이 생길 정도의 영어 표현력이 있어야 하며, 거기에서 영어실력 자체를 평가받기도 한다.

② 커버레터 작성의 주의사항
- 정확하고 적절한 영어를 사용해야 한다. slang이라든가 broken English를 사용해서는 안 된다.
- 오타나 잘못된 철자가 없도록 주의한다.
- 내용은 한 장 이내가 되도록 간결하게 마무리한다.
- 용지는 이력서와 같은 A4 사이즈로 질이 좋은 흰 종이를 사용한다.
- 서식은 영문 비즈니스문서의 정식 서식에 의거한다.
- 보기에 깨끗하고 균형이 잡힌 레이아웃이 되도록 신경을 쓴다.

가장 중요한 것은 역시 커버레터의 내용으로서, 이력서와 마찬가지로 커버레터에도 일정한 스타일이 있다. 무턱대고 자기 생각을 쓴다고 되는 것은 아니다. 무엇보다 영문편지의 서식에 어긋나지 않아야 하고, 기승전결이 뚜렷하도록 내용을 전개시켜야 한다. 그렇지만 커버레터의 스타일은 거의 일정하므로, 그것만 터득하면 그다지 어렵지 않다. 다음에 설명하는 커버레터의 구성요소를 참고하여 조리 있게 내용을 써 나가면 된다.

③ 커버레터의 구성요소

- **현주소와 날짜** : 현주소는 용지의 우측 상단에 타자한다. 영어주소는 우리하고는 반대로 번지수, 동, 구, 시. 그리고 우편번호의 순으로 적는다. 날짜는 주소 바로 밑에 오는데, 이것 역시 우리와는 반대로 월, 일, 연도의 순서가 된다.

- **수취인** : 날짜 밑으로 서너 줄 비우고 좌측 끝에서부터 타자한다. 먼저 채용담당자의 이름을 타자하고. 그 아래에 그 사람의 직책, 부서명, 회사명, 주소 순으로 타자한다. 담당자의 이름을 모르면 personnel manager(인사담당자 앞)로 해둔다.

- **서두(salutation)** : 우리 식으로 말하면 '친애하는 ~에게' 같은 인사말이다. Dear Mr/Mrs Brown과 같이 쓴다. 수취인의 이름에서 한 줄을 비우고 타자한다. 이름을 모를 경우에는 Dear Personnel manager 또는 Dear Sir/Madam으로 한다. 미국에서는 끝에 콜론(:), 영국에서는 콤마(,)를 찍는다.

- **본문** : 본문은 서두(salutation)에서 한 줄 비우고 찍기 시작한다. 본문의 내용은 도입부와 본론 그리고 끝마무리로 전개시키고 서너 단락으로 끝맺도록 한다. 각 단락의 사이는 한 줄씩 비운다.

- **결미(complimentary close)** : 머리말인 salutation에 대비되는, 우리로 치면 불비(不備)니 하는 따위의 인사말이다. 미국에서는 Sincerely yours, 영국에서는 Yours faithfully가 쓰인다. 본문의 마지막 줄에서 한 줄을 비우고, 종이 하단 우측에 찍되, 용지 우측 상단의 주소 끝보다 몇 글자 중앙 쪽으로 치우친 위치

에서 끝나도록 한다.

■ **이름** : complimentary에서 서너 줄 비우고, 첫 글자가 complimentary close와 가지런하게 되도록 자기 이름을 타자한다. 타자한 이름 위의 빈자리에 자필로 서명한다.

④ 커버레터의 예문[66]

커버레터는 비즈니스 문서의 하나이므로, 당연히 비즈니스 문서로서의 서식을 따라야 한다. 각 단락의 첫 글자를 각행 왼쪽 끝에서부터 시작하고, 전체적으로 왼쪽이 가지런하게 되도록 타자한다. 이렇게 하면 누구나 쉽게 타자를 할 수 있고 보기에도 깨끗하게 작성할 수 있다.

425-1, Yunsu-dong
Nam-gu, Incheon
402-110
March 1, 2003

Mr, Choi Woo-jin
Director of Personnel
Han-Il Co., Branch, Seoul
Arkrill Building
901 Namdaemoon 1-ga
Choong-gu, Seoul

Dear Ms. Choi :
I am replying to your advertisement in the Korea Herald of February 28 for a managerial staff member in your personnel department.

My courses at Moonhwa University were specially planned to prepare me for a

---

66) Terazawa Megumu 저, 열린생각 편집부 역, 『영문이력서 작성법』, 열린생각, 2000.

career in personnel management and secretarial studies. I worked with summer and part-time work experience, has helped me develop my secretarial skills and I would like to have a chance to explain how I can put them to work for your organization.

Ever since I studied management at my university, H have done well both in secretarial studies and Personnel affairs, and I am very interested in both fields.

The position which offers an opportunity to utilize my training in these two fields will be ideal for me; but enthusiasm, and a sincere desire to become an administrative secretary are the driving force of my career plans.

The enclosed resume describes my education and work experience, but I would like to discuss the possibility with you soon. May I have an interview? I look forward to your call at 02-942-73** or on your letter ot the above address. My e-mail address is as follows : cya123@hanmail.net

Sincerely yours,

Seo Ji-hae

(5) 영문이력서 표제작성법

영문이력서(resume)의 작성은 먼저 표제 붙이기에서부터 시작된다. 표제를 붙이는 방법은 크게 두 가지가 있다. 타이틀(title)을 붙이는 경우와 타이틀 없이 이름과 주소, 전화번호 그 자체를 표제로 삼는 경우이다. 표제의 스타일은 여러 경우가 있다.

① 타이틀을 붙이는 경우

타이틀로서 용지의 상단 중앙에 RESUME 또는 RESUME OF~라고 자기 이름을 이어 적는다. 이것을 가장 무난하고 전통적인 스타일이다. 아니면, 용지의 전체적인 균형을 보아 스페이스에 여유가 있을 때는, 다음의 예 1에서 보듯이 줄을 바꾸어 3줄이 되도록 타자해도 좋다.

(예 1)

```
┌─────────────────────────────────────────────┐
│                                               │
│                   RESUME                      │
│  ═══════════════════════════════════════      │
│             RESUME of HAN SA-RAG              │
│  ═══════════════════════════════════════      │
│                   RESUME                      │
│                     OF                        │
│                HAN  SA-RAG                    │
│                                               │
└─────────────────────────────────────────────┘
```

② 타이틀을 붙이지 않는 경우

붙이지 않고 이름, 주소, 전화번호를 용지의 상단 중앙에 타자하고 그 자체를 표제로 삼는다. 미국에서는 이 스타일을 많이 사용하고 있는 것 같다. 이 경우에도 레이아웃을 조금 다르게 해서 예 2로 예시한 것처럼 이름만 중앙에 타자하고, 주소는 왼쪽, 전화번호는 오른쪽에 오게 하는 스타일도 무방하다. 내용도 물론 중요하지만, 보기에도 상대방의 주목을 끌 수 있도록 해야 한다. 표제 하나에도 자기 나름의 개성과 창조성을 최대한 발휘해야 한다. 그러나 기본요소는 단단히 붙잡고 흔들림이 없어야 한다. 그리고 나서 어떻게 효과적으로 어필하느냐가 각자가 능력을 발휘해야 할 점이다.

(예 2)

HAN SA-RAG
239 Abgujeong-dong
Kangnam-gu, Seoul
02-5412-9268

HAN SA-RAG

239 Abgujeong-dong
Kangnam-gu, Seoul   Phone : 02-5412-9268

HAN SA-RAG

239 Abgujeong-dong
Kangnam-gu, Seoul
Phone : 02-5412-9268

제11장
회의와 토론

제1절 회의의 목적

    기업이나 조직에서 회의활동은 필수불가결한 사항이다. 이러한 토론·회의를 통하여 목적하는 바를 달성하게 된다. 회의(meeting)란 여러 사람이 모여 특정한 의제나 문제를 해결하기 위하여 리더를 정하고, 서기를 뽑은 뒤에 리더의 진행으로 이루어지는 토의의 한 형태이다. 회의의 성패는 임원의 유능하고 성실한 운영에 좌우된다. 임원은 정당하고 객관적인 태도로 공무를 관장하여야 할 특별한 책무를 지닌다. 조직에 따라 차이가 있기는 하지만 대부분 회의에서 리더·서기·회계 등이 회의를 효율적으로 이끄는 책임을 진다.

    회의가 갖는 의미를 분명히 하고 시간과 낭비를 줄이는 생산적인 회의를 하기 위해서는 회의의 목적을 명확히 하는 것이 필요하다. 회의의 목적은 다음과 같이 정리할 수 있다. 경우에 따라 이 중에서 하나만이 해당되기도 하고 또는 복수의 목적에 해당될 수도 있다.

(1) 목표 및 전략수립

조직의 활동은 조직의 목표에 의해 이루어진다. 기업의 성과 또한 일정한 기업활동의 결과로 이루어지게 되는데, 이러한 성과는 많은 기업목표와 전략에 의한 기업 활동의 결과로 얻어지게 된다. 따라서 기업은 목표와 전략을 수립하기 위한 아이디어를 얻고 기업의 활동방향을 수립해야 하므로 회의는 매우 중요하다.

(2) 정보전달 및 공유

기업 활동의 유효성은 관리부문 각각의 능력과 조직 전체의 방향성에 의하여 결정된다. 부문별 활동의 통일성과 효율성을 높이기 위해서는 조직 전체의 통일성이 중요하다. 각 부문은 조직의 목표 및 전략을 이해하고 통일적인 활동이 가능하도록 하기 위하여 회의를 하며, 지식기반경영(knowledge based management)을 하기 위한 정보의 공유가 필요하므로 회의를 한다.

(3) 문제해결과 의사결정

기업 활동을 수행하는 데 많은 문제와 장애가 발생한다. 이러한 문제의 원인을 발견하고, 해결방안을 강구하기 위하여 회의를 하고 있으며, 문제해결을 위한 대안 중에서 최적대안을 결정하는 의사결정을 하고 신속한 문제해결을 하기 위하여 회의를 실시한다.

(4) 일상의 업무운영 및 동의의 획득

일상적인 업무분담, 업무수행 결과의 점검·평가와 각 부문의 업무수행에서의 협조와 동의를 구하기 위하여 회의를 실시한다.

(5) 동기부여

종업원 활성화의 방안으로 참여에 의한 의사결정의 중요성이 증대되고 있는데, 의사결정의 참여는 직무만족도를 증대시키며,[67] 이를 통한 동기부여를 기할 수 있다. 회의에 참가하는 종업원 상호가 활성화되고 이러한 활성화는 조직의 활동에 많은 도움이 되고 있으며, 이러한 이유로 기업은 많은 종업원이 회의를 통한 의사결정에의 참여를 적극적으로 이용하고 있다.

미국의 애넌버그연구소(Annenberg School of Communication)의 기업조사연구에서 회의목적 중 가장 큰 이유는 첫째가 갈등조절, 둘째가 그룹의 의사결정을 내리기 위해서이며, 셋째는 문제를 해결하기 위하여 회의를 한다고 밝혔다.

〈표 11-1〉 회의의 목적

(단위 : %)

목 적	구성비
① 갈등을 조절하기 위해	29
② 그룹의 판단 또는 결정을 내리기 위해	26
③ 문제를 해결하기 위해	11
④ 모든 사람이 이해한다는 것을 확인하기 위해	11
⑤ 직원 간의 커뮤니케이션을 촉진하기 위해	5
⑥ 프로그램을 위한 지원을 얻기 위해	4
⑦ 새로운 아이디어를 개발하기 위해	4
⑧ 보고를 받기 위해	2
⑨ 프로젝트나 시스템을 검증하기 위해	2

자료 : 3M미팅 매니지먼트 팀, 이태복 역, 『회의를 성공적으로 하는 법』, 창현출판사, 1995.

---

67) J. R. P. French, Jr. J. Ismel, and A. S. Dagfinn, "An Experiment on Participation in a Norwegian Factory: Interpersonal Dimensions of Decision-Making" *Human Relation, 13*, 1960, pp. 3~20.

제2절 회의의 운영 프로세스

회의를 운영하기 위해서는 '회의계획', '회의진행' 과 '회의평가'의 세 가지 단계를 가진다.

1 회의계획

회의는 시간적 여유가 있어서 하는 것이 아니다. 또한 회의는 많은 비용이 수반되기도 한다. 따라서 준비·계획되지 않은 회의는 비효율의 원인이 된다. 그러므로 회의를 하기 전에 필요성을 확인하고, 회의에서 다루어야 할 안건을 결정하고, 참석자의 범위와 역할을 결정하고, 회의장의 레이아웃과 좌석배치 등 회의에 따른 계획을 수립하여야 한다.

(1) 회의내용의 결정(agenda)

회의를 하기 전에 반드시 결정해야 할 일은 회의에서 다루어야 할 안건을 정하는 일이다. 어떠한 목적으로 회의를 하는지에 대하여 참석자에게 미리 공지를 함으로써 불필요한 시간낭비를 피하고 생산적인 회의를 할 수 있다. 회의목적은 정보수집과 의사결정 등이 있으며, 정보 수집을 위한 회의는 관련된 정보의 공유를 목적으로 하고 있으며 의사결정을 위한 회의의 경우는 설득, 조사 및 문제해결을 위한 성격을 갖는다.

(2) 참석자의 선정과 역할

회의참석자는 직접적인 관련이 있는 꼭 필요한 사람만을 참석하도록 한다. 회의의 목적이 정보전달을 위한 것이라면 다수의 참석자가 필요하지만 문제해결을 위한 회의라면 문제해결을 위한 관련된 정보와 지식을 가지고 있는 인원만이 참석하는 것이 좋다.

회의참석자는 각각의 역할을 수행하게 되는데, 회의리더로서의 역할, 서기로서의 역할, 참가자로서의 역할이 있으며, 이를 구체적으로 살펴보면 다음과 같다.

① 리 더
- 회의의 내용에 초점
  - 정해진 프로세스의 사용
  - 회의의 내용상 목표를 달성하기 위하여 질서 있게 목표지향적으로 나아가도록 진행
- 프로세스의 진행을 촉진
  - 팀워크를 조성, 각자의 역할확인, 회의목적에 대한 공통적 이해, 그룹의 규칙개발, 안건공유, 참여를 촉진하여 결론으로 이끌어 나감.

② 서 기
- 참가자의 발언을 기록
  - 발언내용을 객관적으로 기록
  - 발언을 경청하다가 발언자가 표현하는 아이디어를 포착

③ 참가자
- 회의에서 개방적이고, 솔직하고, 건설적인 방향으로 참여
- 자신의 사고나 행동이 회의의 주제로부터 벗어나지 않는가 점검
- 회의 프로세스 관찰
  - 회의에서 어떤 일이 일어나고 있는가를 면밀히 관찰하고 필요시 조치
  - 모든 참가자가 발언기회를 가지는가, 정서적 수준은 어떠한가에 관심을 가지고 필요시 개입
- 회의의 계획에 참여, 회의가 궤도를 벗어나지 않도록 관리하며 내용에만 집착하지 않도록 방어하고 그룹의 규칙준수 여부를 점검하여 그룹의 에너지수준이

적극적인 쪽으로 올라가도록 강화

(3) 회의장소 선정과 좌석배치

회의목적과 참석자가 결정되면 이에 적합한 장소를 선정하여야 한다. 장소가 선정되면 회의좌석을 배치하는데, 회의의 형태에 따라 차이가 있으나 배치의 일반적인 기준이 있다.

이미 언급하였듯이 공적인 상황(연설이나 강연)에서는 연설자와 청중과의 거리가 약 3.6m(12ft)에 이르고 이런 공공적 거리에서는 상호적인커뮤니케이션은 상당히 제한된다. 사업상의 만남이나 점원과 고객, 직원끼리의 공적인 대화를 할 때는 1~4m(4~12ft) 정도 거리를 두고 하는데 이것을 사회적 거리라고 한다. 개인적으로 아는 사람들, 예를 들어 이웃끼리 이야기를 나눌 때는 대략 45cm~1.2m 사이(18inch~4ft)인 개인적 거리이다. 끝으로 아주 친한 사이에는 대개 팔꿈치 이내의 거리인 약 45cm(18inch) 거리에서 대화한다.[68] 따라서 회의의 성격에 적합한 좌석배치는 회의에서 매우 중요하다.

① 회의리더의 자리가 중심

회의에서는 회의리더가 최고위이다. 비록 상사가 동석하더라도 이 경우는 다르다. 회의리더의 자리를 중심으로 해서 그 왼쪽, 다음에 오른쪽이라는 식으로 석순이 정해진다. 대부분의 경우는 이것이 원칙이며 기본적인 형태이다.

② 동일한 그룹사람 원거리 착석

같은 직장, 같은 소속의 그룹, 같은 의견을 가진 사람끼리는 아무래도 분위기가 치우치기 쉬운 것이다, 따라서 가능하면 여러 사람을 섞은 형으로 착석시키는 쪽이 회의진행을 원활하게 한다.

---

68) E. Hall, *The Hidden Dimension*. New York: Doubleday, 1966.

③ 소극적인 사람의 위치

회의는 전원이 적극적으로 발언하는 것이라고 할 수 없다. 어떤 계기를 만들어 주어야 하는데 이것이 회의리더의 역할 중 하나이다. 따라서 소극적인 사람의 자리는 리더가 잘 볼 수 있는 곳으로 해야 하고, 회의리더는 이들의 모습을 주의해 보고 발언타이밍을 잡는 것이 필요하다.

④ 적극적인 사람의 위치

전항과는 반대로 적극적인 사람의 경우는 회의리더와 도움을 빌리지 않고도 자주적으로 발언한다. 때로는 발언을 억제해야 할 경우가 생겨 오히려 회의리더와 언쟁을 할 경우도 있을 것이므로 얼굴을 마주 대하지 않는 곳이 무난하다. 이 경우는 회의리더가 일부러 무시할 수 있는 자리가 좋다. 회의리더에게 이런 전술이 가능하도록 원조해 주어 진행을 원활하게 하고 싶은 것이다.

⑤ 옵서버의 자리

회의에는 정식참석자 외에 관계자가 들어가는 경우가 있다. 주제에 따라 필요한 부서의 사람이나 외부의 관계자 등 여러 가지인데, 이 사람의 자리는 그 사람과 회의와의 관계 여하에 따라 다르다. 완전한 옵서버형은 무엇인가 관련사항에 대해 참고 의견을 서술할 입장에서 참석하고 있는 경우는 정식참석자와 동렬 또는 상석에 정할 경우가 많다.

(4) 회의장의 형태와 참가자규모

회의장의 형태는 회의의 내용과 참석자의 규모에 따라 결정된다.

① 원 형

원형 테이블에 상하의 구분이 없이 한 곳에 모여 하는 회의의 형태이다. 따라서 허심탄회하게 의견을 말할 수 있는 회의에 적합한 형태로 정보교환과 동등한 자격으로 회의에 임하여야 할 경우에 사용한다. 참가자수가 적은 회의에 적합한 형이라고 할 수 있다.

회의의 좌석순과 착석위치

① 회의리더를 중심으로 왼쪽, 다음에 오른쪽으로 좌석순이 정해진다.

② 같은 그룹의 사람은 떨어지게 착석시킨다.

③ 소극적인 사람은 리더가 잘 볼 수 있는 곳에 착석하도록 한다.

④ 적극적인 사람은 리더와 얼굴을 마주 대하지 않는 곳이 무난하다.

⑤ 옵서버의 자리는 정식 참석자와 동렬 또는 상석에 정할 경우가 많다.

〈표 11-2〉 회의유형과 참가자수

(단위 : 명)

회의의 유형	최대참가자수
문제해결	5
의사결정	10
문제확인	10
교육세미나	15
비공식	30
재검토나 발표	30

자료 : 3M미팅 매니지먼트 팀, 이태복 역,『회의를 성공적으로 하는 법』, 창현출판사, 1995, p. 61.

② 정사각형

일반적으로 많이 볼 수 있는 형태로 회의의 규율이 잘 유지되어 리더에 의한 회의의 양호한 진행이 가능한 형태이다. 회의장의 분위기도 양호하며 자유로운 의견을 말할 수도 있으며 많은 인원의 회의참여가 가능하다.

③ 직사각형

정사각형의 좌석배치보다는 많은 인원이 회의에 참여할 경우에 사용한다. 많은 인원이 회의에 참여할 수는 있으나, 리더와의 거리가 사회적 거리를 넘어가는 경우는 일부 인원이 회의에서 소외되는 느낌을 가질 수 있다.

④ 학교형

회의의 참석자가 많을 경우 자리를 둥글게 할 수 없을 때는 이른바 학교식으로 한다. 참석자 상호 간의 확인이나 대화에서의 집중도가 많이 낮아지는 형태이다. 따라서 상호의견 교환이나 정보교류를 위한 회의에는 부적합하며, 일방적인 정보전달의 형태인 조회나 설명회 등에 적합한 형태이다.

⑤ V형

참신한 아이디어의 도출과 원활한 회의의 진행을 위한 형태로 'V' 형태로 좌석을 배치하고 진행자는 'V'자의 끝에서 회의를 진행하는 형태이다.

(5) 회의시기의 결정

① 개최의 요일

주초와 주말이 적합하다는 견해와 주중인 화요일이나 수요일이 가장 무난하다고 하기도 한다. 다음 소개되는 자료는 주초인 월요일과 주말인 금요일이 좋다는 결과를 보이고 있다.

② 개최시점

개최시점이 가장 효과적인 것은 오전 중이다. 비교적 원활하게 개최할 수 있고, 참석자가 모이기 쉬운 시간으로 오전 중에 설정하는 편이 무난하다.

(6) 효율적인 회의길이

회의의 소요기간은 1~2시간 이내가 가장 많다. 최근에는 선 채로 하는 5분 회의와 같이 아주 간단하고 짧게 요지만 주고받는 회의도 많이 활용한다.

〈표 11-3〉 회의와 희망요일

(단위 : 명, %)

구 분	합 계	20대	30대	40대 이상	일반사원	관리직
전체(인원)	272	108	77	87	181	91
월요일	46.0	43.5	53.3	42.5	43.7	50.6
화요일	9.2	8.3	7.8	11.5	8.8	9.9
수요일	10.3	13.0	9.1	8.1	12.7	5.5
목요일	5.5	1.2	3.9	1.2	7.7	1.1
금요일	16.5	15.7	22.1	12.6	18.2	13.2
토요일	11.0	7.4	2.6	23	7.2	18.7

자료 : 다카하시 가코토, 매일경제신문사 출판부, 『회의진행법』, 매일경제신문사, 1988, p. 107.

〈표 11-4〉 회의의 희망시각

(단위 : 명, %)

구 분	합 계	20대	30대	40대 이상	일반사원	관리직
전체(인원)	272	108	77	87	181	91
출근 전	11.4	13.9	5.2	13.8	13.8	6.6
오전 9~10시	37.1	3.24	57.1	25.3	34.8	41.8
오전 11시~	6.3	3.7	5.2	10.3	4.4	9.9
점심시간	0.4	0.0	0.0	1.2	0.0	1.1
오후 1시~	7.0	8.3	2.6	9.2	6.6	7.7
오후 3시경	18.8	25.0	14.3	14.9	22.7	11.0
오후 4시~	6.6	2.8	9.1	9.2	7.2	5.5
퇴근 후	11.4	12	6.5	14.9	9.4	15.4

자료 : 다카하시 가코토, 앞의 책, p. 108.

〈표 11-5〉 회의 1회당 소요시간

(단위 : 명, %)

구 분	합 계	20대	30대	40대이상	일반사원	관리직
전체(인원)	272	108	77	87	181	91
30분 이내	1.8	2.8	2.6	0.0	3.2	1.1
1시간	36.8	42.6	19.5	44.8	38.7	33
2시간	41.2	42.6	50.7	31.0	44.2	35.2
3시간	9.2	4.6	14.3	10.3	6.6	14.3
4시간	4.4	3.7	9.1	1.1	5.5	2.2
5시간	2.2	1.9	2.6	2.3	1.1	4.4
6시간	1.5	0.0	0.0	4.6	0.6	3.3
7시간 이상	2.6	0.9	1.3	5.8	1.1	5.5

자료 : 다카하시 가코토, 앞의 책, p. 98.

2 회의의 진행

회의의 진행은 리더의 개회 선언으로부터 시작되어 회의의 도입과 이전 내용의 확인과 관련자료를 제시하고 회의를 전개하며, 발표된 내용을 집약하고 결론을 내는 과정으로 전개된다.

(1) 회의의 도입

- 회의의 목적을 제시한다.
- 회의에 필요한 시간을 제시하며 개별적으로 주어진 시간을 제시한다.
- 회의의 진행에 관한 사항을 이야기하고 리더의 역할을 말한다.

(2) 회의의 전개

- 안건에 대한 사실을 제시하고 관련된 자료와 참고사항을 이야기한다.
- 참석자에게 필요한 의견을 제시하도록 한다.

(3) 회의내용의 집약

- 의견의 제시와 토론이 안건에서 벗어나지 않도록 하여 적합한 결론을 낼 수 있도록 진행한다.
- 토론이 구체적으로 진행될 수 있도록 한다.
- 제시된 의견을 정리하여 제시한다.
- 참석자 전원이 회의에 참여할 수 있도록 진행해 소외되는 사람이 없도록 한다.

(4) 회의의 결론

- 회의의 과정을 정리하여 참석자 모두에게 확인시킨다.
- 구체적인 실행방안을 도출하고 각각의 역할에 대한 분담을 확정한다.
- 결론을 보고서로 작성한다.

3 회의평가

생산적인 회의가 되기 위해서는 회의내용이 목적에 적합했는가와 참석자가 회의 내용을 이해하고 만족하였는지에 대한 평가가 필요하다.

(1) 목적달성도

회의결과가 계획단계에서의 목적에 어느 정도 부합되었는지를 점검하는 것으로 의사결정 회의 시 대안의 실행결과에 대한 평가 등이 이에 해당한다.

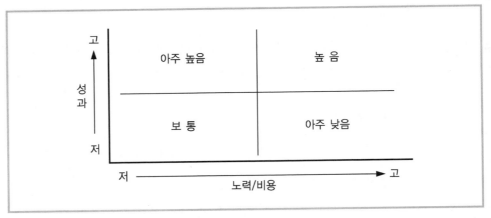

〈그림 11-1〉 pay-off matrix

① 참석자 만족도

회의의 참석자는 최종적인 결론을 실행하여야 하는 사람이다. 따라서 회의의 결론에 대하여 만족하고 동의하여야 실행에서 집중도를 높일 수 있다. 그러므로 회의 과정에서의 적극적인 참여를 유도하고 결론에 만족하고 있는지, 다른 이견은 없는지에 대한 확인을 하여야 한다.

② 최소시간

회의는 많은 사람이 참석하여 비용이 소요되므로 되도록 회의를 하지 않고 결론을 낼 수 있다면 더욱 좋은 방법이라고 할 수 있다. 부득이 회의를 하여야 할 경우에는 예정시간 내에서 결과를 도출하여야 하며 최소시간을 사용하도록 하여야 한다.

다음은 미국의 회의기술 전문가가 말하는 '생산적인 회의의 결정요인'과 '비생산적 회의의 결정요인'이다.

〈표 11-6〉 생산적인 회의의 결정 요인

(단위 : %)

요 인	비 율
① 리더에 의한 안건과 목적의 준비	70
② 리더의 회의진행능력	38
③ 그룹멤버들의 참여	31
④ 사전통지 및 사전준비	31
⑤ 적절한 결론	27

* 복수 응답

〈표 11-7〉 비생산적인 회의의 결정 요인

(단위 : %)

요 인	비 율
① 리더의 회의 진행 능력 부족	76
② 참석자들의 준비 부족	27
③ 리더의 준비 부족	24
④ 리더가 안건과 목적을 분명히 전달하지 못함	20
⑤ 참석자들의 흥미 결여	13

* 복수 응답

Workshop과 토의자료

1. 〈부록 11-1〉의 체크리스트를 각 문항을 Yes/No로 체크하여 체크리스트를 정리합니다.

2. A부터 F의 항목을 가로로 합산하여 각각의 점수를 레이더 차트에 기입합니다.

3. 레이더 차트에서 어디에 개선할 곳이 있는지를 찾아봅시다.

4. 회의 풍토 개선을 위한 구체적인 실천 방안을 수립하고 그 내용을 토의합니다.

(2) 회의를 실패하는 이유

에낸버그연구소는 회의실패의 가장 일반적인 이유를 다음과 같이 제시하고 있다.

① 통지의 결여

평균적으로 연구의 참가자들은 준비할 시간이 별로 남지 않은 상태에서 회의가 열릴 것이라는 통지를 받았다.

② 의제의 부재

참가자들의 약 1/3(32%) 정도는 그들이 참가한 회의에는 정해진 의제가 없었다고 했고, 2/3(63%) 정도가 서면화된 의제를 미리 배포 받지 않았다고 했다.

③ 부적합한 사람들의 참석

참가자들의 1/3(34%)은 단지 소수의(4%), 또는 약간의(30%) 관련된 사람이 회의에서 참석했다고 했다.

④ 통제력의 부족

참가자의 1/3(32%)은 회의에서 결정을 내리는 데에 최소한의 영향력을 가졌다고(20%), 또는 전혀 영향력을 갖지 못했다고(12%) 느꼈다.

⑤ 감춰진 의제

참가자들 2/3(63%)이 저변에 깔려 있는 문제점이 회의에 존재했다고 지적했다. 30%는 이 문제점이 적은 부분을 차지했다, 21%는 다소 존재했다. 12%는 저변에 깔린 문제점이 대부분 보고서에 존재한다고 했다.

⑥ 정책적 압력

참가자의 1/3 이상(37%)이 동의하지 않는 견해를 표현하도록 압력을 느꼈다고 했고, 24%는 상당한 압력을 경험했고, 10%는 강한 압력을 경험했고, 3%는 매우 심각한 압력을 경험했다고 했다.

(3) 낭비적인 회의를 줄이기 위한 방안

회의는 전부가 유효한 것이라고 단정할 수 없다. 오히려 그 중에는 없어도 되는 것이 적지 않다. 시간과 노력을 줄이기 위해 회의 중 필요한 것만을 생각해 보아야 한다. 이것은 되도록 회의를 열지 않기 위한 연구를 하는 것이 바람직하다.

① 회의 이전의 차선책

회의를 여는 목적을 잘 검토해 본다. 그 의제를 해결하기 위한 수단으로서 회의 이전에 무엇인가 좀 더 간단한 다른 방법은 없는지 검토해 본다. 예를 들면 회람, 앙케이트, 미팅, 조회 등 회의가 아닌 다른 방법을 여러 가지로 이용해 볼 수 있다. 그런 것을 활용하여 되는 경우는 그것을 이용하는 것이 좋다.

② 직무권한의 명확화와 책임범위

어떤 업무상의 결정사항은 그 직위의 책임과 권한의 범위로 정해진다. 이것이 불명확한 경우는 매우 간단한 사항조차 결론을 내지 못하고 회의로의 제출안건이 되어 버린다. 이러한 낭비를 방지하기 위해서는 각 직장에서 결정사항의 범위를 명확히 하는 것이다. 그렇게 하면 상당수의 안건은 처리가 가능하다.

③ 회의안건의 충분한 음미

회의를 열기 직전단계에서 최종적으로 회의의 안건을 충분히 검토하고 최소한의 것으로 좁힐 필요가 있다. 이와 같은 행동은 회의에서 다루어야 할 안건이라도 축소시켜 보는 것이 가치가 있다. 그렇게 하면 비록 회의를 개최하더라도 내용은 충실해지고 시간적 효율이 높게 된다.

④ 내용의 재확인 진행

직장마다 정기적으로 실시하는 회의가 상당히 많다. 이것은 일종의 정례 행사적 성격도 있고 때로는 습관화가 되는 케이스도 많다. 특히 의제가 되는 안건도 없고 문제도 없는 경우에는 시간을 단축시켜 다루거나 크게 마음먹고 다음 회의는 중지

한다는 융통성 있는 방법도 생각해야 한다. 회의를 개최하더라도 일반적인 세상이
야기 정도라면 시간만 낭비될 뿐이다.

⑤ 필요성의 인식

회의를 하는 의의나 필요성과 동시에 인건비, 시간적 코스트 등 회의가 필요한
이유를 직장 전원에게 알리는 것이 중요하다. "회의보다도 자신이 해결할 수 있는
것은 해결한다"라는 전원의 의식이 있으면 문제해결은 그렇게 어렵지 않다. 오히려
일부러 구성되는 회의보다도 유효한 경우도 있다. 또 그런 동기여부가 업무의 활성
화라는 매우 좋은 결과를 가져올 것이다.

⑥ 회의시간의 단축시도

보통 직급이 높을수록 회의시간이 길어진다. 그런데 효과적인 회의의 시간은 휴
식이 없는 경우 2시간, 휴식을 도중에 포함하는 경우는 3시간 정도가 한계라고 한
다. 그 이상이 될 경우에는 인간의 집중력이 떨어져 비능률이 된다. 따라서 사전에
충분한 준비로 의제를 압축하여 2~3시간 안으로 단축시켜야 한다.

알아두기

낭비적인 회의를 줄이기 위한 방안

① 회의를 개최하지 않고 다른 방법은 없는가?
② 회의의 안건에 대하여 충분히 숙지한다.
③ 조직 전체의 의식을 고양한다.
④ 회의시간을 최대한 단축시킨다.
⑤ 가능한 필요인원만 회의에 참석한다.
⑥ 회의의 횟수와 해결건수는 비례가 아니다.
⑦ 회의개최만으로 목적을 커버한다는 생각을 버리자.
⑧ 회의의 개최시간과 종료시간을 엄수한다.
⑨ 발언자는 발언시간을 최대한 짧게 가지려고 의식한다.

제3절 회의리더의 역할과 조건

1 회의리더의 역할

회의는 회의리더의 역할에 따라 생산적인 회의가 되기도 하고 비생산적인 회의가 되기도 한다. 따라서 회의리더는 회의안건과 목적에 관한 명확한 이해와 회의진행에 관한 프로세스를 이해하여 적절한 결론을 내리고 참석자 모두에게 결론에 따르는 실행방안에 대한 각각의 직무를 부여함으로써 최대한의 성과를 낼 수 있도록 하여야 한다. 다음은 회의의 리더가 수행하여야 할 역할에 대한 기술이다.

(1) 안건과 목적에 대한 사전준비

회의진행에 대한 계획을 수립하는 것으로 회의의 실시 여부와 회의의 목적을 정리하며 참석자를 선정한다. 그리고 미리 안건에 대한 토의준비를 하도록 하며, 심의되는 안건에 가능한 한 많은 정보수집과 관련된 자료를 정리하는 것이다. 이로써 참가자는 회의에 대한 사전정보를 가지고 회의에 임하게 됨으로써 최소시간에 최대한의 만족을 얻을 수 있으며, 참석자의 지식부족으로 인하여 안건으로부터의 이탈을 막고 성공적인 회의가 될 수 있도록 한다.

(2) 회의의 진행규칙에 대한 공지

회의가 시작되면 참석자 상호 간의 의견차이를 나타내기도 하며, 한 사람이 많은 시간을 사용하여 효율적인 회의가 되지 못하는 경우가 발생한다. 따라서 리더는 효율적인 회의진행을 위하여 회의규칙을 참석자 전원에게 확인시키고 원활한 진행이 되도록 역할을 수행하여야 한다.

(3) 회의의 공평한 진행

회의는 각기 다른 의견을 가지고 참여한다. 만일 참석자 전원이 다른 의견이 없이 동일한 의견을 가지고 있다면 회의의 목적은 상실하게 된다. 따라서 회의는 참석자 전원이 동등한 자격으로 참여하여야 하며, 평등하다는 원칙에 의해 회의가 진행되어야 한다. 이러한 원칙이 결여되면 무의식적으로 한 쪽으로 치우친 진행이 될 수 있으며, 반대참석자에게 감정을 사게 되어 원활한 회의 진행이 어렵게 된다.

(4) 적절한 결론의 도출

회의에는 시간의 제한이 있으며 많은 비용이 수반된다. 그러므로 주어진 시간 내에서 적절한 결론을 도출하는 것은 회의에서 리더의 중요한 역할이다. 따라서 리더는 안건에 대한 적절한 결론을 낼 수 있는 다양한 기법을 사용하며, 가능한 한 의견을 유효하고 효율적인 내용으로 만드는 것이 중요하다.

알아두기

회의리더에게 필요한 리더십

① 안건의 초점을 명확히 하는 리더십
② 목적을 지향하는 리더십
③ 자기 이익을 최소화하는 리더십
④ 현장을 중시하는 리더십
⑤ 협력과 행동을 유도하는 리더십

2 리더의 조건

회의에서 회의리더 역할의 중요성은 전항에서 말한 대로이다. 회의리더의 실력 여하로 인해 회의성패가 결정된다고 해도 과언은 아니다. 그러므로 회의리더로 적합한 사람은 누구이며 회의리더의 조건은 무엇인지 살펴보도록 하겠다.

(1) 리더십이 있는 사람

회의에 참석하는 사람은 여러 가지 타입의 사람이다. 따라서 여러 가지 생각이 나오고 의논이 옆길로 새는 경우가 있다. 또 감정적인 분위기가 될 때도 있다. 그런 경우 단호한 태도를 취하여 본래의 방향으로 유도할 수 있어야 한다. 그것을 위해서는 강한 리더십이 있어야 할 것이며 성실한 인격이 무엇보다도 중요하다.

참석자가 그런 회의리더의 진행에 기분 좋게 협조할 수 있는 분위기를 만들 수 있어야 한다. 회의리더는 그런 역량이 있는 사람이어야 한다.

(2) 공평한 사람

사람이 모이는 곳에는 반드시 파벌이 있고 입장의 차이, 사고방식의 차이로 대립이 생기는 수도 있다. 회의리더는 이런 주의, 주장, 사고방식에 좌우되지 않고 어디까지나 공평한 입장을 가지고 있어야 한다.

(3) 감정을 억제할 수 있는 사람

사람은 때때로 상당히 감정적이 된다. 회의에서는 의논이 뜨거워진 나머지 자칫 감정적이 되는 경우가 있다. 회의리더도 인간이므로 감정적이 되지 않을 수 없다.

그러나 회의의 경우 이를 억제하는 사람이 없으면 회의의 진행이 되지 않는다. 그러므로 리더가 개인적인 감정을 내세워서는 안 된다. 특히 사람을 좋아하고 싫어하는 특정한 감정은 절대로 나타내서는 안 된다. 이런 것을 컨트롤할 수 없는 사람은 우선 회의리더로서 신뢰를 얻을 수 없다.

(4) 의지가 강하고 책임감이 있는 사람

회의리더는 어떤 목적을 달성하기까지 상당한 우여곡절을 회의과정에서 겪게 되므로, 도중에 많은 난관이 있더라도 목적지까지 가겠다는 강한 의도가 있어야 한다. 이것은 동시에 책임감의 강약과 관계가 있다. 의지가 약해지는 면을 책임감의 강도로 커버하는 경우는 있을 수 있다. 그러한 상승효과를 얻을 수 있으면 더욱 바람직

〈표 11-8〉 리더가 사전에 체크해 두어야 할 사항

구 분	내 용
회의목적과 종류	• 회의의 목적은 무엇인가. • 회의의 의제, 숫자, 제목은 적절한가. • 어떤 종류의 회의인가.
회의참가자	• 참가자의 인원은 적절한가. • 적절한 참가자를 선정했는가. • 참가자 개개인의 특성은 분석했는가.
회의장소	• 회의장소의 넓이, 분위기는 적절한가. • 회의 시 필요한 자료는 준비되어 있는가. • 각자의 책상에서 기록할 수 있도록 준비되어 있는가.
회의에 불필요한 자료	• 리더로서 자신의 자료는 준비되어 있는가. • 참가자에게 배포할 자료는 준비되어 있는가. • 그 밖의 준비물은 없는가.
회의시간	• 회의의 시간은 적당한가. • 소요시간은 적절한가. • 소요시간의 구성은 적절한가.

한 형이 될 수 있다.

(5) 명랑한 사람

이것은 반드시 필수조건은 아니지만 단지 명랑한 타입의 사람이 바람직하다는 것이다. 왜냐하면 이런 타입의 사람이 모임을 밝게 하며 오랜 회의 시간에 그 사람의 인격이 나타남으로써 회의분위기를 바꾸는 청량제 역할을 하기도 하고, 때로는 긴장을 푸는 센스를 제공해 주는 면도 가지고 있기 때문이다. 따라서 호의를 가질 수 있는 성격이 밝은 사람이 회의리더로서 적당하다고 할 수 있다.

(6) 논리적 사고를 할 수 있는 사람

회의리더의 가장 중요한 역할 중 하나는 결론을 내리는 것이다. 토론에 토론을 거듭하면서 차례차례 방향을 잡아 나아가다가 마지막으로 한 가지 결론을 이끌어 내는 과정에서 여러 가지 생각을 논리적으로 정리하고 이론적으로 전개해 가는 능력이 필요하다. 따라서 논리적 사고력이 있는 사람이 회의리더로서 바람직하다고 볼 수 있다. 단순히 다른 사람의 이야기만을 듣는 것은 회의리더의 자격으로서 불충분하다.

아울러 리더는 진행에 따른 트러블과 방지대책에 관하여 살펴보아야 하는데 아래의 〈표 11-9〉에서 정리된다.

〈표 11-9〉 진행의 트러블 예방과 방지책

현 상	방지책
발언이 적어졌다	• 의사내용을 충분히 설명하고 이해시키거나 심의내용을 보아 적당히 다음 심의로 이행하고, 휴식이나 일시중지하고 기분을 전환시키는 등의 방법으로 대응해 간다. • 심의를 계속할 필요가 있는 경우는 발언할 수 있는 사람을 지명하여 적극적으로 의견을 끌어내어 전체의 사기를 높일 필요도 있다.
사적인 말이 많아졌다	• 잠시 쉬거나 커피타임 식으로 중단한다. • 회의리더가 확실하게 전원에게 주의를 주어 회의의 규칙을 지킬 것을 환기시킨다.
자리를 뜨는 사람이 많다	• 일시 휴식을 취한다. • 다음 과제로 넘어간다. • 어떤 결정을 내릴 필요가 있다. • 얌전한 사람의 경우에는 리더가 충분히 주의를 기울일 필요가 있다.
감정적인 발언이나 말다툼이 생겼다	• 냉정을 되찾을 수 있는 시간적 여유를 둔다. • 불가능한 경우 리더의 직권으로 질의를 중지시키고 다른 참석자에게 그 문제의 발언을 구하고 전원 참가형으로 한다. • 냉각기간을 두기 위해 일시휴식을 취해 기분을 전환시키는 경우도 있다.

제4절 효과적인 회의

효과적인 회의가 되기 위해서는 가장 중요한 사항이 회의리더의 역할이다. 회의리더는 회의안건과 목적의 결정 및 참석자의 선정과 회의 중에는 참석자의 의견을 경청하고 원활한 회의가 될 수 있도록, 토론이 활성화되도록 하기도 하며, 불필요한 토의를 자제시키는 역할을 수행한다. 회의를 효과적으로 이끌기 위해서는 회의리더의 역할과 회의운영상의 다양한 테크닉이 필요하다. 다음은 효과적인 회의가 되도록 하는 내용이다.

1 회의 시행 전의 교섭

인간관계는 호손 실험 이후 공식적인 관계뿐 아니라 비공식적 관계의 중요성이 강조되고 있다. 따라서 어떤 일을 진행하려고 할 때 관계자에게 사전에 협조를 구하여 놓으면 원활하게 일이 수행될 수 있다. 회의에서도 사전교섭을 통하여 정보를 공유하고 대책을 협의한 뒤 회의를 소집하면 좀 더 효과적인 회의의 진행이 될 수 있다.

(1) 회의의 계획단계에의 참여

회의의 모든 계획이 완성된 후 사전교섭을 하는 것이 아니라 계획단계에서 관련된 사람을 참여시킴으로써 적극적인 참여와 조언을 구할 수 있다. 회의의 계획시부터 참여시킴으로써 회의의 당사자의 입장에서 결론을 도출하도록 할 수 있으며, 원활한 인간관계를 유지할 수 있다.

(2) 상대의 반대의견을 상정

사전교섭단계에서는 상대방의 반대의견에 직면하는 경우가 많다. 따라서 상대방의 반대를 예상하지 못하고 사전교섭에 임하는 경우 많이 당황할 수 있다. 그러므로 상대방의 반대의견을 미리 산정하고 그에 대한 적절한 대응을 할 수 있도록 하여야 한다.

(3) 평소의 부드러운 만남

사전교섭을 성공적으로 하기 위해서는 상대방의 많은 정보와 사전 만남의 폭을 넓혀 놓을 필요가 있다. 사전에 상대방을 잘 알아두는 것과 상대도 당사자의 상황을 잘 이해하면 성공적인 사전교섭이 될 수 있다.

(4) 친분관계의 이용

인간은 공통적인 영역에서 마음의 문을 연다. 따라서 공통적인 관계가 있는 사항과 평소의 친분관계를 이용하면 상호 간 이해의 폭을 넓히는 중요한 요소로 작용한다.

(5) 추진력과 끈기

사전교섭에서 상대방에게 간단한 동의를 구하는 것은 매우 어려운 일이다. 그러므로 장기간에 걸쳐 반복하여 상대방을 설득하는 것이 필요하다. 경우에 따라서는 몇 번을 시도하는 추진력이 필요하기도 하다. 단, 너무 강한 추진력은 상대에게 반감을 불러오는 역효과를 가져올 수 있으므로 주의를 요한다.

(6) 핵심이 되는 사람의 설득

사전교섭의 경우 핵심이 되는 사람만 설득하면 나머지 문제는 쉽게 해결되는 경우가 많다. 이러한 핵심이 되는 사람을 정확하게 파악하고 집중적으로 설득하는 노력이 필요하다.

2 회의 시행상의 내용

(1) 충분한 준비

회의는 사전에 준비가 필수적이다. 특히 생산적인 회의를 위하여는 회의의 목적과 안건, 장소와 자리배치에 대한 충분한 사전준비가 있어야 한다.

(2) 회의리더의 인선

회의리더는 회의의 성패를 좌우하는 매우 중요한 역할을 수행한다. 따라서 리더는 회의에 대한 전반적인 내용을 숙지하고 적절한 진행을 할 수 있도록 리더십과 회의진행에 관한 기술을 가지고 있으며, 모든 사람에게 공평한 기회를 제공할 수 있는 논리적인 사고를 할 수 있어야 한다.

(3) 참석자의 선발

회의는 그 내용과 목적에 따라 참석자가 달라진다. 회의의 참석자는 일정한 조건이 필요하며 참석자에 대한 사전의 충분한 검토가 필요하다.

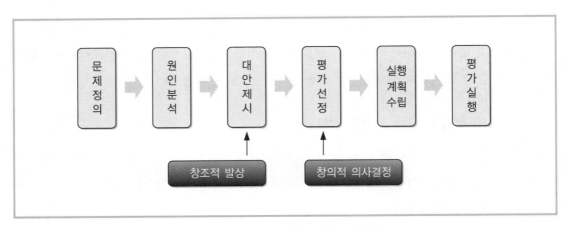

〈그림 11-2〉 문제해결과 회의과정

(4) 결론의 도출과 실행

회의의 실시에 따른 결론은 실행의 구체적인 계획을 수립하고 실행하였을 때 성과가 나온다. 따라서 명확한 결론을 도출하고 그에 따른 실천계획을 수립하여 각기 실행에 대한 직무를 분담하고 결과를 점검하기 위한 계획을 수립하여야 한다.

3 회의록 관리

(1) 회의록의 작성요령

회의록을 작성하는 데 정해져 있는 형식은 없다. 일반적으로 말해 어느 정도 공통적인 요소가 몇 가지 있으므로 그것을 중심으로 포인트를 살펴보자.

① 회의록의 내용
- 단체의 이름과 회의의 종류
- 회의일시와 장소 및 시간

```
                        회의의사록

                              작성 :    년  월  일

  1. 의제 :
  2. 일시 :          년  월  일 : 시 분  ~  시 분
  3. 장소 :
  4. 출석자 :
  5. 참석자 :
  6. 결정사항 :
  7. 토의사항 :
  8. 특기사항 :
```

〈그림 11-3〉 회의록의 양식

281

- 회의에 참석한 회원의 범위와 수
- 의사일정
- 제안자와 제안 설명내용
- 질문자와 질문내용 및 답변자와 답변내용
- 토론참가자와 토론내용
- 결정된 안건과 그 내용
- 표결처리한 결과
- 참석자의 서명

② 회의록의 요점

회의내용 전부를 놓치지 않고 기록하기에는 어려운 점이 많다. 그러므로 요점과 결론 및 확인사항을 파악·기록하여야 한다. 이것만 빈틈 없이 파악하면 후에는 다소 빠진 것이 있더라도 큰 영향은 없다. 그런데 회의내용의 요점을 파악하는 것이 선결인데, 이것이 매우 어려운 작업이라고 할 수 있다. 여기에는 어느 정도의 숙련이 필요하다. 그러나 구체적으로 회의의 내용에 대한 바른 이해와 토의 흐름의 정확한 파악이 필요조건이라고 할 수 있다. 그런 일련의 흐름에서 필요한 요점을 기록해 간다.

③ 의사록의 요점정리방법

의사록의 요점은 전항과 같은 내용이 되는데, 구체적으로 그것을 기록해 가는 경우에는 그 나름대로의 연구와 테크닉이 필요하다.

우선 쓰는 방법으로써는 횡서가 적당하다. 숫자, 영어, 약어, 용어 등 비교적 횡서가 많이 나오기 때문이다.

다음에 어느 정도의 스피드로 써야 하느냐가 문제인데 보통방법으로는 매우 힘들다. 그러므로 속기를 배우지 않더라도 자기 나름대로의 연구가 필요하다. 이것을 기록한 후 정리할 때 자신이 판독할 수 있도록 쓰기 쉽고, 알기 쉬운 문자를 생각해

내어 그것을 이용하는 것이다. 또 어느 정도의 단어는 자신이 이해할 수 있도록 생략어를 만든다. 참석자의 이름도 같은 방법으로 간략화한다. 단 주의를 요하는 것은 고유명사이다. 이것은 정확하게 기록할 필요가 있으므로 주의를 기울여야 한다. 분명히 이해할 수 없는 것은 후에 정확히 명칭을 잘 확인해 두는 것이 중요하다.

④ 기록정리

회의종료 후 기록된 내용을 정리해야 한다. 이 작업은 가능한 한 빨리 하는 편이 좋을 것이다. 기록이란 시간이 지남에 따라 점점 흐려지므로 아직 머리속에 회의분위기나 발음의 여운이 남아 있는 상태에서 정확하게 기록을 재생할 수 있다. 또 회의 때는 알고 있는 것 같아 기록하지 않으면 나중에는 전혀 모르는 경우도 있다. 따라서 되도록 빠른 시기에 회의의 경과를 회상하면서 중요한 점을 놓치지 않도록 요점과 결론을 분명히 써 두어야 하는 것이다. 또 특히 기록해 두어야 할 사항이나 약속이 있었던 경우에 정확하게 이것을 정리해 두어야 한다.

(2) 회의록의 처리

회의록은 내부 자료로서 당사자가 일종의 기록메모로써 보존하기 위해 필요한데, 회의리더가 참석자를 대표하여 검사하고 내용이 잘못된 것을 확인한 뒤 서명해 둔다.

제5절 창조적 사고와 회의기법

오늘날 수많은 사고기법이 개발·소개되고 있으며, 이러한 사고기법은 아이디어를 창출하고 논리적인 추론이 가능하도록 해주고 있다. 다음은 실용적으로 사용가능한 사고기법으로 많은 회의 시 아이디어의 전개와 의사결정에 사용된다.

1 논리나무

(1) 개 요

논리나무(logic tree)는 주어진 이슈를 나무줄기형태로 분해해 가는 사고기법으로 연속적으로 발생하는 의사결정문제를 시각화하여 의사결정이 이루어지는 시점과 성과를 시각화한 분석기법이다.

(2) 장 점

- 논리적 사고를 촉진할 수 있다.
- 폭넓은 아이디어를 누락 없이 수렴할 수 있다.
- 주어진 주제의 전체 메커니즘을 이해할 수 있다.
- 체크리스트적 협의자료로 활용할 수 있다.

(3) 논리나무의 적용

- 논리나무는 기본적으로 마지막까지 진행하면 모든 사항을 점검할 수 있다. 뿐만 아니라 특정 안건에 대하여 형태가 다른 여러 가지를 작성·분석할 수 있다.
- 다양한 시각에서 분석이 가능하며 분석도중 ① 어떤 항목은 깊이 있게 진행되는데, 다른 항목은 1~2단계에서 진행이 안 될 경우, ② 동일한 내용이 항목마다 반복되는 경우는 작업을 중단하고 다른 시각에서 시도하는 것이 효율적이다.
- 한 가지 안건에 여러 가지 논리나무를 작성하는 유연성이 요구된다.

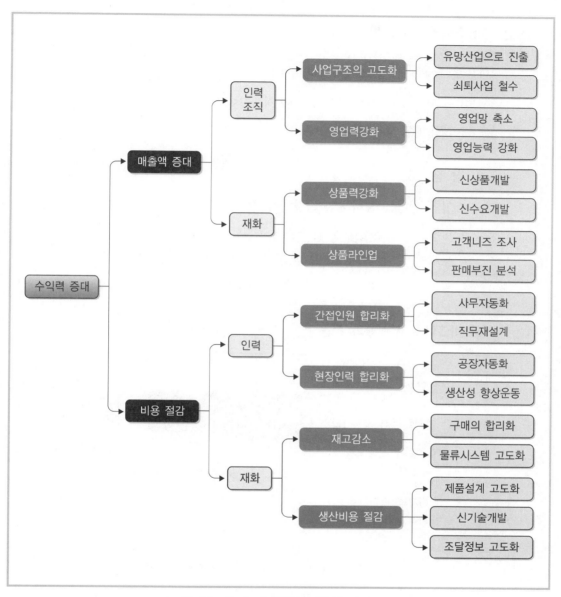

〈그림 11-4〉 논리나무를 이용한 의사결정

285

2 비즈니스 시스템

(1) 개 요

비즈니스 시스템이란 특정 안건을 시행함에 일의 처음부터 끝까지 통일된 시스템으로 연결시킨 것을 말한다.

(2) 장 점

■ 일의 진행을 순서대로 정렬하여 전체적으로 조망할 수 있다.

■ 일정관리가 용이하며 일관성을 유지할 수 있다.

■ 문제의 발견 및 수정, 보안 등의 해결방안을 용이하게 도출할 수 있다.

■ 일의 흐름에 따른 등급의 분류가 가능하여 흐름별 중요점 도출이 용이하다.

(3) 비즈니스 시스템의 적용

〈그림 11-5〉 비즈니스 시스템의 구조

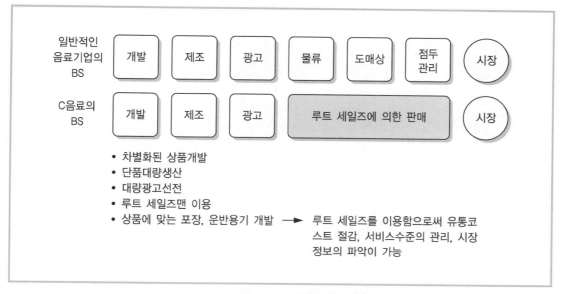

〈그림 11-6〉 비즈니스 시스템을 이용한 의사결정

3 브레인스토밍법

(1) 개 요

브레인스토밍(brain stortming : BS)법 이란 두뇌(brain)에 스토밍(storm)을 일으키는 두뇌폭풍을 뜻한다. 미국의 광고회사(BBDO)의 부사장 오스본(A. F. Osborn)이 창안한 이 기법은 다수인이 집단회의를 열고 참가자의 자유연쇄작용에 의하여 연쇄반응을 일으켜 각자가 자유롭게 생각나는 대로 데이터나 아이디어를 제시한다는 것이 특징이다. 다만, 결점으로는 목소리가 큰 사람, 지위가 높은 사람, 적극적인 사람의 발언이 장내를 지배하기 쉽다는 점이다.

브레인스토밍은 대개 그룹리더에 의해 촉진되고, 리더는 추가 아이디어와 그룹 간의 토론을 유발하기 위해 모든 아이디어를 플립차트나 스토리보드(색인카드에 핀을 꽂아 쉽게 정리할 수 있는 발표판), 또는 다른 전시판에 기록한다. 15명 정도로 이루어

287

진 그룹이 사용할 수 있다. 구성원이 다양할수록 더 좋다. 가장 좋은 결과를 얻기 위해 그룹은 일상생활을 근거로 해서 서로 관계가 적은 사람으로 구성되어야 한다. 브레인스토밍은 광범위한 아이디어를 만들어 내고 그룹의 의욕을 높인다는 것을 시사한다.

자유연상에 의한 사고의 발산기법으로 ① 질보다는 양을 추구, ② 자유로운 사고의 확산을 위한 비판금지, ③ 타인의 의견에 편승환영, ④ 자유분방한 분위기의 4대 원칙에서 진행된다.

(2) 전개방법

- 서로 다른 계층과 직종 사람으로 구성된 5~7명의 소집단을 형성하고 토의를 시작한다.
- 한 안건당 시간은 50~60분으로 하며, 자유로운 분위기에서 안건에 대하여 생각하는 바를 자유롭게 발표한다.
- 4대원칙에 의하여 어떠한 내용이라도 서로 비판을 하지 않으며, 타인의 아이디어에 편승하여 새로운 아이디어를 창출하며 질보다는 양이라는 원칙을 준수하여 진행한다.
- 서기는 모든 발언 내용을 기입하며, '독자성'과 '실현가능성' 등의 기준으로 평가하고 아이디어를 조합하여 보다 높은 차원으로 승화시킨다.

4 브레인라이팅법

(1) 개 요

브레인라이팅(brain writing)법은 브레인스토밍법의 결점인 '의견제시의 불균형'을 보완하기 위하여 개발된 기법으로 전원이 브레인라이팅 용지에 각자의 의견을 기입하도록 하는 기법으로 "6사람이 3개의 아이디어를 5분 동안에 제안한다" 라고 하여 6.3.5법이라고도 한다.

(1) 전개방법

- 6명 정도의 인원으로 구성하며, 이중진행자 역할을 수행할 리더를 선정한다.
- 각 구성원에게 브레인라이팅 용지를 배포하고 리더는 안건과 진행방법을 설명한다.
- 최초 5분간에 맨 위의 3개항에 각각 1개씩의 아이디어를 적는다.
- 5분이 지나면 용지를 좌측 옆으로 돌리고 맨 위의 항에 기록된 아이디어를 보고 이를 더욱 발전시킨 아이디어를 두 번째 항에 기입한다.
- 4와 같은 과정을 4회 더 반복하여 30분 동안에 6인이 세 개씩의 아이디어를 6회 제안하게 되어 108개의 아이디어를 창출한다(1라운드라 한다).
- 한 라운드가 끝난 뒤 용지 중 좋다고 평가되는 3~5개의 아이디어를 추출하여, 이를 대상으로 자유토론을 거쳐 최종적인 대안을 선택한다.

5 특성 요인도법

(1) 개 요

문제의 결과와 원인이 어떤 인과관계를 가지고 있는가를 특성요인도를 그려 문제점을 파악·해결하는 사고기법으로 특성은 결과를 의미하고 요인은 원인을 뜻한다. 이것은 어떤 특성에 영향을 미치고 있다고 생각되는 요인을 추출해 내고, 그 요인의 중요도별로 대, 중, 소로 가지를 치면서 그려 넣어 문제점을 파악·해결해 가는 기법이다.

특성 요인도는 형태상의 특징에서 '생선뼈(fish bone)'라고 한다. 창조회의의 문제 파악과정에서는 문제에 관한 제반요인이 어떠한 관계를 갖고 있는지 분석할 필요가 있다. 그때의 수속방법은 우선 각종원인을 이끌어낸 다음, 그 요인은 주된 원인과 부분적 원인으로 분류하여 그들이 어떠한 관계가 있는지 분석하는 절차를 취한다.

결국 문제해결 결과가 어떠한 원인(요인)에 의해 일어났는지 도해(특성요인도)해

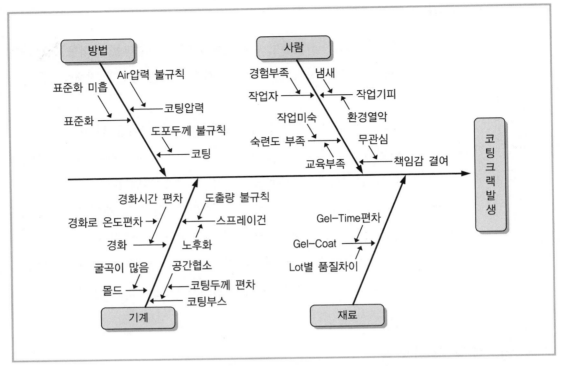

〈그림 11-7〉 특성요인도의 예

보고 문제점을 파악하여 해결을 도모하려는 기법이다.

(2) 전개방법

- 특성(문제의 결과)을 가능한 한 구체적으로 정한다.
- 브레인스토밍 등의 방법을 통해 요인을 추출한다.
- 내용이 비슷한 것끼리 분류하고 각각 중요도를 정한다.
- 중요도에 따라 특성요인도로부터 대·중·소가지를 그려 넣는다.
- 완성된 특성요인도로부터 더욱 중요하다고 생각되는 요인은 ○표를 한다든지 하여 강조하고, 나아가 중점요인을 특성으로 하여 특성 요인도를 재작성 한다.

(3) 기 타

- 작업현장의 문제점 또는 개선점, 발견 등에 유효하며 TQC활동의 대표적인 기법으로 사용된다.
- 브레인스토밍을 한 후 도출된 아이디어를 정리하는 기법으로 사용된다.

특성 요인도는 그림의 화살표 끝에서는 특성, 다시 말해 문제결과를 기입한다. 그리고 그 특성에 영향을 줄 것이라고 생각되는 요인을 큰 요인에서 작은 요인순서대로 기입한다.

이 방법의 특징은 문제의 여러 가지 요인을 인과관계에 따라 빠짐없이 정리하는 수법이라는데 있다. 그리고 하나의 그림으로 나타냄에 따라 개선해야 할 중요한 요인을 쉽게 발견할 수 있다는 장점이 있다.

이 기법은 공장에서 현장의 문제점을 분석하고 개선책을 발견해 내려고 할 때 매우 유효한 수법이다. 특히 소규모그룹에서 브레인스토밍법 등을 사용하여 토의를 거쳐 결론을 이끄는 운영방법이나, 팀워크 증진에도 대단히 도움이 된다.

6 체크리스트법

(1) 개 요

체크리스트(check list)는 인간의 사고를 좀 더 정확히, 빠트림 없이 하기 위해 고안한 기법으로, 어떤 사고를 할 때 발성의 방향 또는 주요항목 등을 먼저 짚고 각 항목과 관련된 세부항목을 상세히 열거하는 사고기법이다.

(2) 전개방법

- 사고해야 할 안건을 보다 명확하게 구체화시킨다.
- 구체화된 안건의 발상방향 또는 주요항목을 기준으로 체크리스트 대(大)항목

을 작성한다.

■ 체크리스트 분류기준(대항목)에 충실히 세부항목을 나열 정리한다.

(3) 체크리스트법의 적용

발상의 방향을 기준으로 한 체크리스트의 발상법으로 오스본의 발상 리스트를 살펴보면 다음과 같다.

1. 다른 용도는 없는가	2. 달리 응용할 수 없는가	3. 수정하면
4. 확대하면	5. 축소하면	6. 대체하면
7. 재배치하면	8. 역으로 하면	9. 조합하면

+	−	*	/	⧖	대용하면 →
결합하면	분리하면	크게 하면	분리하면	역으로 하면	← 대체하면

〈그림 11-8〉 체크리스트법의 적용

7 매트릭스법

(1) 개 요

체크항목을 가로 세로의 2차원적으로 교차시켜 두 가지 항목에 해당되는 사항을 좀 더 구체적으로 발상할 수 있는 기법이다. 따라서 매트릭스(matrix)법은 사고의 발상뿐만 아니라 현상분석, 과제해결 등의 용도에 다양하게 응용 할 수 있다.

(2) 전개방법

■ 사고해야 할 안건을 좀 더 명확하게 구체화한다.

■ 주어진 안건을 구성하고 있는 변수를 추출한다.

■ 추출된 변수 중에서 주요항목을 선별하여 가로 세로축의 매트릭스를 만든다.

■ 각 매트릭스의 국면에 해당하는 사항을 발상해 난다.

■ 국면별로 추출된 사항을 정리하여 현상분석 또는 과제해결을 위한 아이디어를 종합한다.

8 L/M법

(1) 개 요

L/M법은 나카야마 가스야즈가 1965년에 개발한 발상기법으로 사물을 생각할 때 '유사한 것'을 연속적으로 추구해 감으로써 사고의 폭을 넓히고 본질에 접근해 가도록 하는 기법이다.

(2) 전개방법

■ 가능한 한 구체적인 안건을 설정한다.

■ 안건의 본질을 나타내는 중심개념(key word)을 정한다.

■ 본질과 유사한 것을 발상한다.
  – '예를 들면 ○○과 같은'의 질문을 반복하면서 구체적인 실제 사례를 찾아 카드에 기입한다.

■ 유사발상의 배경을 생각한다.
  – "왜 그렇게 되어 있을까"라는 질문을 반복하면서 배경으로 생각할 수 있는 이미지를 카드에 기입한다.

■ 아이디어를 발상한다.
  – 배경으로 생각할 수 있는 이미지와 주어진 안건을 연결시켜 새로운 아이디어를 추출해 낸다.

- 해결안을 정리한다.
  - 다량으로 추출된 아이디어를 바탕으로 응용과 조합을 통하여 최적안을 선정한다.

⑨ 델파이 기법

(1) 개 요

델파이 기법(delphi technique)은 어떤 토론도 없이 그룹원으로부터 정보나 의견을 요청하고 모으기 위해 사용되는 진행절차이다. 이 절차는 각 구성원에게 주어지는 서면화된 피드백과 질문서를 사용한다. 이 기법은 모든 과정이 우편으로 이루어지기 때문에 회의할 필요가 없다.

델파이 기법의 가치는 수많은 연구와 몇몇 실험에서 증명된 것은 광범위한 정보를 모으고자 하는 그룹이 따르기에 좋은 진행절차라는 점이다.

이 기법은 그룹원이 다른 사람을 의식할 필요 없이 그들의 통찰로부터 이익을 얻을 수 있는 가능성이 있다는 것이다. 그러나 단점은 조사응답의 의미를 해석할 분명한 지침이 없다는 것이다. 분석의 질은 그것을 수행하는 사람의 기술에 달려 있게 되고 자의적일 수도 있다.

(2) 전개방법

- 구성원은 이 절차를 시작하는 최초의 질문인 델파이 질문을 받는다(예를 들어, 사전관심사의 필요사항을 충족시키는 데 문제점을 나열하라). 질문은 구체적인 데이터로 완성해서 회수할 수 있는 설문지를 동반한다.
- 응답한 설문지를 촉진자는 응답내용을 요약하고, 그것을 구성원에게 다양한 항목의 중요성에 투표하거나 평가하도록 요청하는 둘째 질문서에 포함시킨다.
- 몇몇 경우에 구성원은 그들의 응답을 정당화하는 논의를 쓰거나 자료를 제출

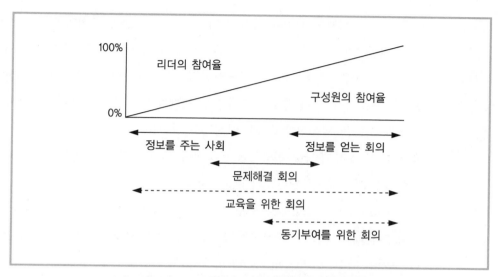

〈그림 11-9〉 목적에 따른 회의유형 및 참가율

하도록 요청받는다.

■ 이때 촉진자는 평가를 표로 만들고 결과를 요약하고 구성원에게 그들의 선택을 재평가하도록 요청한다. 이 절차는 더 이상 새로운 정보가 나오지 않거나, 합의에 이르렀거나, 시간이 다 될 때까지 계속한다.

제6절 토론의 의의와 목적

1 토론의 개요

인간은 각기 다른 생각, 신념, 가치관을 가지고 있으며, 이러한 각기 다른 사람들이 모여 조직을 구성하고 공동체사회에서 삶을 영위하고 있다. 따라서 각기 다른 사람과의 이해와 조정이 필요하며 토론은 이러한 기능을 수행한다.

토론이란 정해진 규칙에 따라 주어진 주제에 긍정과 부정의 양측으로 나뉘어 하는 논의를 말한다. 주어진 주제를 둘러싸고 긍정 측과 부정 측으로 나뉘어 양측이 논의한 뒤 어느 쪽이 승리하였는지 판정한다. 이 판정에 승리하기 위하여 양측은 사실, 자료, 정보 등을 수집하고 주어진 논제에 대해 논거에 의한 주장과 이에 대한 검증과 의논을 되풀이함으로써 이성적인 판단을 내리는 과정을 말한다. 따라서 양측은 자기 측의 주장이 정당함을 논증한다. 토론은 단순한 말하기가 아니라 얼마나 과학적으로 표현·증명하느냐의 과정이다.

토론(debate)과 토의(discussion)는 의미의 구분이 쉽지는 않지만 명확한 차이를 보이고 있는데, 토론은 명확한 규칙과 규율에 의해 진행된다는 측면에서 토의와 차이를 보이고 있고, 토의는 규칙이나 규율 없이 자유로운 의사개진을 통하여 이루어지므로 발언에 아무런 제약이 없으나 토론은 토론규칙에 따라 의논을 전개해 나간다.

또한 토의는 주어진 주제에 자유로운 의사개진을 통하여 집단적인 사고방식에 의하여 해결방안을 찾거나 정보를 교환하는 과정이라면, 토론은 이미 해답이 나와 있는 주제에 그것이 자기 측의 의견과 부합하다는 것을 나타내는 과정이라고 할 수 있다. 따라서 토의는 상호협력을 통하여 정보와 사고를 넓혀 가는 과정으로 타협과 흥정이 통하는 반면, 토론은 의견대립이 먼저 존재하고 상호 대립하는 과정에 있으므로 논제와 관련되지 않은 관련사항의 이야기는 상대방에 의해 공격을 받을 수 있으며, 이러한 대립과정을 통하여 논리적인 발전을 기하는 과정이다.

토론은 또한 의논과도 차이를 보이고 있는데, 의논은 논쟁을 피하고 허심탄회하기 상대방의 의견을 구한다는 측면에서 토론과 차이를 보이고 있다. 즉, 의논은 폐쇄형 사회의 의사결정 방법의 하나로 어떤 주제에 대한 사전교섭의 성격을 갖는다. 의논은 일정한 규칙과 대등한 입장에서 논증에 의하여 이루어지지 않는다. 의논은 마음을 터놓고 한다는 측면에서 토론과 차이를 보이고 있는데, 토론에서는 논제에 대한 사실과 논리가 중요할 뿐이다. 따라서 토론에서는 임기응변이나 정실과 같은 방법은 통하지 않으며 논리적·과학적인 방법에 이하여만 이루어진다.

토의는 자유로운 입장에서 아이디어를 도출하고 대화한다는 측면에서는 의논과 유사한 면을 보이고 있지만 토의는 사실과 다른 비논리적·비과학적인 것이 허용되지 않으며 공개적으로 이루어짐으로써 비논리적인 분위기에서 논리적·과학적 사고가 결여되어 있는 의논과는 다른 면을 보인다고 할 수 있다.

위와 같이 토론은 토의나 의논과 다르게 개방적·대립적 사고로 과학적으로 진행되는 것으로서 토론을 통하여 논리적으로 사고하는 능력과 표현하는 능력의 향상을 기할 수 있다.

.... 알아두기 .....

논리적 사고능력의 향상

① 이치를 따져 생각하게 된다.

② 분석적으로 생각하게 된다.

③ 문제발견능력이 향상된다.

④ 논리적 문제해결 방법이 찾아질 수 있다.

⑤ 현상과 사실에 대한 차이를 알게 된다.

⑥ 아이디어 창출능력이 고양된다.

⑦ 문제의 본질에 접근이 용이해 진다.

논리적 표현능력의 향상

① 감정적인 논쟁이 해소된다.

② 논리적인 토론과 토의가 가능해진다.

③ 논리적인 대화가 가능해진다.

④ 발표능력이 향상된다.

⑤ 상대에 대한 설득력이 향상된다.

⑥ 적극적인 토론이 가능해진다.

⑦ 논쟁능력이 향상된다.

2 토론의 논제

토론은 상대방과의 생각의 차이를 조율하는 수단이다. 따라서 토론은 의견상의 차이나 이익을 둘러싼 상호 간의 갈등이 존재하여야 토론이 성립되며, 어떤 사실에 대한 의견의 차이나 가치와 정책에 이견이 존재하지 않으면 토론은 성립되지 않는다. 이러한 차이가 존재하면 토론은 어느 주제를 다루어도 좋다. 그러나 생산적인 토론을 위해서는 논쟁점이 분명하게 규정되어야 한다. 논제(resolution)는 논쟁점 가운데 핵심적인 사안을 명료하게 구분해 주는 진술문으로 긍정 측과 부정 측 모두 나름대로의 장점을 지니고 있어야 한다.

토론의 논제를 결정하기 위한 고려사항은 다음과 같다.[69]

- 논제에는 하나의 논쟁점만이 분명하게 제시되어야 한다.
- 논제는 긍정, 부정의 어느 한 편에 유리하게 작용하는 정서적인 감정이 담긴 표현은 배제하는 것이 좋다.
- 논제는 긍정, 또는 찬성 측에서 바라는 결정의 방향을 분명하고도 정확하게 표현하여야 한다.
- 관심을 환기시키고 준비를 위한 자료접근이 용이하다는 측면에서 당시의 현실 문제는 바람직한 논제가 될 수 있다.

(1) 개념정의

토론의 논제는 주요개념을 바르게 정의하는 것이 매우 중요하다. 이러한 주요개념이란 토론과정에서 논의되는 개념으로 적절하게 제시되고 올바르게 이해되고 있음을 입론에서 명확하게 밝혀야 한다. 개념을 정의하는 방법은 다음과 같은 것이 있다.[70]

---

69) A. J. Freeley, *Argumentation and Debate*, 9th ed., Belmont, CA: Wadsworth, 1996, pp. 38~41.
70) *Ibid, op, cit.*, pp. 52~56.

- 사례제시 : 청중에게 구체적인 사례를 제시하여 용어를 정의하는 방법을 말한다.
- 일상적 용어 : 일상적으로 친숙하게 사용되는 용어로 대체함으로써 그 이해를 넓히는 방법을 말한다.
- 권위에 인용 : 용어에 대한 사전적 정의와 함께 저명한 저자의 저술이나 논문을 인용하여 정의를 내리는 방법을 말한다.
- 조작적 정의 : 토론자가 특정한 상황에서 특정한 목적을 제시하기 위하여 개념을 정의하는 것을 의미한다.
- 부정에 의한 정의 : 제시하고자 하는 개념을 그것이 아닌 경우를 제시함으로써 효과적으로 제시하는 방법을 말한다.
- 비교와 대조 : 청중에게 익숙하고 유사한 사례나 수용자의 일상적인 경험에서 뚜렷하게 대조되는 개념을 동원하여 설명하는 경우를 말한다.
- 어원의 제시 : 용어의 역사를 거슬러 원뜻을 제시함으로써 개념을 명확히 하는 방법을 말한다.

(2) 쟁 점

토론의 성립에 필요한 내용으로 부정 측에서는 긍정측이 제시한 쟁점(issues) 중 한 가지 이상에서 성공적으로 논박해야 토론을 승리할 수 있다. 이러한 쟁점은 다음과 같다.

① 필수쟁점(stock issues)

긍정 측의 논제에 내재되어 있기 때문에 반드시 설정해야 한다고 주장하는 사실, 또는 가치와 관련이 있는 진술을 말한다. 이러한 필수쟁점은 세 가지 요소, 즉 첫째, 현 상황에서 지속 여부와 미래에도 심각한 결과를 가져올 것인가에 관한 정당한가? 둘째, 실행과 당면문제의 해결 방안이 될 수 있는가? 셋째, 제시된 방안은 이익이 있는가?에 관한 것이 내재되어 있어야 한다.

② 잠재적 쟁점(potential issues)

긍정 측이 제안한 쟁점에 대한 문제제기에서 거론될 가능성이 있는 모든 대답을 포함하는 쟁점이다.

③ 인정된 쟁점(admitted issues)

상대측에 의하여 타당성이 받아들여진 쟁점으로 부정측이 지속적으로 이의를 제시하지 않아 긍정 측의 논리가 받아들여진 것으로 간주된 쟁점이다.

④ 실제쟁점(actual issues)

쟁점 중에서 어느 일정부분은 인정되고 인정되지 않고 양측이 논박을 진행하고 있는 쟁점을 말한다. 예를 들면 필수쟁점 중에서 지속성에 관하여는 부정 측에서 받아들여서 인정된 쟁점이 되었고, 나머지 중요성과 해결성에 관하여 논박이 진행된다면 이 부분이 실제쟁점이 된다.

⑤ 최종쟁점(ultimate issues)

토론과정에서 단하나의 쟁점만이 남겨진 경우를 말한다.

3 토론의 운영프로세스

운영프로세스는 토론을 준비하는 과정과 토론장에서 이루어지는 토론실시의 두 부분으로 나눌 수 있다.

(1) 토론의 준비

토론의 준비는 논제가 발표된 직후부터 토론의 실시이전까지 이루어지는 정보수집, 조사, 연구, 논의의 구성 등을 말한다.

- 논제의 분석 : 주어진 논제에 대한 내용, 의미, 어휘와 용어의 정의 등을 명확히 정리한다.
- 정보수집과 분석 : 논의를 구성하는 단계에서 사용하여야 할 논제와 관련된 자료와 정보를 수집하는 과정이다.
- 논의의 구성 : 토론에서 입론(立論), 반대신문(反對訊問), 최종변론(最終辯論) 등

의 논의를 구성하는 작업으로 논제에 따라 자기 측의 입장이 정당함을 논증해 나가는 작업이다.

(2) 토론의 실시

아카데미 토론형식으로는 정책토론의 가장 보편적인 형태인 CEDA(cross examination debate association) 방식으로 토론자의 직접적인 의사소통을 강조하는 형식이다. 각 팀은 두 사람으로 구성되며, 토론자 개개인은 세 번의 발언기회를 갖게 되는데, 한 번씩의 입론과 반론, 그리고 교차조사[71]를 하게 된다. 토론자는 자신의 순서와 시간을 사전에 숙지하여 야 하며 CEDA 형식의 구성을 자세히 살펴보면 〈표 11-10〉과 같다.

〈표 11-10〉 CEDA 형식의 구성

내 용	총소요시간(60분)	총소요시간(72분)
긍정 측 첫 번째 토론자 입론	8	10(또는 9)
부정 측 두 번째 토론자 교차조사	3	3
부정 측 첫 번째 토론자 입론	8	10(또는 9)
긍정 측 첫 번째 토론자 교차조사	3	3
긍정 측 두 번째 토론자 입론	8	10(또는 9)
부정 측 두 번째 토론자 교차조사	3	3
부정 측 두 번째 토론자 입론	8	10(또는 9)
긍정 측 두 번째 토론자 교차조사	3	3
부정 측 첫 번째 토론자 반박	4	5(또는 6)
긍정 측 첫 번째 토론자 반박	4	5(또는 6)
부정 측 두 번째 토론자 반박	4	5(또는 6)
긍정 측 두 번째 토론자 반박	4	5(또는 6)
준비시간	팀당 10분씩	

---

[71] 교차조사는 상대측 토론자의 논리상에 나타나는 문제점을 부각시킬 수 있는 심문과정을 말한다. 이는 상대방이 주장한 입론을 듣고, 논리적 오류나 자기 팀의 주장과 배치되는 부분을 찾아내 유리하게 토론을 진행할 수 있는 질문이어야 한다.

4 토론의 평가

토론은 합리적이고 효율적인 정책을 도출하기 위하여 엄격한 규칙에 의하여 경쟁적인 방식을 도입한 커뮤니케이션이다. 또한 협상이나 정보나 사고를 넓혀 가는 과정이 아니라 주어진 논제에 대하여 논리적인 주장으로 판정을 가리는 과정으로 논리와 수사에 의한 방식이다. 따라서 토론에는 평가가 따르게 되며 토론의 평가에 적용되는 원칙으로는 다음과 같다.[72]

(1) 합리성의 원칙

입론에서 교차조사, 반박에 이르기까지 긍정과 부정의 양측은 자신에게 주어진 기회를 주어진 순서에 따라 동등하게 부여받는 절차상의 기회균등의 원리에 의해 진행되므로 이성적·합리적인 타협과 조정을 통하여 문제해결의 기회를 갖는다.

(2) 유연성의 원칙

아카데미토론은 논제에 대한 긍정과 부정 측의 구분을 당일 추첨에 의한 결정을 힘으로써 논제에 대하여 긍정과 부정 측의 논리를 모두 조사하고 자신의 논리로 내면화하여야 한다. 따라서 자기 중심적인 편협한 사고에서 벗어나 종합적·균형적인 추론능력을 배양할 수 있다.

(3) 역동성의 원칙

자신의 논리를 수동적으로 지키려는 소극적인 형태가 아니라 상대방의 논리의 문제를 부각시킴으로써 자신의 논지를 입증하려는 적극적인 방법이다.

(4) 듣기의 원칙

아카데미 토론은 자신의 논리를 말하는 것 이상으로 상대방의 말을 잘 듣고 교차

---

72) 강태완 외, 『토론의 방법』, 커뮤니케이션북스, 2001, pp. 85~87.

조사나 반박을 통하여 상대방의 논리에 문제점을 적시하는 것이 중요하다. 따라서 토론은 말하기에 앞서 잘 듣기의 훈련을 유도하고 있다.

(5) 설득의 원칙

토론은 논리의 전달에 관한 것이지만 논리적인 것뿐만 아니라 청중에게 효과적으로 전달되어야 한다. 따라서 토론은 자기 생각을 설득력 있게 전달하여야 하며, 이를 위하여 토론자는 표현력과 사고의 순발력을 필요로 한다.

제7절 토론의 종류

1 포 럼

포럼(Forum)이란 공공장소에서 공공의 문제에 공개적으로 토의하는 기법이다. 포럼은 처음부터 참석자의 참여로 이루어지는 토의이기 때문에 강연이나 연설을 하지 않는 것이 원칙이나 때로는 한두 사람의 참석자가 등장하여 주제에 자신의 견해를 발표하고, 발표자와 질의응답을 진행하기도 한다.

참석자가 질문을 할 때는 일정한 격식에 구애받지 않으나 질문이 긴 연설이 되지 않도록 하고 요건을 분명히 드러나도록 해야 한다.[73]

---

73) 이창덕 외, 『삶과 화법』, 도서출판 박이정, 2000, pp. 369~370.

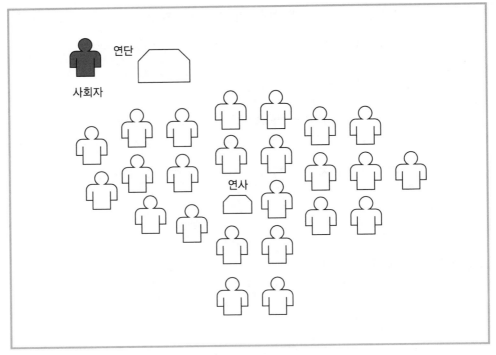

연단

사회자

연사

〈그림 11-10〉 포럼의 좌석배치 예

사회자 : 정부에서는 부동산투기를 방지하고 물가를 안정시키기 위한 방안으로 양도
        소득세에 부과에 대하여 법안을 마련하였습니다. 이 법안의 적용범위나 법
        안 자체가 지니는 문제점, 개선점 등에 대해 방청객 여러분의 많은 질문 바
        라겠습니다. 오늘 답변해 주실 분은 ○○의 ○○○ 과장님이십니다. 먼저
        법안에 대해 간단한 소개가 있겠습니다.

2 심포지엄

심포지엄(Symposium)이란 특정한 주제를 놓고 각기 다른 방면의 전문가 4~5명이 자기 의견을 발표하고 참석자로부터 질의를 받아 응답하도록 하는 토론방식이다. 전문가는 특정한 주제를 다시 세분한 소주제에 자기 의견을 발표한다. 심포지엄이 패널토의와 다른 점이 바로 이것이다. 즉, 패널토의는 동일한 주제에 대해 패널이 모두 의견을 말하는 데 심포지엄은 자신에게 할당된 주제에 관하여 발표한다.

따라서 각 발표자에게 동일한 시간이 배분되며 이 시간동안에는 방해받지 않고 자유로이 의견을 발표할 수 있다. 발표자 사이에 의견교환은 이뤄지지 않는다. 따라서 논쟁에 휘말리지 않고 주제에 관한 자세한 견해를 수용할 수 있으나 자칫 개인의 의견발표로 끝날 우려가 있다.

참석자는 모든 발표자의 의견을 다 들은 뒤 주제에 대한 종합적인 의견을 정리할 수 있다. 사회자는 토의의 주제를 설명하고 배경과 중요성을 설명한다. 참석자의 질문을 수용하여 참석자가 이해하기 쉽게 풀어준다.[74]

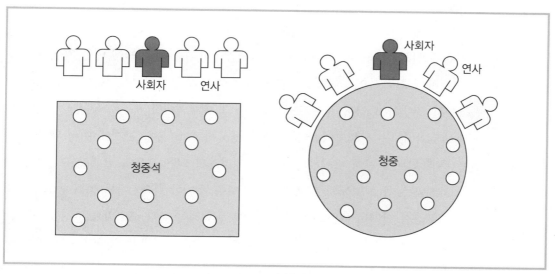

〈그림 11-11〉 심포지엄의 좌석배치 예

---

74) 이창덕 외, 앞의 책, pp. 368~369.

사회자 : 지금부터 '고학력 실업개선방안'에 대한 연구발표회를 갖도록 하겠습니다. 장기적으로 계속되는 저성장의 경제적인 요인으로 인하여 기업의 경영악화는 인력의 신규채용에서 기업이 매우 소극적인 자세로 인하여 금년 대학을 졸업하는 대학졸업자는 취업난이라는 환경에서 장기적으로 고학력 실업자 해소방안에 대하여 논의해 보겠습니다. 첫 번째로 ○○대학교 교육연구소 소장이신 ○○○ 박사님께서 고학력 실업실태와 현황에 대하여 발표해 주시겠습니다.

3 패 널

패널은 패널토의(Panel Discussion) 또는 부심식토의라고도 하는데 특정 문제를 해결, 또는 해명하려는 목적으로 주로 사용된다.

사전에 선정된 4~6명의 패널이 참석자 앞에서 주어진 논제에 대한 자신의 견해를 발표하여 협력적으로 논의를 전개해 나아가는 공동토론방식이다. 최근 여러 방송사에서 진행하고 있는 토론 프로그램이 그 대표적이다.

패널토의에서는 사회자의 역할이 매우 중요하다. 공통의 논제에 여러 패널이 발언을 하게 되므로 먼저 발언하는 패널이 유리하게 되는 경우가 발생할 수 있다. 따라서 사회자는 각 패널에게 고르게 발언기회를 주어야 한다. 이를 통해 동일주제에 대한 전문가의 의견이 다양하게 제시되도록 노력해야 한다. 또 필요한 경우에는 발언내용을 요약하거나 주석을 붙이며, 논제를 분명히 드러내기 위하여 질문 또는 해설을 하기도 한다.[75]

---

75) 이창덕 외, 앞의 책, pp. 367~368.

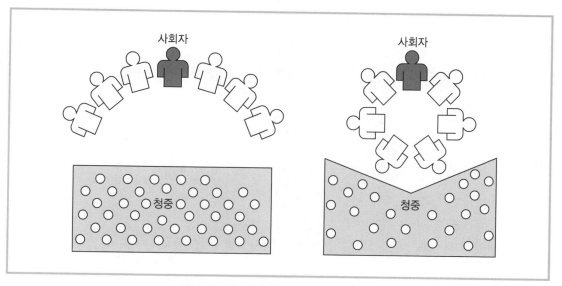

〈그림 11-12〉 패널토의의 좌석배치 예

> 사회자 : 오늘은 "북핵 과연 위험한 것인가?"라는 주제로 이야기를 나누어 보도록 하
> 겠습니다. 오늘 토의에 참가하실 분은 국방부 장관 ○○○ 님과 국방연구소
> ○○○ 님이 나오셨습니다. ○○대학교 ○○○ 교수님과 ○○대학교 ○○
> ○ 교수님이 나오셨습니다. 미 7군 사령관 ○○○ 님께서 나오셨습니다. 방
> 청객께서는 토의가 끝난 후 의견을 말씀해 주시면 고맙겠습니다.

4 자유토론

자유토론(free talks)은 원탁토의(roundtable talks)라고도 하는데 가장 기본적인 토
론형태이다. 일반적인 문제해결이나 방향설정을 위한 토론방식이다. 토론참가자가
모두가 자유롭고 활발하게 자신의 의견을 말할 수 있고, 자유로이 질문을 할 수 있
다. 대체로 10명 내외의 소규모집단에 적용된다. 이러한 모임의 장점은 여러 가지

견해를 모두 참고하여 결론을 이끌어 내므로 참가자 전체의 의견을 하나로 모을 수 있다. 그러나 토의가 장황해질 수 있고, 해당 분야에 대한 충분한 전문적 지식이 없을 경우 결론도출이 어렵다는 단점이 있다.[76]

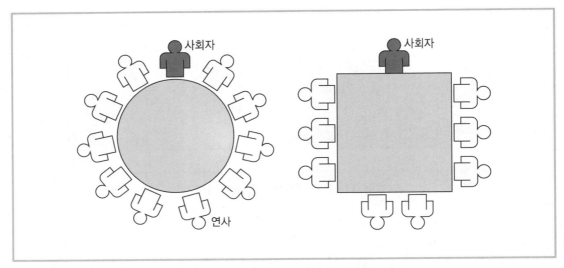

〈그림 11-13〉 자유토의의 좌석배치 예

총무과장 : 오늘은 춘계야유회 장소선정에 대해 토의해 보기로 합시다.

이 과장 : 저는 위락시설이 잘 갖춰진 용인의 ○○콘도가 좋을 것 같습니다

김 차장 : 그 곳은 우리가 작년에 다녀온 곳으로서 올해는 다른 장소인 서해안 변산반도가 더 좋다고 생각합니다.

총무과장 : 지금까지 여러분의 의견을 잘 들었습니다. 여러분께서 제시한 각각의 장소가 좋은 점도 있지만 문제점도 있는 것 같습니다. 오늘의 토의결과를 참고로 다음 회의시간에 결정하도록 하겠습니다.

---

76) 이창덕 외, 앞의 책, pp. 366~367.

제8절 비즈니스와 토론

비즈니스에서는 논쟁결과와 관계없이 성패가 이루어지는 경우가 많다. 따라서 비즈니스에서는 의견이 다르더라도 논쟁을 벌이지 않는 것이 매우 중요하며 다음과 같은 방법으로 논쟁을 회피할 수 있다.[77]

- 의견이 서로 다르다는 사실을 기꺼이 환영하라.
- 맨 처음에 본능적으로 떠오르는 느낌을 믿지 말라.
- 당신의 기분을 조절하라.
- 먼저 귀를 기울여라.
- 의견의 일치를 이루는 부분을 찾도록 하라.
- 솔직해져라.
- 상대방의 생각을 다시 한 번 심사숙고하여 신중히 연구 검토하겠다는 약속을 하라.
- 상대방이 관심을 가져 주는 데 충심으로 감사하라.
- 문제를 철저하게 생각할 수 있는 시간을 갖기 위해 당신의 행동을 뒤로 미뤄라.

---

77) 정성호 역, 『효과적인 대화와 인간관계』, 삼일서적, 1994, pp. 166~168.

제12장
문화와 커뮤니케이션

제1절 비즈니스 환경의 확대

요즈음 경영환경의 폭은 국가를 넘어 국제적으로 바뀌고, 그 교류의 폭이 확대되어 맥루한(M. McLuhan)의 말처럼 지구촌화되어 가고 있다.[78] 이렇게 서로 다른 민족과 인종 간에 교류가 빈번해지는 현실에서 문화적 배경을 이해하지 않고는 원활한 커뮤니케이션을 기대할 수는 없게 되었다.

서로 다른 인종, 또는 민족 간의 커뮤니케이션에서 장애가 일어나는 요인은 언어만의 문제로 국한할 수 없다. 언어의 배경에 흐르고 있는 문화적 다양성과 차이를 규명해야 한다.

홀(hall)은 『침묵의 언어』라는 책에서 최초로 문화 간 커뮤니케이션이라는 용어를

---

78) Edward Hall, *The Silent Language*, New York, 1959.

사용하였다. 문화 간 커뮤니케이션의 문제는 다양한 민족이나 인종과 더불어 사는 사회에서 주요 이슈화되었다. 1970년대 초 미국스피치커뮤니케이션협회(SCA)가 국제문화 간 커뮤니케이션 위원회를 만들고 문화 간 커뮤니케이션 분과위원회를 설치하게 되었다.

미국의 대학교에서 이러한 이슈를 다루게 된 것은 1960년대 스피치커뮤니케이션 학과에 문화 간 커뮤니케이션 학과목를 개설하면서 시작되어 1980년에는 200여개 대학교에서 강의가 개설되고 박사과정에서 이 주제를 연구하게 되었다.[79]

최근 비머(Beamer, 2001)는 문화 간에 효과적인 커뮤니케이션을 달성하려면 왜 그 사람이 그렇게 행동하는가를 문화의 이해에서 구해야 한다고 하였다.[80] 그렇다면 문화는 무엇이며, 커뮤니케이션과의 관계성은 어떠한 것인가를 연구하는 것이 필요하다.

제2절 문화와 커뮤니케이션

문화는 특정 지역의 관습, 믿음, 그리고 사회구조를 공유하고 있다. 언어, 규범, 신화, 가족패턴, 정치제도 등 문화의 여러 구성요소가 사람의 커뮤니케이션 방식을 결정한다. 교차 문화적 또는 문화간(inter cultural) 커뮤니케이션에 장애가 일어나는 이유는 양대 문화권 간에 차이가 존재하기 때문이다.

많은 학자가 문화의 하위구성요소를 제시한다.[81] 즉, 가치체계가 문화권마다 달라 커뮤니케이션에서 장애가 있을 수 있고, 그러한 문화적 구성요소를 이해하는 것

---

79) 최윤희, "문화간 커뮤니케이션과 문화 간 관계 훈련", 『한국커뮤니케이션학』, 제5호, pp. 18~28.
80) 김정아, "문화간 비즈니스 커뮤니케이션 훈련내용 개발을 위한 기초연구", 이화여자대학교 석사학위논문, 2002에서 재인용.
81) 양창삼, 앞의 책, pp. 50~55.

이 원활한 커뮤니케이션으로 가는 길이 된다. 가치체계 이외에도 여러 가지 문화의 구성요소를 보면서 문화권 간의 차이를 생각해 볼 수 있다.

1 가치체계

(1) 개인주의와 집단주의

문화 간 커뮤니케이션을 이해하려면 상대문화의 가치체계를 이해하여야 한다. 가치는 문화권마다 다르며 문화는 그러한 가치체계가 작동하는 방법에 따라 분류된다. 각 문화의 차이나 유사함을 규명하는 준거역할을 하는 것으로 문화적 가치체계를 들 수 있다. 우리의 행동에 많은 영향을 미치는 문화적 가치체계를 홉스테드(Hofsted)의 네 가지 가치와 홀의 커뮤니케이션 과정에 영향을 미치는 맥락(context)을 중심으로 문화의 차이를 설명하면 다음과 같다.

홉스테드는 문화구분의 가장 중요한 요인으로 개인주의와 집단주의를 꼽았다. 개인주의 성향이 높은 문화권에서는 '나'에 대한 의식이 강하며 협력보다는 경쟁이 강조된다. 또한 개인의 목표가 집단의 목표보다 우선시된다. 이러한 문화는 솔선수범과 성취를 강조하고 개인의 의사결정에 가치를 둔다.

집단주의성향이 강한 문화권에서는 자신이 속한 그룹을 'in-group'이라 하고 자신이 속하지 않은 집단은 'out-group'이라고 구별 짓는다. 이러한 문화권에서는 개인의 조직에 대한 의존을 강조한다.[82] 또한 개인자신보다는 소속집단의 견해, 욕구, 및 목표를 강조하고 개인의 즐거움보다는 집단의 규범을 따르고, 집단과 공유되는 신념을 가진다.

개인주의 문화권에서는 종업원과 고용주의 관계는 상호이익에 바탕을 두는 계약적·계산적 관계이다. 집단주의 문화권에서는 종업원과 고용주와의 관계는 도덕적 요소가 강조된다.

---

82) 권기남, "문화간 커뮤니케이션 교육에 관한 연구", 중앙대학교 박사학위논문, 1998.

〈표 12-1〉개인주의와 집단주의[83]

구 분	개인주의 문화	집단주의 문화
용어선택	'나'라는 용어를 자주 사용함	'우리'라는 용어를 자주 사용함
의사결정 패턴	결정은 대표가 즉석에서 내린다.	결정은 조직의 의견을 대표가 이야기한다.
책임소재	혼자 일을 완수하며 개인적으로 책임을 진다.	집단으로 일을 완수하는 경향이 있고 책임을 집단적으로 진다.
휴가관행	휴가는 몇 명 또는 혼자서 보낸다.	휴가는 집단으로 또는 대가족단위로 보낸다.

홉스테드는 문화권에 따라 개인주의 수준이 높은 나라로 미국, 호주, 영국, 캐나다, 네덜란드, 뉴질랜드, 이탈리아, 벨기에, 덴마크 등의 순서로 들었다. 개인주의 수준이 낮은 나라순서로는 베네수엘라, 콜롬비아, 파키스탄, 페루, 대만, 싱가포르, 칠레, 일본, 홍콩을 들고 있다.

우리나라는 집단주의 성향이 강한 나라로 인식되고 있으나 최근에 개인주의 성향으로 많이 기울어지고 있는 실정이다. 이는 세대 간에 차이가 있는 것으로 나타난다.

의사소통에서 한국인은 집단주의적 문화의 세계관을 보여 준다. 일본인과 미국인이 비즈니스 대화에서도 차이가 난다. 미국인은 자신이 누구인가를 먼저 밝히고 직책을 말한다. 이에 반하여 일본인은 소속을 밝히고 나중에 자신의 이름을 알린다.

(2) 불확실성의 회피

어떤 문화권에서는 모호하거나 예측할 수 없는 상황을 회피하려 한다. 이것을 불확실성의 회피라고 한다. 다른 문화권에서는 그러한 상황을 편안해 한다. 두 문화권에서 비즈니스 협상의 양상을 보면 불확실성의 회피가 높은 문화권의 사람은 낮은

---

83) 권기남, 앞의 논문, p. 72.

313

〈표 12-2〉 문화권에 따른 불확실성의 회피형태 비교[84]

구 분	불확실성의 회피가 높은 문화권	불확실성의 회피가 낮은 문화권
의사결정 과정	모든 가능성이 있는 대안을 천천히 조심스럽게 결정함	소수 사람의 적은 정보로서 신속한 의사결정을 내리고 위험을 피하기보다는 감수함
규제 및 감정표현	• 높은 수준의 일체감을 원함 • 상이함과 모호함에 관용이 적음 • 관료적 규칙을 많이 제정함 • 의례, 기준 및 공식에 의존함 • 가족이나 핵심요원과 같은 믿을만한 사람만을 믿으려 한다 • 법규는 지켜야 할 대상이라고 믿음 • 드러내고 싶은 생각, 느낌, 감정을 조심스럽게 표현	• 계층구조를 싫어함 • 모험심이 많고 융통성이 있음 • 모호함과 상이함에 대한 포용력을 지니며 수용함 • 생각과 느낌을 자유롭게 표현함 • 자기와 다른 견해를 가진 사람에 대하여 불편해하지 않음 • 예외적인 일을 잘 참음 • 진취적 사고를 높이 평가함 • 명문화된 규칙은 적을수록 좋음 • 전문가보다는 자기 자신과 자신의 상식에 의존함 • 긴장감을 적게 가지며 좀 더 이완된 삶을 산다
대표적인 국가	포르투갈, 그리스, 독일, 페루, 벨기에 및 일본 등	스웨덴, 덴마크, 노르웨이, 미국, 핀란드, 네덜란드 등

문화권 사람에 비하여 천천히 처리하기를 원하며, 구체적인 세부계획을 원한다.

(3) 권력 차이 정도

권력 차이의 차원은 권력, 명성, 부가한 문화권 내에 분배된 정도를 말한다. 권력 차이가 크다는 것은 두 주체 간에는 권력분배 정도의 불균형 정도가 크다는 것을 사회구성원이 인정하는 것이다. 권력의 차이 또는 권력의 거리가 큰 예로는 직장에서 상사와 부하 간의 관계가 주종적이라든가, 부모와 자식 간의 관계가 독립적이지

84) 권기남, 앞의 논문, p. 74.

않고 온정적 가부장주의인 경우를 말한다.

권력의 거리 또는 차이가 적은 문화권에서 부모는 어려서부터 자식의 독립성을 키우려 노력한다. 그러나 권력의 차이가 큰 문화권에서는 어려서부터 성인이 되기까지 종속적으로 후원하고 그 결과 두 주체는 의존적 관계가 형성된다.

권력의 차이가 큰 사회는 작은 사회에 비하여 나이가 많아 보이려고 한다. 또한 직장에서는 권력 차이가 많은 문화는 위계적 조직이 설계된다. 권력이 차이가 크다고 인식되는 사회에서는 외형적인 것, 예를 들면, 자동차, 골프회원권, 좋은 집 등이 자신의 신분과시라는 믿음이 보다 강하다. 따라서 직위를 중시하며 외모에 집중하게 된다.

(4) 고배경 문화와 저배경 문화

홀은 그의 저서 『문화를 넘어서(beyond culture)』에서 커뮤니케이션이 일어나는 주변상황과 문화적 상관성을 설명한다.[85] 주변상황은 다른 말로 배경이라고 표현하는데, 배경이란 커뮤니케이션이 발생하는 물리적·사회적 저변상황으로 전달되는 메시지 이면에 깔린 의미를 부여하는 것이다. 홀은 배경을 다음과 같이 표현한다.

"사람이 대화할 때 상대방이 대화의 주제나 전후 상황에 어느 정도 알고 있는지, 당연시하는 정도를 맥락이 높은 경우라고 말한다. 저배경상의 대화에서는 듣고 있는 사람이 대화의 주제에 아는 것이 거의 없으며 그래서 모든 상황에 대하여 자세한 설명을 들어야만 이해하는 경우를 말한다. 반면 고배경상의 대화에서는 듣는 사람이 이미 주제나 전후 맥락을 잘 알고 있다. 그러므로 상황에 따른 별도의 정보를 설명할 필요가 없는 경우를 말한다."

고배경 문화(high-context culture)란 전달되는 언어적 메시지 이외에 대부분의 사람이 일반적으로 느끼고 있으며, 표현하지 않아도 묵시적으로 인정하는 내재된 믿음을 말한다. 예를 들어 일본이나 한국 대만사람은 고배경 문화권의 사람으로서, 이러한

---

85) Edward Hall, *Beyond Culture*, New York: Douleday/Anchor Press, 1977. pp. 85~128.

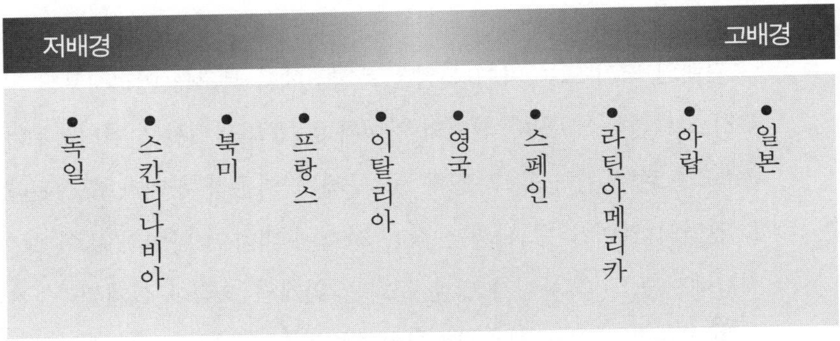

저배경									고배경
독일	스칸디나비아	북미	프랑스	이탈리아	영국	스페인	라틴아메리카	아랍	일본

〈그림 12-1〉 고배경 문화와 저배경 문화

아시아계통의 사람은 직접적인 언어보다 간접적·함축적인 언어를 구사한다. 따라서 커뮤니케이션이 일어나는 경우 저변에 깔린 배경과 상황을 유추하고 그것에 민감하게 반응하므로 대체로 언어에만 의존하지 않고 비언어적 전달방법인 이른바 '눈치'를 살피게 된다.

저배경 문화(low-context culture)권에서 전달되는 언어적 메시지는 절대적으로 중요하다고 믿는다. 그러므로 언어적 메시지는 정확해야 하며 논리적이고 명확하기를 바란다. 정확성이 떨어지면 질문이 따르고 데이터로 근거를 제시하기를 원한다. 스위스나 독일, 스칸디나비아, 북미 등이 저배경 문화에 속한다.

저배경 문화에서는 서면합의서와 계약 그리고 메시지가 거래에 중요한 역할을 하지만 고배경 문화에서는 계약서뿐 아니라 대인관계, 개인적 지위와 타이틀, 상래가 발생하는 당시의 사회적 환경이 중시된다.

저배경 문화와 고배경 문화에서 커뮤니케이션을 할 경우, 영향을 줄 수 있는 몇 가지 요소가 있다.[86]

① 대인관계

고배경 문화에서는 신뢰가 때로는 비즈니스보다 앞선다. 신뢰는 대체로 대인관계

---

86) 양창삼 역, 앞의 책, pp. 52~53.

에서 시간을 두고 형성된다. 고배경 커뮤니케이션에서 대인관계는 자신과 회사의 정보에 바탕을 두고 있다. 따라서 상담을 하거나 제안을 할 경우 회사의 제품과 역사가 소개된 연례보고서나 문서를 미리 보내고, 자신의 이력서와 편지도 함께 보낼 필요가 있다. 그러한 서류가 신뢰를 형성해 상담을 쉽게 이룰 수 있게 만든다.

② 타이밍

미국의 비즈니스 문화는 즉시성(promptness)을 특징으로 한다. 그러나 고배경 문화권인 라틴아메리카나 아랍은 시간을 별로 중시하지 않는다.

③ 공식성의 수준

고배경 문화는 일반적으로 개인적 및 문서 커뮤니케이션 모두에서 공식성과 적합한 에티켓을 원한다. 달리 변경을 요구하지 않는 한 주소를 쓸 때 성명과 함께 타이틀 및 공식편지지를 사용한다.

한 미국인 경영자가 멕시코에서 자기의 민주적 기질을 보이려고 진바지와 스포츠 셔츠를 입고 다녔다. 그러나 사람들은 그를 버릇없는 사람으로 간주하였다.

미국을 포함한 대부분의 나라에서는 공식적인 악수로 회의를 시작하는 것이 적합한 에티켓이다. 그러나 유럽이나 남미에서는 아침에 만나 인사하고 악수를 했다 해도 만날 때마다 악수를 한다. 일본이나 아시아 국가에서는 만날 때 고개를 숙여 인사한다.

공식적인 행동에서 일반적으로 명함(business cards)을 교환하는 것이 중요하다. 일본을 비롯한 아시아국가에서는 대부분 만날 때마다 명함을 건넨다. 그것도 양손을 사용하고, 조심스럽게 취급하면서, 그리고 천천히 주의 깊게 명함을 읽는다. 명함을 엎어 놓거나 뒷면에 글을 쓰는 것은 무례한 행동으로 취급한다.

2 비언어 커뮤니케이션

해리슨(Harrison)은 인간의 비언어적 커뮤니케이션을 행위적·인공적·상황적·매개적 코드라는 네 가지로 나누고 있다.[87] 행위적 코드는 얼굴표정, 제스처, 신체의 움직임, 목소리의 톤과 억양 등 유사언어적 형태를 말한다. 인공적 코드는 옷이나 화장, 가구배열 등 인간의 인위적 행위를 의미하며, 상황적 코드는 커뮤니케이션의 시간적·공간적 상황에 의한 행위를 뜻한다. 마지막으로 매개적 코드는 커뮤니케이션 매체 내부에서 정보를 인식하고 기각하는 처리방법기호를 말한다.

비언어적 커뮤니케이션은 의사전달상황 내에서 송신자와 수신자에 잠재적 메시지 가치를 갖고 있는 인간이나 환경에 의해 야기된 언어를 제외한 자극이라고 정의할 수 있다.

비언어적 커뮤니케이션은 신체언어(kineics)를 중심으로 생각할 수 있다. 신체언어는 다른 문화를 이해함에 문화마다 비언어 커뮤니케이션 패턴이 다르기 때문에 언어보다 더 중요하다고 할 수 있다. 신체언어에는 시선, 몸짓, 개인 거리, 옷차림, 시간적·공간적 행위, 및 유사언어가 있다.[88]

(1) 시 선

미국인의 경우 조금 오래 똑바로 바라보는 행위는 일반적으로 편안한 감을 주지 못한다. 이때 구별하여야 할 것은 말할 때 눈을 쳐다보지 않는 것이 불편하다는 것이 아니다. 말할 때는 시선(eye contact)을 피하는 것이 오히려 정직하지 못하기 때문이다. 고배경 문화에서는 오래 바라보는 것이 일반적이다. 아랍인의 경우 눈을 마음의 창으로 여긴다. 따라서 상대방의 마음을 읽기 위해 노려보는 것이 허용된다. 만일 직접적인 시선접촉을 피할 경우 아랍인은 무례하고, 진지하지 못하며 극단적으로

---

87) 박상화, 앞의 논문, pp. 60~68.
88) 박상화, 앞의 논문, 양창삼, 앞의 책.

는 부정직하다고 생각한다. 일본에서는 아이에게 윗사람을 똑바로 쳐다보는 것을 권장하지 않았다. 이것이 어른이 되어도 습관이 되어 직장에서 상사와 대화할 때 존경의 표시로 자신의 시선을 조금 낮춘다.

(2) 표 정

얼굴표정은 인간의 감정에 관한 가장 많은 정보를 표현한다. 얼굴은 상대를 호의적으로 대하는지의 여부가 가장 잘 나타나기도 한다. 얼굴은 지적인 이해의 정도를 나타내기도 하고 감정을 조절하는 정도를 나타내기도 한다. 표정(face)이 비교적 풍부한 문화권 사람은 한국이나 일본 등 아시아 사람의 무표정을 기이하게 여길 수도 있다.

(3) 몸 짓

몸짓(gesture)은 문화마다 아주 다른 의미를 가진다. 따라서 몸짓으로 인해 오해가 생길 수도 있으므로 문화적 차이를 알고 주의하여야 한다.

- 홍콩에서는 인지(index finger)로 신호를 보내는 행위를 무례한 짓으로 간주한다.
- 미국이나 유럽 대부분에서는 OK사인으로 엄지와 인지로 동그라미를 만든다. 그러나 브라질에서는 상스런 행동으로 간주한다. 같은 행동인데도 프랑스인들은 제로로 인식하고, 한국과 일본에서는 돈으로 인식된다.
- 호주에서는 손을 뒤로 보이며 V자 모형을 표시하면 승리의 사인이 아니라 음란한 제스처로 간주한다.
- 손가락(인지)으로 코를 가볍게 두드리는 경우 잉글랜드나 스코틀랜드에서는 "당신과 나 사이에 비밀이 있다"는 표시이다. 그러나 웨일즈 근처에서는 "당신은 매우 참견하기 좋아하는 사람이다"는 뜻으로 해석한다.
- 손가락(인지)으로 관자놀이를 가볍게 두드릴 때 서유럽에서는 대부분 누군가 "돌았어"라는 표현이다. 하지만 네덜란드에서는 영리하다며 칭찬할 때 이 같은

행동을 한다.

문화마다 몸짓을 사용하는 빈도도 차이가 있다. 프랑스나 이탈리아 사람은 미국인보다 몸짓을 더 많이 사용한다. 하지만 한국이나 일본사람은 아주 덜 사용한다.

(4) 공간적 행위(거리, proxemics)

상대방과 물리적인 공간을 얼마나 띄울 것인가 하는 것이 문화마다 다르다. 저배경 문화에서는 1.2~3.6m 정도가 비즈니스에 적당한 거리가 된다. 고배경 문화인 아랍인은 상대방의 냄새를 맡을 수 있을 정도로 거리를 가깝게 유지하는 것을 몰입의 표시로 보아 거리를 가깝게 유지한다. 이와는 반대로 미국인은 사람의 얼굴에서 상대의 입김을 맡지 않도록 훈련되어 있어 문화적 차이를 알지 못하면 위협이나 불쾌한 인상을 줄 수 있다.

(5) 시간적 행위

시간은 동·서문화권에서 아주 달리 해석되는 요소 중 하나이다. 일반적으로 시제가 정확히 구분되는 언어를 사용하는 문화권의 사람은 그렇지 않은 사람보다 시간개념이 엄격하다. 앵글로색슨, 독일 및 스칸디나비아 사람은 단일시간문화권이다. 이들은 한 번에 한 가지 일을 처리하는 것을 선호하고 정해진 스케줄대로 처리하고자 한다.[89]

시간개념이 유연한 문화권사람, 즉 스페인, 이탈리아, 아랍 및 아시아인은 스케줄이나 시간엄수에 다소 느슨하다. 동시에 여러 가지 일을 하는 것이 더 높은 성취감을 느낀다고 여긴다.

(6) 의사언어

의사언어(paralanguage)는 공식언어가 아닌 인간의 갖가지 소리를 말하며, 준언어

---

89) 최정희, 앞의 논문, pp. 26~17.

라고 볼 수 있다. 의사언어에는 음질과 음색, 및 음단절이 포함된다.

음질이란 음조의 범위, 입술의 조정, 리듬의 조정, 말의 속도 등에 의해 나타난다.[90]

음색은 웃음소리, 한숨소리, 하품 등을 말하고, 음단절은 동의나 만족감을 나타내는 '응'소리나 경멸이나 불신을 나타내는 '흥'소리와 갖가지 정지음 등으로 구성된다. 웃음에도 상대를 무시하는 비웃음이 있고, 허탈함을 나타내는 '쓴웃음'이 있으며 주변상황에 억지로 반응하는 의례적인 웃음 등 다양하다.

음조에 의해 상대에게 설득력 있게 다가갈 수 있으며 상대에게 태도나 감정의 전달이 쉽게 된다. 의사 언어적 표현은 듣는 사람에 따라 여러 가지로 해석된다. 흥분상태, 거짓말상태, 망설임상태 등을 표현할 수 있다. 인간의 심리나 감정을 많이 담아내는 것이 의사언어이다.

말과 말을 할 때 말 사이의 간격도 문화에 따라 차이가 있다. 북미인은 말과 말 사이가 비교적 짧아 조금 간격이 길어지면 상대에게 말할 기회를 준다는 의미가 된다. 그러나 다른 문화권에서는 말 사이가 길어 북미인과 대화할 때 문화적 차이를 이해하지 못하면 장애가 일어나게 된다.[91]

③ 지각과정

(1) 자기 민족 중심주의

모든 문화는 정도의 차이가 있을 뿐 자기 민족 중심주의를 가지고 있다. 자기 민족이 아닌 다른 민족에 대한 반응이 부정적이면 커뮤니케이션은 장애가 일어난다. 다양한 문화의 접촉이 가속화되어도 그러한 자기 민족 중심주의는 완전히 탈피하기는 힘들다. 다만 열린 마음을 가지려는 노력이 필요하다.

---

90) 박상화, 앞의 논문, pp. 65~66.
91) 박상화, 앞의 논문, p. 72.

(2) 고정관념

자기 민족 중심주의의 한 하위체계로서 구체적으로 나타나는 것이 고정관념이다. 고정관념은 특정인의 자질이나 특성 또는 행동을 그가 속한 범주의 모든 구성원에게 과도하게 일반화시켜 부정적 · 긍정적인 평가를 내리는 것을 말한다. 일반적으로 부정적인 일반화를 고정관념으로 지칭한다.[92]

고정관념이 발생하는 범주는 집단, 계층성, 종교집단, 직업 및 출신지역 ,국민, 민족 등에 이르기까지 광범위하다. 이것은 특정 개인의 특성 차이를 무시하고 쉽게 일반화하여 커뮤니케이션에 치명적인 오류를 범하게 하는 요인이다. 고정관념의 기본적인 관점을 휴스턴과 브라운(M, Hewstone & R. Brown)은 몇 가지로 분류한다.[93]

첫째, 사람은 보통 성별(gender), 또는 인종과 같이 쉽게 눈으로 식별되는 특성을 바탕으로 범주화된다.

둘째, 그 범주에 해당하는 모든 사람에게 특정 속성이 부여된다. 이 속성을 중심으로 고정관념화 된 집단에 속하는 사람은 서로 비슷하다고 여겨지며 다른 집단과는 다르다고 여겨진다.

셋째, 그 범주에 속하는 구성원에게 특정 속성이 부여된다. 예를 들어 러시아인은 둔감하고, 프랑스인은 감정적이며, 미국인은 합리적이라고 평가한다. 또는 키가 큰 사람은 싱겁다거나 얼굴이 검은 사람은 정렬적이라는 등의 판단을 내리게 된다.

고정관념 자체가 커뮤니케이션에 영향을 주기보다는 이러한 지각상의 오류로 인해 마음에 있는 이미지가 커뮤니케이션 과정에서 작동하여 장애를 일으킨다.

미국인이 가진 문화적 편견, 즉 고정관념을 살펴보자.

---

92) F. E. Jandt, *Intercultural Communication*, C.A.: Sage Publications, 1995, p. 53.
93) 이한검, 『인간행동론』, 형설출판사, 1994, 재인용.

〈표 12-3〉 미국인이 가진 문화적 편견

대 상	문화적 편견
미국 흑인	운동기질이 강함. 훈련되지 않음, 백인보다 덜 영리함, 폭력적이고 범죄가 많음
아시아 계통	영리하고 부지런함, 도당적임, 거만함 기술은 좋으나 관리능력은 약함
히스패닉 계통	남성는 야성, 여성은 복종적임, 동기부여가 안 됨 영어하기 싫어함, 변덕스러운 성격
앵글로아메리칸	거만함, 무감각함, 권력남용, 압제적임
남 성	무감각함, 야성적임, 여성을 객체로 취급함 비정서적임, 여성을 힘으로 위협함
여 성	본능적이고 비분석적임, 수학에 약함, 정서적임 경력지향적이지 않음, 리더십이 약함
노 인	변화를 싫어함, 질병에 약함, 동기부여가 안 되었음, 새 방식을 가르치기 어려움, 듣기 어려움. 자기 방식 고집
장애자	육체적 장애가 정신적 장애로 일반화, 언제나 돌봄이 필요함 다른 사람이 자기를 돌봐 주기를 기대함.

자료 : Loden, M. and Rosener, pp. 65~67.

제3절   이문화 커뮤니케이션과 비즈니스

　　서로 다른 문화권 간의 비즈니스 교류가 빈번해지면서 교차문화 커뮤니케이션 또는 이문화(異文化) 커뮤니케이션이라는 말이 일반화되었다. 서로 문화배경을 달리하는 개인·집단 간에 이루어지는 의사소통을 이문화 커뮤니케이션(inter-cultural communication)이라 한다. 따라서 경영환경은 더욱 국제화·세계화·지구촌화 되어

가고 있다. 그로 인해 비즈니스에서는 문화배경이 다른 주체 간에 행동과 관습의 차이를 이해하지 않으면 이문화 간 갈등으로 인해 비즈니스의 성과에 영향을 주게 된다.

1 이문화 커뮤니케이션의 발생

이문화 커뮤니케이션의 성립은 복잡한 경로를 통해 생긴다. 인종은 같으나 이질 문화에서 생활하면 다른 가치관, 행동양식을 가지게 되어 이문화 커뮤니케이션의 문제가 발생한다.

한국계 미국인이 백인계 미국인과 교류를 하는 경우에는 어떠한 일이 일어나는가. 두 사람의 얼굴모습은 다르나 같은 언어를 사용하는 것으로 보아 의사소통에 문제가 없을 것 같다. 그러나 문화바탕이 달라 이문화 커뮤니케이션 현상이 발생한다.

미국 내에서 중국계, 일본계, 멕시코계, 미국인이 각기 그들 고유의 커뮤니케이션을 가지고 있으며, 미국의 문화 내에서 각자의 새로운 문화를 발전시키고 있다. 따라서 한국계 미국인이 미국계 미국인을 만나 교류를 하게 되면 이민족·이인종 간 커뮤니케이션이 동시에 발생한다.

한국인이 한국계 미국인을 만나면 이문화 커뮤니케이션이 일어나지만 이민족 간 커뮤니케이션은 일어나지 않는다.

2 비즈니스와 이문화 커뮤니케이션

문화 간 차이는 비즈니스 현장에서 갈등을 야기할 수도 있다. 언어구조의 차이와 커뮤니케이션 방식의 차이, 가치관이 차이나는 두 문화권의 주체가 비즈니스를 하는 경우 생길 수 있는 장애요인을 알아보기로 한다.

(1) 이문화 커뮤니케이션의 차이

문화가 다르면 서로 사고방식이 달라져 행동이나 말의 표현, 해석의 차이 때문에 서로 오해를 하게 되는데, 이를 '이문화 커뮤니케이션 차이'라고 한다.

① 한국의 경우 이문화 커뮤니케이션 차이

■ **칭찬(compliment)은 마음으로 한다** : 미국인의 생활 중에 상대를 칭찬한다는 것은 대단히 중요한 의미를 갖고 있어 대화중에 칭찬의 말이 나주 쓰인다. 사전적 의미로 compliment는 '인사말, 찬사, 추이는 말'로 풀이한다. 이 말은 찬사이기는 하니만, 한편 인사말의 뉘앙스도 포함하는 것에 유의해야 한다. 영어에는 '칭찬'의 뜻을 가진 단어에 아첨(flattery)이 있다. 이 단어는 '아첨, 아부, 알랑대기'의 뜻을 가져 칭찬이 아첨과 관련을 가질 때는 이에 해당된다. 따라서 우리가 쓰는 칭찬의 말을 따뜻하고 성실하게 칭찬하는 말로가 아부성 칭찬의 말은 분명히 구분해서 이해해야 한다.

■ **'사양'의 말이 일상화되어 있다(face value)** : 미국인은 상대가 하는 말을 내용그대로 곧이듣는 것이 우리와 다르다. 가령 음식을 권할 때 우리는 일단 사양한다. 그러나 계속 들기를 권하면 마지못해 응하는 것이 우리의 관행이다. 그러나 미국인은 첫 말의 사양을 그대로 받아들인다. 다시 말하면 우리가 하는 '한 마디의 말'에는 일단 인사치례로 앞쪽 말을 한 후 본심(뒤쪽)이 나오게 되지만 미국인은 첫말을 그대로 받아들인다.

■ **설명(explanation)은 변명 같아 잘 안 한다** : 한국인은 설명하거나 설명을 듣는 것을 좋아하지 않는 경향이 있다. 우리가 '설명'에 관심이 없는 것은 단일민족적 색채가 강해서 온 것이라고 볼 수 있다.

■ **무표정한 경우가 많다(rudeness)** : 한국인의 예의는 예절바름을 중시한다. 이 단어는 '공손한, 정중한'의 뜻으로 어른에게 공손하고 예의범절을 갖추는 데 기준을 두고 존대어를 쓰지 않거나 불손한 언행을 할 때에는 예의가 없다고 지적한다. 그러나 미국인은 자신의 말을 하는데 상대가 "아, 그러시죠", "그래

요"라고 말장단을 쳐 주지 않거나, 선물을 받는 데도 반가워하는 표현이 약하거나 사람을 만난 자리에서 굳은 표정을 지으면 '거칠다'라는 차원에서 무례를 탓한다.

■ **격식을 갖춘 친절함에 중점을 둔다(friendly)** : 한국인은 사람을 만날 때 정중하고 공손하며 형식을 중시하는 것이 교양이며 예의로 여긴다. 그래서 미국인의 'friendly'라는 언어가 경박하다고 생각하는 것은 점잖음과 프렌들리의 상반된 가치관 때문이다. 미국인은 낯모르는 사람을 만나도 사람을 가리지 않고 프렌들리하게 대한다. 누구에게나 친절하게 대해 준다는 뜻이다. 그러나 친해진 상대가 무엇을 부탁하는 경우, 그 내용이 조금만 무리하다고 생각되면 냉정하리만큼 여지없이 거절하고 자리에서 떠날 수 있을 만큼 '제한된 프렌들리 관계'를 유지한다. 즉, 인간관계에서 정신적·심리적 의무를 느끼지 않으므로 미소하기 전에 상대를 관찰할 필요가 없기 때문에 쉽게 가까워질 수 있다.

② 미국의 경우 이문화 커뮤니케이션의 차이

■ **의례행사에 현금은 사양한다(money)** : 미국인은 보통 선물 대신 돈을 주지 않는다. 돈을 준다는 것은 상대를 너무 가볍게 생각하는 것 같고, 금전액수가 나타나 이해 타산적이며 그런 선물은 마음이 담겨진 것이 아니라고 보기 때문이다. 결혼 축의금도 현찰로 하지 않고 신부 측이 지정한 상점에 가서 미리 비치해 준 상품리스트 중에서 자기가 사서 주고 싶은 상품값을 상점에 지불하는 간접지불방식을 취해 현찰지불방식을 피하고 있다.

■ **지나친 겸손은 매너위반이다(modesty)** : 미국인은 예절바름(politeness)이란, You and I are equals(당신과 나는 동등)라는 점에 포인트를 맞춘다. 우리 문화는 'I am your inferior'(저는 당신보다 손아래 사람)를 강조하여, 이것이 경의로 표출되어 공손한 매너를 보여 예의바름을 나타내지만, 반대로 미국인은 inferior로 상대에게 강조해 보이는 것은 예절이 아니라 상대를 오히려 불편하게 하고 입장을 곤란하게 만드는 것으로 여긴다.

- **공평한 것을 추구한다**(fair) : 공평함은 미국인의 일상생활 속에 깊이 침투되어, 부자·부부·사제 간, 고용주와 종업원 간에서 인간관계를 규정하고 있다. 인간관계에서는 같은 상황에서는 평등하게 취급되어야 하며, 가치나 공로를 편견 없이 정당하게 인정해 주는 등 공명정대가 요체가 된다. 그래서 미국인은 노인에서 어린아이까지 이 기준에 맞추어 '공정하게' 취급되기를 기대하고 있으며, 그것이 지켜지지 않으면 불평하게 된다.

- **사생활을 중시한다**(privacy) : 우리는 인사말로 상대에게 나이, 가족상황, 건강 같은 것을 묻는 것이 관행이지만 외국인에게 이러한 것을 질문하는 것은 사생활을 침해하는 것이 된다. 또한 상대의 수입, 재산 등을 묻거나, 타인의 신체에 대한 질문과 타인, 특히 여성의 눈을 '들여다보는 것'은 명백히 프라이버시 침해이므로 친한 사이나 남으로부터 소개를 받는 상황이 아니면 금기시된다.

- **숙녀 우선의 관행은 오랜 전통이다**(lady first) : 유럽과 미국의 남성은 숙녀를 깍듯이 대하고 있으며, 그렇지 않을 때, 오히려 남성의 체면이 깎이는 것으로 생각한다. 물론 최근에는 여성의 사회진출이 활발하여 남성의 지나친 보호에 여성 자신이 수용을 하지 않는 면이 있어 다소 변화가 있다.

(2) 개인주의 문화와 집단주의 문화 간 비즈니스

홉스테드에 의하면 미국, 호주, 영국, 캐나다, 네덜란드, 뉴질랜드의 경우 개인주의 문화권이며, 파키스탄, 콜롬비아, 한국, 일본, 아랍, 대만을 집단주의 문화권에 해당한다고 하였다. 이러한 문화차이가 비즈니스에서 커뮤니케이션 차이를 보인다.[94] 미국인 상호 간의 전화 통화와 미국인과 일본인간의 전화통화는 개인주의 문화와 집단주의 문화에서의 차이를 보여준다.

---

94) Elashmawi and Harres, 1993, 최정희, 앞의 논문, pp. 14~18.

이문화 비즈니스 커뮤니케이션 예시 1

(Telephone rings and Bob picks it up)

Bob : Bob Wilson.

David : Bob, this is David Pierce from Future Computers.

Bob : Yes, David, what can I do for you?

David : I ordered some hard disks from you last week and they haven't arrived yet Is there some sort of problem with the order?

Bob : No, there's no problem I shipped those off to you three days ago.

David : Well, we haven't gotten them yet How long does it usually take?

Bob : Usually two to three days, you'll have to call the shipping company.

David : Okay, I will When did you ship it out?

Bob : October 4, at about three o'clock.

David : okay, Bob, thanks I'll get ahol of the shipper right away.

(David now calls his Japanese supplier to check on a similar situation)

(Telephone rings and someone picks it up)

Suzuki : Hello, this is XYZ Distributors, International Department, Suzuki speaking.

David : Hello, Mr Suzuki, this is David Pierce

Suzuki : I'm sorry, what company?

David : This is David Pierce from Future Computers.

Suzuki : Oh yes, Future computers, Mr Pierce Did you receive the memory chips?

David : No, I haven't, that's why I'm calling Our line is stalled because we're waiting for them.

Suzuki : I'm sorry, what company?

David : This is David Pierce from Future Computers.

Suzuki : Oh, yes, Future Computers, Mr Pierce Did you receive the memory chips?

David : No, I haven't, that's why I'm calling Our line is stalled because we're waiting for them.

Suzuki : I'm sorry, Mr Pierce.

David : I can't do much with sorry When did you ship it?

Suzuki : I must check with my department staff to find out.

David : Okay, I'll wait here while you check.

Suzuki : I'm sorry, we must have a meeting to discuss the problem.

David : Another meeting? Is that all you ever do? (Hangs up the phone In frustration)

　미국인과 일본인의 문화차이를 엿볼 수 있는 대목은 몇 군데가 된다. 초반에 미국인은 자기 이름을 먼저 밝히고 일본인 스즈키는 회사이름을 먼저 밝힌다. 미국인이 이름을 말하자 이름보다, 어느 회사냐고 다시 묻는다. 개인의 이름만 밝혀도 사업을 할 수 있다고 믿는 미국인은 개인주의적이고 개인의 이름은 회사의 이름과 회사에서의 직급을 파악 후에나 관련 있는 요소로 남겨 두는 일본인은 집단주의적이라 할 수 있다.

　문제가 생길 경우 미국인은 자신이 맡은 업무에서 어느 정도의 결정권이 있는데, 일본인은 부서 내 다른 사람과 집단의사결정인 회의를 거쳐야 함을 알 수 있다.

　미국인은 직선적·행동 지향적이며, 신속한 일처리를 하고 일본인은 이와는 다르다.

(3) 업무 중심 문화와 인간관계 중심 문화 간 비즈니스

　관계 중심 문화권의 비즈니스 주체가 업무 중심 문화권의 주체와 교류를 할 경우, 다른 양상을 보인다. 일반적으로 동양권의 문화는 그 사람의 배경이나 계층출신에 관심을 갖는다. 이에 반하여 서유럽 문화권은 학연 및 혈연과 같은 인간지향보다는 상대방이 하는 일이 무엇인가에 관심이 있다.

이문화 비즈니스 커뮤니케이션 예시 2[95]

Smith : Good Morning, gentlemen, I'm John Smith(He extends his hand to the Arab man first and then to the Japanese). Do you mind if I join you?

Mohammed : (As he shakes Smith's hand with both of his) Welcome, please join us.

Suzuki : (He steps backward and bows slightly He shakes Mr Smith's hand without saying anything, ready to exchange business cards)

Mohammed : Are you enjoying yourself in this wonderful country, Mr Smith?

Smith : Oh sure, it's nice here What do you do Mr?

Mohammed : Mohammed Rag I'm from Egypt and the president of my import company We are here to look at some of the available products and meet our Japanese friends.

Smith : (Turning to Suzuki) And your name, sir?

Suzuki : (He silently hands Smith his business card)

Smith : (After looking at it quickly) Oh, you're Suzuki.

Suzuki : Yes, Sany Corporation.

Smith : I see (Puts Suzuki's card in his pocket and hands each his business card) Do you have a business card, Mohammed?

Mohammed : (Smiling) No, I don't carry them with me Everybody knows me (Moving closer to join to show his hospitality). I'm the president.

Smith : (Stepping back from Mohammed) Oh, I understand.

Suzuki : Mr Smith, you are from Blackford Company?

Smith : Yes, I'm the marketing director in charge of the Southwestern Division.

Mohammed : Well, should we all go have some coffee and enjoy our bread time together?

Smith : I'm sorry, but I have to go talk to some other people. Maybe we'll get together later on. It was very nice to meet you Goodbye?

---

95) Elashmawi and Harres, 1993, 최정희, 앞의 논문, pp. 25~26에서 재인용.

　　미국인, 일본인과 아랍인 간의 문화차이는 대화를 시작하고 풀어나가는 방식에서 차이가 난다. 아랍인 모하메드는 개인적·사적인 질문으로 대화를 시작하는데, 이는 사업적인 관계에서도 인간적인 유대감을 형성하는 것을 중시하기 때문이다. 아랍인의 문화를 반영하듯 대화중에 가까이 접근하여 공간적인 거리를 좁힌다. 일본인 스즈키는 개인보다는 소속단체를 우선하는 일본적 문화를 반영한다. 미국인 스미스는 대화에 거침없이 끼어들어 자신을 소개하고 필요한 정보를 얻기 위해 적극적이다. 미국인 스미스는 자기의 직장보다 자기 자신의 역할을 강조한다. 잠정적인 준비단계 없이 업무에만 관심을 갖는 과업 지향적 태도로 일관한다. 또한 주도적으로 대화를 리드하고 자신이 필요한 정보를 수집하면 인간관계를 돈독히 하려는 다른 문화권의 제안을 거절하고 즉시 다른 대상을 찾아가 똑같은 절차로 대화하고 현실적으로 필요한 정보를 수집한다. 이러한 장면에서 인간관계를 지속적으로 형성하려던 문화권의 사람인 아랍인은 문화적 충격을 느낀다.

(4) 비격식적 문화와 격식적 문화 간 비즈니스

　　격식을 중시하는 문화와 그렇지 않은 문화 간에는 서로 간의 관계설정방식이 다르다. 격식을 중시하는 일본과 한국과 같은 문화권사람은 상대방의 나이와 지위 등에 민감하게 반응하지만, 미국과 같은 비격식적 문화권 사람은 나이, 성, 지위, 신분의 차이와 상관없이 언어를 평등화하려고 한다.

　　비언어적 커뮤니케이션에서도 문화권 간에 차이가 나는 것을 보여 준다.[96)]

---

96) Elashmawi and Harres, 1993, 최정희, 앞의 논문, pp. 25～26에서 재인용.

이문화 비즈니스 커뮤니케이션 예시 3

Smith : Good afternoon everyone. I'm John Smith Director of Marketing and Sales for Goodman and Smith, please call me John.

Suzuki : Thank you very much, I'm sorry for my English I am with the Suzuki Motor Corporation. I work in the International Department, Tokyo office.

Mohammed : I come from Saudi Arabia from the Mohammed Ah family, and I'm the president of my company. I have a Ph K from Stanford University. If you come to Saudi Arabia, please visit our home and have dinner with us.

Smith : Great, please call me John. It's getting very warm in here (All the Americans immediately follow Smith's advice and take off their coats. Other participants, waiting for an indication from their senior member, do not).

Bob : John, could you tell me how many of those you could produce in month?

Smith : Two thousand, Bob (Looks around room)Do our associates from Japan have any questions?

(They nod their heads, "yes, yes", but don't say anything, so John continues with his presentation, assuming they have any questions. From the silence, John assumes no noe does, so he thanks everyone for their time, and closes the presentation. Afterward, John is curious how his presentation went, so he decides to ask Mr Suzuki for his opinion)

Smith : do you think your company. would have an interest in buying some of our products?

Suzuki : Yes. yes.

Smith : That's wonderful. I'm sure you'll be happy with them Dr Mohammed, do you think you would be interested in buying some of our items.

Mohammed : In sha Allah (god willing), we will do a great deal of business with your company. However we have to see you in Saudi Arabia first.

사례에서 일본인 스즈키는 아랍인 모하메드와 비슷하게 수직적인 위계서열의식에 따라 격식을 갖추어 대화에 참여한다. 의사결정을 자신이 독단으로 내리지 않으며 상사의 의중을 살핀다. 이에 반해 미국인 스미스는 자유롭게 대화에 참여한다. 실내가 더우면 격식을 따져 지위나 나이에 따라 서열을 중시하는 동양문화권 사람과는 달리 상의를 벗는다.

문화배경이 다른 주체와 비즈니스를 하는 경우에 이 밖에도 다양한 사례가 생길 것이다. 즉, 표현적 문화와 은폐적 문화 간 차이로 인해 비즈니스 커뮤니케이션의 차이를 유발할 수도 있다. 전화 통화나 문서 커뮤니케이션에서도 대면접촉과 마찬가지로 문화 간에 처리방식에 차이가 난다. 이렇게 비즈니스에서 상호교류를 할 경우, 상대 문화권에 대한 이해를 하는 것이 갈등을 방지하고 더 나아가서는 거래성사의 결정적인 관건이 된다.

다음에서는 이러한 다양한 문화 간에 비즈니스를 하려면 어떠한 실천이 필요한지 다룬다.

제4절 문화 간 비즈니스 커뮤니케이션 교육

국제사회에서 활동하여 성공적인 인간관계를 갖기 위해서는 상대의 문화적 배경에 입각한 생활양식, 행동규범, 인생관, 가치관을 사전에 이해하여 감정적 충격을 완화하고, 인지적 불일치로 인한 문화 간 충돌을 예방할 수 있다.

1 이문화에 대한 적응의 유형

이문화를 이해하는 것은 사람에 따라 이문화평가가 달라진다. 적극적으로 상대의 문화배경을 알고 그에 적응하려고 노력하는 사람이 있는가 하면, 그에 부담을 느껴 아예 자기 문화를 중심으로 '자기 중심적 행동'을 하는 사람도 있다. 이런 의미에서 볼 때 다음 네 가지 유형이 존재한다.

(1) 자국문화

자신과 다른 습관, 가치관과 만날 경우, 그 다름을 객관적으로 보려고 하지 않고 거부해 버리는 사람이다. 그래서 "이 나라는 우리나라와 이런 저런 점이 달라 나쁘다"라고 모든 것을 비관적 자세로 본다. 이런 유형의 이문화에 대한 적응은 매우 어렵다. 이것은 자기 나라에 대한 애국심은 좋으나 국수주의적 편향적 자세로써 자기 나라 중심을 합리화하는 것이다.

(2) 도 피

집단사회에서 상례화된 상하의 인간관계가 이문화에서는 통용이 안 된다. 특히 개인주의가 철저한 유럽과 미국사회에서는 이제까지 익숙한 사고방식이 통하지 않게 되므로 좌절을 느껴 의식적으로 이문화를 기피한다. 이런 사람은 대부분 성격이 내향적·폐쇄적이어서 이문화에서는 적응이 어렵다.

(3) 동 화

자신의 이질성을 숨기려고 하는 동시에 가급적 그 문화 속에 안주하려고 하는 사람이다. 이런 유형의 사람은 이문화에서 자기의 이질성에 열등의식을 갖고 있어 이문화에 동화함으로써 자기 방어를 하려고 한다. 이런 사람은 행동양식, 생활형태 등 모든 것을 그 나라 사람과 같아지려는 성향을 갖고 있다. 대개 이런 타입의 사람은 자기 문호에 무지한 젊은 층에 많으며, 타국에서 귀국해서는 "그 나라는 이렇더라."는 식으로 자기가 생활하고 있는 현실의 모든 것을 이문화 중심의 가치를 판단 기준으로 삼으려고 한다.

(4) 적 응

자국문화 중심의 유형과 같이 다른 문화에 대한 거부 반응을 보이거나 '도피유형'의 사람과 같이 소극적이지도 않다. 이들은 '동화유형'의 사람과 같이 자신의 이질성을 비하하지도 않으며, 그렇다고 자신의 정체성(identity)을 잃어버리지도 않는다. 이런 유형의 사람은 보통 사교적이며 다음과 같은 이점을 갖고 있다.

- 현지인과 적극적으로 부합하려고 노력하며 자국문화 중심으로 행동하는 것을 조심한다.
- 외국에서 그 나라 문화에 순응하고, 그들의 관습을 존중한다.
- 이문화는 그 나름대로 고유성이 있다는 것을 인정하고 사물을 좋고 나쁘다는 식의 우열로 판단하지 않는다.
- 이문화와의 접촉을 통해 자국문화의 특이성을 재확인해 가면서 행동한다.

이와 같은 적응유형의 사람이 이른바 '국제인'으로서의 자질을 가진 사람이라고 할 수 있다.

② 이문화 적응교육

(1) 이문화 커뮤니케이션 교육개념

국가영역 내에서 활동하는 전통적 국내기업은 해외활동무대로 넓혀 가고 있어 이른바 다국적기업으로 변모해 가고 있다. 국내시장이 포화되고 세계무역기구(WTO) 하에서 개방무역을 증대해 나가고 있으며 정보기술이 발달하여 물리적 거리를 극복할 수 있어 경쟁의 영역은 전지구촌이 되어 가는 것이 현실이다. 이러한 추세에서 다국적문화를 이해하는 것은 비즈니스 협상과 거래의 성사를 결정하는 중요전략이 된다.

지구촌화에 필요한 전략을 수립하고 인력을 개발하기 위한 개발모형에 대한 연구가 등장하고 있다. 휴젠버그 등은(Hugenberg, LaCivita, and Lubanovic, 1996)은 다른 문화권 간에 비즈니스 수행을 성공적으로 하기 위한 커뮤니케이션 훈련을 4대 요인으로 분류하여 제시하였다.

- **기본적인 커뮤니케이션 개념** : verbal, nonverbal, context
- **일반화된 문화개념**(general culture concept) : 종교, 미신교육의 영향 등
- **문화특유의 개념**(culturally specific concepts) : 언어, 의식, 신앙, 관습
- **상대 문화의 성역할**(role of gender) : 이 연구자는 상대국 문화의 이해에서 가장 중요한 것으로 문화에 가장 영향력을 미치는 것으로 알려진 상대국의 성역할이라고 주장했다.

바너(varner, 2000)는 두 문화권 간의 비즈니스맨이 상호작용을 한 경우에는 그 자신이 속한 비즈니스 환경에서 뒤로 물러서 새로운 맥락을 창조하는데 이것을 교류문화(transactional culture)라고 한다.[97]

예를 들어, 태국과 프랑스로부터 각각 재무담당자가 만나 비즈니스를 할 때에는 태국의 문화와 프랑스의 문화가 공존하기도 하지만, 이 두 문화가 상호작용하여 또 하나의 '교류문화'가 발생하는 것이다. 이것이 바로 문화 간 비즈니스 커뮤니케이션이 다른 맥락에서 문화 간 커뮤니케이션과 다른 점이라 할 수 있다. 또한 그는 비즈니스맨은 비즈니스 전략, 문화 간 전략, 커뮤니케이션 전략을 반드시 이해하여야 한다고 주장한다.

- **비즈니스 전략**(business strategy) : 조직의 주요개념, 즉 고용정책, 승진, 의사결정방식, 조직구조, 조직의 규모, 조직문화, 국제화 수준, 재무건전성, 변화의

---

97) 김정아, 앞의 논문, pp. 16~17에서 재인용.

경쟁 환경, 금융규제, 비즈니스법, 정보요구사항 등을 이해하는 것이다.

■ **문화 간 전략**(intercultural strategy) : 인종, 국민성, 성역할, 지위와 계급, 고배경과 저배경 문화 정도, 위험감수 정도, 문화적 민감성, 시간에 대한 태도, 불확실성에 대한 태도 등을 이해하는 것이다.

■ **커뮤니케이션 전략**(communication strategy) : 회사의 목표, 회사의 커뮤니케이션 정책, 언어, 기술적 배경, 커뮤니케이션 채널의 개인적 선호도, 커뮤니케이션 목적, 개인의 목적 등을 이해하는 것이다.

이러한 모델을 제시하면서 더불어 문화 간 비즈니스 커뮤니케이션 연구는 문화적 요소가 아닌 비즈니스 맥락에 초점을 맞출 것을 제언하고 있다.

(2) 이문화 커뮤니케이션 교육내용

이문화 커뮤니케이션의 교육내용은 크게 네 가지로, 그 내용은 과목은 ① 이문화의 이해(cross-cultural awareness), ② 이문화 커뮤니케이션(cross-cultural communication), ③ 이문화 협상(cross-cultural negotiation), ④ 글로벌 조직관리(global organization management)로 구체적인 교육내용은 아래와 같다.[98]

지금까지는 주로 기업에서만 단기적인 필요에 의해 해외주재원을 파견하는 대상자에 국한해 이문화 커뮤니케이션 교육을 실시하였으나, 앞으로는 장기적으로 국제적인 경쟁력을 키운다는 전제하에 대학이나 고등학교에서도 문화교육에 관한 교육과정이 개발되어야 한다. 이러한 교육을 실시하는 방법 역시 강의로 그치지 않고 사례교육을 포함하고 토의방식을 겸하는 등 체험학습으로 이루어져야 하므로, 개별적인 교육기관에 맡기는 것보다 훈련 프로그램을 개발하도록 국가가 재원과 선도역할을 담당하고, 전문가그룹이 현실적인 훈련 프로그램을 개발하도록 하는 것이 필요하다.

---

98) 삼성인력개발원에서 실시하는 삼성그룹의 2001년 문화교육 내용으로 교육의 대상자는 과장급 이상의 해외 법인장 부임예정자, 주재원 부임예정자, 해외업무 관련 부서 간부이다. 1년에 네 차례, 1회에 20명이 4일간 합숙훈련을 한다. 교육강사의 70%는 해외파견근무 경험자이며, 30%는 외부 강사인데 주로 학교, 컨설팅 회사의 실무담당자이다.

〈표 12-4〉 이문화의 이해

chapter	내 용	교수방법
국제화와 글로벌 마인드	• 국제화와 의미 • 국제 비즈니스에 영향을 미치는 요인들 • 기업의 국제화단계 • 국제화에 따른 이문화의 중요성 • 국내적 마인드와 글로벌 마인드	• 강의
이문화의 이해	• 문화의 개념, 문화의 모델 • 문화에 영향을 미치는 요소 • 국가별 이문화 사례연구	• 강의 • 비디오 • 사례
이문화 적응력 개발	• 이문화 적응력 개발단계 • 이문화 적응력 개발에 필요한 개인적 특성 • 이문화 접촉 시 문제발생의 원인 • 이문화 적응력 개발에 필요한 개인적 특성 • 행동 계획 수립(action-planning)	• 자가진단 • 강의/토의 • 비디오 • 행동계획 수립

〈표 12-5〉 이문화 커뮤니케이션

chapter	내 용	교수방법
이문화와 커뮤니케이션	• 이문화 대화사례 • 이문화 커뮤니케이션 모델	• 사례연구 • 강의
이문화 커뮤니케이션 영역	• 나의 커뮤니케이션 유형진단 • 문화에 미치는 요소와 커뮤니케이션의 유형 • 문화에 따른 커뮤니케이션 유형	• 자가진단 • 강의/토의
비언어(non-verbal) 커뮤니케이션	• non-verbal 커뮤니케이션의 중요성 • non-verbal 커뮤니케이션의 기능과 종류	• 게임 • 비디오, 강의/토의

〈표 12-6〉 이문화 협상

chapter	내 용	교수방법
협상의 본질	• 협상의 본질-협상의 정의, 개념, 종류 • 개인별 협상능력 진단	• 강의 • 자가진단
협상의 진행	• 이문화 협상 사례연구 　조별 연구 및 결과발표 • 협상의 과정 　준비, 진행, 양보와 합의	• 조별 연구 • 발표/토의 • 강의/미니사례
지역별 협상전술 및 전략	• 협상의 전술-언어적·행동적 전술 • 문화성향에 따른 지역별 협상전략 • 대표적인 문화적 협상 패턴	• 강의 • 사례연구 • 비디오/토의
협상의 평가	• 협상력 평가테스트 • 협상 시 여덟 가지 주요 실수 • 이문화 협상 시 직면하는 문제와 대응방법 • 협상력을 위한 제언	• 강의 • 토의 • 자기 평가

〈표 12-7〉 이문화 조직관리

chapter	내 용	교수방법
이문화 다양성 관리	• 다양성 관리의 중요성 • 다양성에 대한 개인 성향 파악 • 이문화 다양성 관리지침	• 강의 • 자가진단
이문화 조직관리	• 이문화 간 문제해결 • 이문화 조직관리 전략 : 업무영역 체계, 동기 　부여, 의사결정 / 지시명령, 효과적인 팀워크 • 업무평가	• 시뮬레이션 • 게임 • 강의 • 퀴즈 • 사례연구 • 비디오
글로벌 리더십	• 글로벌 리더가 되는 과정과 조건 • 글로벌 리더의 양성체계 • 자가진단 및 자기개발 계획	• 강의 • 자가진단

제13장

조직문화와 커뮤니케이션

제1절 조직문화의 개념

① 조직문화의 정의

　문화란 사회를 구성하고 있는 모든 사람들이 공통적으로 지니고 있는 가치관과 개념, 이념, 관습, 그리고 지식과 기술 등을 총칭하는 것으로서 그 문화권에 속한 인간의 행동에 영향을 끼치는 법칙들에 대한 가장 거시적인 개념이다. 따라서 문화란 한 사회를 형성하고 나서 그 사회를 유지, 발전시키기 위하여 사회구성원의 행동과 의식을 통합하고 조정하는 종합 요소라 할 수 있다.

　인간이 태어나 특정 환경에서 성장하면서 그 나름대로의 태도, 가치관, 행동유형을 가꾸어 가듯이 기업조직도 특정의 기업환경 속에서 적응하고 발전해 나아가는 동안에 그 구성원들 대다수가 공유하게 되는 기본 신념이나 가치관, 행동규범, 관습

등 일종의 집합적 의지(collective will)를 취득하게 되는데, 이와 같이 외부 환경에의 적응과 내부 구성원의 통합이라는 중요한 기능을 수행하고 있는 것이 조직문화(organizational culture)이다.

거시적인 문화개념을 미시적인 조직수준에 적용한 것이 조직문화의 개념으로, 조직문화에 대한 정의는 학자에 따라 연구관점의 차이로 인하여 다양하게 정의되고 있다. 조직문화란 용어를 처음 사용한 것으로 알려져 있는 페티그루(A. M. Pettigrew)는 조직문화를 "조직이 가지고 있는 상징, 언어, 이념, 의식, 전통 등의 총체적 개념의 원천"이라고 정의하고 있다.99) 페티그루의 이와 같은 정의는 문화에 대한 정의에 조직의 개념을 추가한 것으로 해석될 수 있다. 그러나 그의 이와 같은 정의에는 문화의 표면적 속성만을 표현하고 있지 문화의 본질을 설명하고 있지 못하고 있다. 즉, 한 조직의 문화를 올바르게 이해하기 위해서는 조직 구성원들이 오랫동안 공유하여 온 기본믿음이 무엇인지를 살펴보아야 한다. 이 기본믿음은 조직이 외부 환경에 어떻게 대응하여 살아남을 것인가 하는 생존의 문제와 조직 내부 요소들의 통합 문제를 해결하는 과정에서 터득하게 되며, 이것이 반복적이면서도 만족할 만하게 문제들을 해결해 줌에 따라 구성원들이 타당하게 여기고 아무런 의심 없이 당연한 것으로 받아들이게 된다.

샤인(E. H. Shein)은 "문화란 한 집단이 외적인 적응과 내적인 통합의 문제를 극복하기 위해 학습해 나가면서 발견되고 개발된 일련의 기본적인 전제유형(a pattern of a basic assumption)이며, 그것은 이들 제 문제에 관련하여 충분히 타당하고, 그래서 새로운 구성원에게 지각하고 생각하고 또한 느낄 수 있는 옳은 방법을 가르치는 것"으로 설명하고 있다.100) 그는 "조직문화란 외부 환경에 적응하고 조직 내부를 통합하는 문제를 해결하는 과정에서 특정 집단이 고안하고 개발한 기본 믿음들로, 이것은 오랫동안 구성원들 사이에서 아무런 의심 없이 당연한 것으로 받아들여지고 새

---

99) A. M. Pettigrew, "On Studying Organizational Culture", *AdministrativeScienceQuarterly, 24*, 1979, p. 574.
100) E. H. Schein, *Organizational Culture and Leadership*, Jessy-Bass Pub., 1985, p. 9.

로운 구성원들에게는 조직의 대내외 문제를 해결하는 방법으로 학습되어지는 것"으로 보고 있다. 즉, 조직문화란 "외부 환경에 적응하고 조직 내부를 통합하는 문제를 해결하는 과정이 반복되면서 구성원들 사이에 당연한 것으로 받아들여지는 기본적인 믿음으로서, 구성원들의 가치관, 태도, 행동에 영향을 주는 기본적인 가정(basic assumption)"으로 정의할 수 있다.

2 조직문화의 중요성

최근에 들어와서 조직문화에 대한 연구가 급증하고 있고 각 기업마다 조직문화운동이 활발히 진행되고 있는 이유는 조직문화가 그 특성과 강도에 의해서 기업의 효과성이 결정된다고 믿고 있기 때문인데, 조직문화가 기업경영에 있어서 미치는 영향은 다음과 같다.[101]

첫째 조직문화는 기업의 전략수행에 영향을 미친다. 즉, 기업이 비전 및 환경변화에 부합되는 바람직한 전략을 수립하였다 할지라도 그 전략을 수행함에 있어서 기존의 문화와 전혀 다른 가치관이나 행동양식, 작업방식 등을 요구하는 경우에는 그 전략의 성공적인 실행을 기대하기는 어렵다. 따라서 경영전략을 수립하는 경우에는 사전에 반드시 조직문화에 대한 분석이 필요하며, 기존의 조직문화와 상이한 경영전략을 수행하고자 하는 경우에는 조직문화의 변화에 대한 시도가 병행되어야 한다.

둘째, 합병 또는 다각화를 시도하는 경우에는 문화적 요소를 고려하여야 한다. 합병이나 다각화는 환경, 기술, 생산방식, 업무수행방법 등에 있어서 기존을 틀을 깨기를 요구하게 되며, 그 과정에서 조직 구성원들의 변화에 대한 갈등이나 저항 등 부작용을 겪는다. 따라서 합병이나 다각화를 시도하는 경우에는 사전에 변화에 대한 구성원들의 적용능력 및 분위기의 조성 여부를 파악하는 것이 중요하다.

셋째, 조직문화는 조직 내의 집단 간 갈등에 영향을 미친다. 모든 조직은 하위집

---

101) 유기현, 『조직행동론』, 무역경영사, 2005, pp. 566~568.

단별로 하위문화가 자연스럽게 형성되며, 집단 간 하위문화의 이질성이 기업 내 반드시 존재하게 마련이다. 따라서 집단 간 문화의 이질성을 통합할 수 있는 공통의 조직문화가 존재하지 않는 경우에는 문화적 특성의 차이로 인하여 집단 간 심한 갈등이 발생하게 된다.

넷째, 조직문화는 커뮤니케이션에 영향을 미친다. 동일 기업 내에서도 집단 간 문화적 이질성이 큰 경우에는 어떤 상황에 대한 해석하는 방식과 지각내용이 차이를 가져오고 효율적인 커뮤니케이션이 어려워지게 된다.

다섯째, 조직문화는 생산성에 영향을 미친다. 기업 내 구성원들의 개인적인 가치관과 조직이 추구하는 가치관 사이에 차이가 큰 경우에는 구성원들의 조직몰입도가 떨어지고 궁극적으로 생산성 저하를 초래하게 된다.

최근 조직문화 연구에 대한 관심이 매우 급격히 증대되고 있는 이유는 다음과 같다.[102]

첫째, 전반적인 사회의 변동으로 인하여 새로운 관리모형에 대한 필요성이 증대되었기 때문이다. 역사적으로 볼 때 1950년대 말부터 미국의 경영학이 도입되면서부터 10여 년간 우리나라에는 합리성과 과학적인 분석을 강조하는 관리론적 접근방법이 경영학의 주류를 이루었다. 이후 1970년대에 들어와서 조직을 전체적인 관점에서 보고자 하는 시스템적 접근방법이 새로운 패러다임으로 연구되다가 1980년대에 들어와서 경쟁의 심화 및 환경변화의 급속화로 인하여 전략경영의 개념이 중시되게 되었고 이를 효율적으로 수행함에 있어서 조직문화에 대한 분석이 필연적으로 요청되게 되었다.

둘째, 조직문화 연구가 최근에 급격히 증가된 또 하나의 이유는 조직문화에 대한 실무적인 요청 때문이다. 미국의 경우 미국경영의 퇴조에 대한 해결책을 강구하기 위하여 우수기업에 대한 탐구가 이루어 졌는데, 그 과정에서 우수기업의 공통점으로 강한 조직문화를 가지고 있다는 것을 발견하고 조직문화에 대한 연구를 본격화하기

---

102) 박내회·김원석, 『조직의 전략적 개발』, 한국경제신문사, 1994. pp. 22~29.

시작하였다.

셋째, 기업경영이 발달되고 국제화, 개방화 되어 감에 따라 다국적기업이 등장하고, 이에 따라 다국적기업의 활동영역이 각 국가의 문화적 특성에 관심이 높아지게 된 것도 조직문화의 연구가 활발하게 된 요인의 하나로 들 수 있다.

넷째, 전반적인 우리사회의 가치관이 급격히 변화하고 있기 때문이다. 오늘날을 가리켜 '불확실성의 시대' 또는 '변혁의 시대'라고 일컬을 정도로 현대사회는 급변하고 있으며, 이에 발맞추어 사회적인 가치관이나 규범이 변화하므로 경영자들은 이와 같은 변화에 대처할 수 있는 방안을 모색하여야 한다. 오늘날 기업 내 구성원들은 물질적 성공, 즉 부의 축적보다 생활의 질(quality of life)을 중요시하고 있으므로 기업경영자는 임금, 복리후생 이외에 승진, 우수사원 포상, 기업위상의 제고 등을 통하여 구성원들이 소속기업에 대한 자부심 및 성취감을 고양시킬 수 있도록 노력하여야 한다. 이와 같이 바람직한 조직문화의 개발 및 관리는 기업의 전략을 성공적으로 수행하고, 조직 내 구성원의 갈등을 완화시키며, 구성원 간 원활한 커뮤니케이션을 기하고, 구성원들에게 소속조직에 대한 자부심 및 성취감을 고양시킴으로써 궁극적으로 생산성 향상이나 이직률 감소 등의 조직성과의 증대 효과를 가져다준다는 점에서 조직문화의 중요성을 찾아볼 수 있다.

3 조직문화의 기능

조직문화의 중요성에서 언급한 바와 같이 조직문화는 조직 구성원들을 조직의 목표에 정렬시키고, 조직 구성원 간 일체감을 부여하고 조직 내 갈등을 완화시키는 역할을 수행한다. 스미르시츠(L. Smircich)는 조직문화의 기능을 다음의 네 가지로 설명하고 있다.[103]

---

103) R. T. Pascale, and A. G. Athos, *The Art of Japanese Management*, New York: Penguin Books Co., 1981, pp. 78~84.

첫째, 조직문화는 조직 구성원들에게 조직 구성원으로서의 정체성(identity)을 제공한다. 조직정체성이란 조직 구성원들이 공유하는 행동적, 심리적 동질성을 의미한다. 우리는 흔히 특정 조직 내의 구성원들에게서 보여 지는 그들만의 독특한 심리적, 행동적 특성을 쉽게 발견한다. 예를 들어 삼성인과 현대인의 칼라가 다르다든가, 컨설팅 산업 내에서도 외국컨설팅회사에 근무하는 컨설턴트와 국내컨설팅회사에서 근무하는 컨설턴트 간에 심리적, 행동적 차이를 보여주는 것은 두 조직의 문화가 다르기 때문이다.

둘째, 조직문화는 조직체계의 안정성을 높여준다. 즉, 대부분의 조직은 조직이 추구하는 가치와 벗어난 구성원들에게 일정한 제제를 가함으로써 조직질서를 유지하고자 하는데, 이와 같이 조직문화는 간접적으로 규범적 역할을 수행한다.

셋째, 조직문화는 집단구성원에게 집단적 몰입을 이끌어낸다. 조직 구성원들은 조직문화를 통하여 구성원 간 동일한 가치관이나 믿음을 인식하게 되고, 이를 통하여 강한 동료애와 집단에 대한 충성심과 몰입을 이끌어내게 된다.

넷째, 조직문화는 조직 구성원들에게 일정한 방향으로 이끌어가는 학습도구로서의 기능을 수행한다. 즉, 구성원들은 조직 구성원들에게 요구되는 가치, 신념이나 믿음이 무엇이고 조직 내에서 어떻게 행동하여야 하는가에 대하여 배울 수 있도록 하는 학습기능을 수행한다. 이 외에도 조직문화는 조직의 안정성을 유지하는데 기여할 뿐만 아니라, 조직이 어려움에 처해있을 때 어려움을 극복하는 힘으로서 작용하며, 많은 연구결과를 보면 강한 조직문화를 가진 기업일수록 기업의 어려움을 잘 극복할 수 결정적인 힘을 제공한다는데 견해가 일치한다.

제2절 조직문화의 구성요소

1 파스칼, 피터 등의 조직문화 구성요소

파스칼(Pascale)과 아토스(Athos),[104] 그리고 피터(Peters)와 워터맨(Waterman)[105] 등은 조직문화의 구성요소로서 7S모형을 제시하였는데, 이들 요소에 대하여 구체적으로 설명하면 다음과 같다.

(1) 공유가치(shared Value)

공유가치란 7S 중 가장 중요한 요소로서 조직 구성원들에게 주입시켜 온 가치관, 이념, 전통가치, 기본목적 등을 포함하며, 전략적 목표설정과 구성원의 행동경향 등 다른 요소에 영향을 줌으로써 조직문화 형성에 가장 중요한 위치를 차지하고 있다.

(2) 전략(strategy)

전략이란 경쟁우위를 확보하기 위하여 기업 내 제 자원을 배분하는 계획과 행동패턴을 의미한다. 특히 전략은 조직의 기본성격을 지배하는 중요요소로서 조직의 중심가치 또는 상위목적을 중심으로 이를 달성하기 위한 조직운영에 장기적인 틀을 제공함으로써 다른 요소들에게 많은 영향을 주게 된다.

(3) 조직구조(structure)

조직구조란 조직의 구성단위 및 이들 사이의 관계를 연결시키는 방식으로서 장기적인 전략을 수행하는 데 필요한 조직구조와 직무설계, 권한관계와 방침규정 그리고

---

104) R. T. Pascale, and A. G. Athos, *The Art of Japanese Management*, New York: Pengui Books Co., 1981, pp. 78~84.

105) T. J. Peters, and R. H. Waterman, *In Search of Excellence: Lesson from American's Best Run Companies*, New York: Harper & Row Publishers, 1982, pp. 8~13.

상호 간 관계 및 조직 구성원 행동에 영향을 주는 공식요소들을 포함한다.

(4) 제도(system)

제도란 조직운영과 경영과정에 관련된 모든 제도를 의미한다. 즉, 제도란 매일 수행되는 업무들을 조직에서 어떻게 받아들이고 처리하는지를 보여주는 일련의 프로세스와 업무흐름을 말하며, 여기에는 커뮤니케이션, 의사결정시스템, 보상체계, 인센티브제도, 목표설정제도 등 주어진 조직구조 하에서 조직의 목적과 전략을 실제로 달성하는데 적용되는 모든 제도와 시스템을 포함한다.

(5) 구성원(staff)

구성원이란 조직의 인적자원 요소로서 여기에는 직원채용, 교육훈련, 평가시스템, 승진, 임금과 같은 실체적 요인뿐만 아니라 근로의욕, 자세, 동기부여 등과 같은 추상적 요인을 포함한다.

(6) 스타일(style)

구성원들의 행동경향과 행동패턴을 말하며, 주로 리더십 스타일, 즉 경영자가 어떻게 자기의 시간과 노력을 투입하고 조직을 어떻게 이끌어 나가는가 하는 방식이 기업의 스타일 결정에 중요한 영향을 미친다.

(7) 기술(skill)

기술이란 조직 내에서 구성원 각각의 능력뿐만 아니라 조직의 경쟁력으로 승화된 조직 전체의 능력을 의미하며, 여기에는 동기부여, 강화, 통제, 통합, 조정, 갈등관리, 변화관리 등 과업수행상의 구체적인 방법과 기술을 포함한다.

7S는 특성에 따라 Hard "S"와 Soft "S"로 구분할 수 있다. Hard "S"란 전략, 조직, 제도를 말하는데, 이 요소들은 논리적, 합리적으로 대응이 가능하고, 비교적 쉽게

모방이 가능하며, 변화의 가시화에 중요한 영향을 미치는 특성을 가지고 있다. 한편 Soft "S"란 공유가치, 기술, 구성원, 스타일을 말하며, 이 요소들의 특성은 인간의 감성이나 감각을 고려하여야 하고, 쉽게 모방이 되지 않는다는 점에 있다.

한편 7S를 활용방법에 따라 구분해 보면 공유가치, 전략 및 기술은 조직이 지향하는 방향성과 목표수준을 결정하는 요소이며, 조직구조, 제도, 구성원, 스타일은 조직이 指向하는 방향성과 목표를 달성하기 위해서 갖추어야 할 조직운영의 인프라(Infrastrucuture) 역할을 한다.

2 딜(Deal)과 케네디(Kennedy)의 조직문화 구성요소

딜과 케네디는 조직문화 형성에 영향을 미치는 요소로서 ① 사업환경, ② 가치, ③ 영웅, ④ 의례 및 의식, ⑤ 문화망 등을 들고 있다.[106] 사업환경은 조직문화 형성을 위한 가장 중요한 요소로서 각 조직의 성패는 사업환경에 대한 적응능력 정도에 달려 있으므로 사업환경에 적합한 문화유형의 형성이 매우 중요하다고 그들은 보고 있다.

가치는 구성원들이 공유하는 조직의 기본적 신념으로 조직문화의 핵심적 요소로서 조직 내 풍부하고 복잡한 가치체계를 구성원들이 공유하는 정도가 강할수록 강한 조직문화를 형성하게 된다.

영웅은 가치를 인격화하여 구성원들이 귀감이 될 수 있는 역할을 부여한 것이며, 주로 기업체의 창업자나 전문경영자가 이에 해당하며, 그들은 자신의 행동을 통하여 조직 구성원들에게 눈에 보이는 형태로 종업원의 본보기가 되는 역할을 한다.

의례와 의식은 체계적이고 계획된 일상적인 의식으로서 조직의 구성원에게 기대하는 행위를 표출하는 기능을 한다. 이는 조직의 가치를 행동에 옮기고 이를 강화시키는 요소로서 작용한다.

---

106) T. E. Deal, and A. Kennedy, *Corporate Culture*, Reading Mass: Addison Wesley Pub. Co., 1982, pp. 13~15.

조직 내 커뮤니케이션수단인 문화망은 가치와 신화의 확산경로로서 역할을 수행한다. 조직의 리더들은 문화망을 효과적으로 잘 이용할 때 바람직한 조직문화의 형성을 유리하게 도모할 수 있다.

제3절 조직문화의 형성

조직이란 환경에 적응하면서 조직목표를 달성하기 위해 필요한 업무를 수직적, 수평적으로 분화하고, 분화된 세부단위 조직(하위조직 : 부서)에 개인을 배치한 후 개인에게 주어진 기능을 수행하도록 한다. 그래서 조직은 주어진 목표달성을 위하여 분권 및 분업을 통하여 특정의 기능을 수행하는 하위조직의 집합체라고 할 수 있다.

그런데 조직에서 목적과 수단의 관계는 목적(목표) 그 자체는 최종적인 목적에 대한 단순한 수단으로서 목적-수단의 연쇄로 생각할 수 있다. 즉, 계층별로 하위계층에서는 목적으로 생각할 수 있다. 따라서 목적과 수단은 불가분의 관계이면서 동시에 계층관계에 따라 규정된다.

1 기능별 하위시스템과 하위조직문화

카츠와 칸(Kats and Kahn)은 시스템 모형을 제시하면서, 조직은 목적추구를 위한 기능적 요건으로서 다음 다섯 개의 기능별 하위시스템에 의해 구성된다고 주장하고 있다.[107] 즉, 조직 전체의 관점에서 조정이나 의사결정을 행하는 상위계층에 속하는 관리적 하위시스템(managerial subsystem)과 기타 하위계층 조직의 존속에 불가결한 기능적 요건인 생산(production)과 유지(maintenance), 적응(adaptive), 경계(boundary) 등의 하위시스템을 뜻한다.

---

107) D. Katz, and R. I. Kahn, *The Social Psychology of Organizations*, 2nd ed., John Wiley & Sons, Inc., 1978.

이러한 하위시스템은 기능적 목표달성이라는 관점에서 내·외부 환경에 제약을 받으면서도 자신의 기능을 효율적으로 발휘할 수 있는 구조화로 지향하게 된다. 여기서 분화(제조·마케팅·연구개발)를 예상하게 되는데, 이것을 카츠와 칸의 모형과 관련해서 검토하면 제조·마케팅·연구개발 등은 각각 생산·경계·적응 등의 각 하위시스템에 해당된다.

② 하위관리시스템과 조직문화

조직은 자원의 효과적인 이용이나 장기존속을 목표로 하여 규모를 확대하거나 조직구조의 변혁 등을 수행하는데, 이 과정에서 주로 의사결정을 담당하는 것이 하위관리시스템이다. 하위관리시스템의 기능은 ① 각 계층수준 간의 갈등을 해결하고, ② 각 기능별 하위시스템을 조정·지휘하며, ③ 외부적 요청과 조직 내부 요청의 조정을 수행하는 것으로 요약할 수 있다.

하위관리시스템의 기능은 해당 조직에서 수행하지 않으면 안 되는 주요 기능이 무엇인가를 결정하는 것을 뜻한다. 즉, 이는 해당 조직의 주요사업은 무엇이고, 또 이를 어떻게 수행할 것인가를 상황과 기능별로 결정하며, 동시에 다른 기능과의 합리적인 조정을 수행하는 것을 의미한다. 여기서 의사결정의 주체는 환경세계로서 경영구상력이나 새로운 결합의 수행에 관한 문제로 본다.

의사결정 주체가 환경체계를 배경으로 일단 전략목적이 결정되면 그 목적에 합리적인 수단을 결정해야 하고, 동시에 목적 실현을 중요시하는 기능별 하위시스템이 존재하게 된다. 그래서 선정된 기능별 하위시스템이 하위시스템을 이끌면서 해당 조직에서 중심적인 역할을 수행하게 되고, 또 그 기능의 증대와 함께 그 기능을 효과적으로 수행하기 위한 가치의식이나 행동규범이 전체조직에 반영됨으로써 전체적 조직 차원에서 조직문화를 형성하게 된다. 이때에 각 기능별 하위시스템은 독자적인 가치 지향성을 갖고 있으며, 조직에서 가치체계는 각 시스템의 상호작용 속에서 형성되고 있는 것을 이해해야 할 것이다.

　이상과 같은 논리는 사이몬(Simon)[108]의 준 분해가능시스템을 설명하기 위해서 제시하고 있는 예와 동일하게 생각할 수 있다. 즉, 외벽이 환경으로부터 열을 완전히 차단하고 있는 여러 개의 방이 있는 건물을 예시하면 여기서 벽은 이 시스템의 경계로 볼 수 있다. 이 건물 각 방의 벽은 열을 차단하는 기능을 수행하고는 있지만 완벽한 상태는 아니다. 그래서 방별로 온도의 차이는 있지만 시간이 경과하게 되면 전체 건물 내의 온도는 비슷한 상태가 됨을 느낄 수 있다.

　여기서 온도는 조직문화이고, 건물 내의 각 방(개별 하위시스템)마다 독자적인 온도차(하위조직문화)를 갖지만 시간이 경과할수록 건물(조직)전체는 거의 비슷한 온도(조직문화)를 유지·형성한다고 볼 수 있다. 그런데 사이몬의 예시에 따라 특정 기능의 하위시스템을 중시 또는 강화한다면 특정한 방에만 난로를 설치하여 그 방의 온도만을 높이고 있는 상태를 생각할 수 있다. 즉, 시간과 함께 그 방의 온도가 건물 전체의 온도를 결정하게 될 때 이를 조직문화와 관련시켜 보면 하위시스템의 가치지향성이 요점이 되고 동시에 전체조직으로서의 조직문화를 좌우한다고 볼 수 있다.

　따라서 특히 조직에서 강조되고 있는 기능이 존재하지 않는다면 해당 조직에서의 조직문화도 특성이나 특색을 보일 수 없다. 이는 대부분의 성공기업이 최고경영자의 특성을 배경으로 자신의 강점이나 장점을 특정 기능에서 중시 내지는 강조함으로써 해당 조직의 조직문화를 보다 선명하게 나타내는 경향을 의미한다.

③ 사회적 시스템과 조직문화

　조직을 사회적 시스템 측면에서 본다면 조직은 하위시스템에 대한 하나의 기능수단으로 하위시스템에서 어떤 형태의 공헌을 함으로써 비로소 존속을 위한 이른바 생존가를 획득할 수 있다. 따라서 조직은 그 존재의 초기에 어떠한 기능목적을 담당

---

108) H. A. Simon, *Administrative Behavior*, Macmillan Co., 1945, pp. 174~175.

하는가에 따라 조직의 실체 내지 존재가 본질적으로 규정지어진다.

에치오니(Etzioni)[109]의 조직유형에 따르면 조직이 규범적 조직, 강제적 조직 등의 유형에 따라 해당 조직이 취할 수 있는 행동양식은 제약을 받게 된다. 예를 들면, 교회·기업·형무소 등은 그 설립의 목적 자체가 다르며, 그곳에서 수행되는 기능의 차이에서 형성되는 조직문화, 즉 공유되는 가치나 존재도 상이하다.

따라서 상위시스템과의 관계에서 조직이 어떻게 규제되고 있는가를 검토하면, 해당 조직이 어떠한 기능을 상위시스템에 대하여 수행하고 있는가에 따라 조직유형의 문제나 조직의 존재의식 등이 기업목적을 규정하고 있는 것으로 볼 수 있다. 그리고 '목적-가치'의 모형에 따르면 조직전체의 가치지향성이 출현하는 것으로서 그 가치지향성이 조직문화를 제약하고 있다.

그러므로 광의의 조직문화는 상위시스템의 규제범위 내에서 목표달성에 가장 유력한 하위시스템이 강화되어, 개별기능과 결부된 가치가 하위시스템의 가치지향성과 상대적인 역학관계(예를 들면, 인재나 자금할당이 상이함) 속에서 우위를 점하고, 동시에 부문별 연결로 우위가 강화되어 마침내 조직전체가 공유할 수 있는 공통견해를 형성하게 된다고 하겠다. 그리고 조기변혁에 따라 형성된 조직문화는 이를 지키고 발전시키려는 경향이 있기는 하지만 조직문화의 변천이 이루어지는 과정은 매우 복잡하므로 이를 체계적으로 검토해야 한다.

제4절 조직문화의 세계화 전략

세계화 과정에서 조직문화는 조직의 역사적 배경과 내부 관리체계의 통합, 그리고 급변하는 외부 환경의 적응과 지배 및 조직의 효과성을 기초로 전략적 변화를

---

109) A. Etzioni, *A Comparative Analysis of Complex Organization,* The Free Press of Glencoe, Inc., 1961.

시도해야 한다. 여기에는 경영자의 신념과 가치관 확립 그리고 세계화로 지향하는 전략적인 문화창조가 지향되어야 한다.

3 문화의 전략적 방향과 국제 사회화 과정

(1) 기업문화 창출의 전략적 방향

세계화 과정에서 기업이 제품의 차별화를 통해 경쟁력을 강화시키는 전략을 찾는 것과 같이 조직문화의 차별화는 성공적인 조직문화변혁을 의미한다. 여기서 차별화는 국가 차원이나 기업 차원에서 문화의 특징화로 이해되어야 한다. 국제사회에서 특정 기업의 조직문화를 차별화시키는 과정은 쉬운 과제가 아니다. 제품의 차별화가 어려운 성숙시장에서 기업문화 창조에 의한 기업문화의 차별화는 경영전략의 중요한 과제로 제시된다. 이와 같은 관점에서 기업문화의 전략적 과제로서의 의의를 다음과 같이 특징화시킬 수 있다.

① 창조적 기업이념의 정립

문화는 인간의 창조물이고, 기업집단의 사회적 사고와 특정 기업의 행동양식이다. 따라서 세계화 과정에서 기업문화의 창출을 통해 경쟁력을 강화시키고, 계속기업으로 성장할 수 있는 전략적인 기업이념을 정립해야 한다.

② 가치관을 전제로 하는 의사결정

기업문화는 개인을 초월한 사회적인 영속성을 가지고 있다. 그리고 기업문화는 국제사회 문화과정에서 형성되고 상징적으로 계승된다. 이러한 관점에서 개인 이전에 기업경영 차원에서 세계화로 지향하는 가치관을 전제로 의사결정이 이루어져야 한다.

③ 미래지향적이고 전략적인 조직설계

기업문화는 내외적 행동의 일관성과 통합성을 추구하면서, 규범화된 기업행동을 제약하게 된다. 따라서 기업이념의 상승효과와 가치를 전제로 하는 의사결정을 효과적으로 수행할 수 있도록 미래지향적이고 전략적인 조직설계가 이루어져야 한다.

(2) 조직문화의 국제 사회화 과정

국제적으로 조직문화의 사회화 과정은 조직의 새로운 구성원들이 그 조직의 문화에 일체화되는 체계적인 과정을 의미한다. 즉, 기존조직의 구성원이 축적·개발된 문화, 즉 사회적 지식과 기술을 새로운 구성원에게 전수하는 과정을 의미한다.

① 제1단계(최적선발)

지원자 중에서 지역별·국가별로 최적의 인적자원으로 활용 및 개발가능성이 있는 대상자를 신중하게 모집·선발한다. 이를 위해 표준화된 절차에 따라 기업성과에 효과적인 영향을 미치는 특성들을 구체화하여 차별화 전략과 일치하는 인적자원을 개발한다.

② 제2단계(훈련을 통한 신념과 가치관 주입)

의식구조와 행동이 상이한 다국적 인력을 체계적으로 강한 훈련을 통해 조직의 이념과 신념 및 가치관을 주입시키고, 동시에 수용을 유도한다.

③ 제3단계(교육훈련)

교육과 훈련과정을 통해 기업의 핵심기능을 숙지시키고, 단계별로 성과증대와 생산성 향상을 위한 지속적이고 고차원적인 교육훈련 프로그램을 마련·실시한다.

④ 제4단계(업무평가와 보상)

개인별 업무성과평가시스템에 의해 정확하고 공정하게 측정·평가하여 이에 상응하는 보상을 한다. 물론 보상시스템의 운영은 공정성과 일관성을 인정할 수 있어야 한다.

⑤ 제5단계(공동가치와 일체감의 조성)

4단계를 거쳐 구성원의 개인적 노력과 공헌 및 희생을 당연시하는 조직공동가치의 일체감을 갖도록 한다.

⑥ 제6단계(가치의 전수)

차별화된 기업문화, 즉 기능별 전문지식과 기술을 비롯한 조직문화의 특성을 전수시킨다. 최상의 상징적이고 우월한 사고와 행동을 의식적으로 고취시킨다.

⑦ 제7단계(역할모형의 제시)

경영자의 철학과 상위자의 창의적인 사고와 모범적인 행동은 일관성을 갖고 역할모형화시켜 계속 개발·보완·제시한다.

제5절   조직문화와 커뮤니케이션

1 커뮤니케이션의 조직적 방해요인

모든 커뮤니케이션이 개인의 잘못된 이해관계에서 파생된 것이라도 조직의 유효성을 저하시키는 요인으로 작용한다. 조직 내 커뮤니케이션은 개인 간의 커뮤니케이션보다 더욱 복잡하며 때때로 심각한 분쟁을 만드는 경우가 많다.110)

(1) 신뢰 부족

신뢰를 형성한다는 것은 매우 어려운 일이다. 다른 구성원이나 부문을 무조건 믿는다는 것은 매우 위험한 일이기 때문이다. 따라서 상대를 신뢰하지 않고서는 자유

---

110) 임창희·홍용기·채수경, 『비즈니스커뮤니케이션』, 한올, 2001, pp. 94~101.

롭고 공개적인 커뮤니케이션을 할 수 없다. 이는 개인에게 위협적인 상황이 될 수도 있으며, 조직의 안정성을 위협할 수도 있다. 이러한 신뢰의 장벽을 극복하기 위해서는 상호 가시적이고 인간적인 접근이 존재하여야 한다. 따라서 상호신뢰의 조직문화는 개방적인 커뮤니케이션을 장려하고 올바른 정보의 전달과 감정의 이입을 통하여 조직의 성과를 높인다. 동료, 상사, 부하를 속이려고 해서는 안되며, 정보의 공유를 함으로써 정직한 커뮤니케이션이 이루어지고 올바른 의사결정을 하게 된다.

(2) 폐쇄적 커뮤니케이션

커뮤니케이션 분위기는 조직문화에 의하여 많은 영향을 받는다. 직접적이고 권위적인 조직문화는 공개적이고 자유로운 정보의 교환이나 커뮤니케이션이 이루어지지 않는다. 이러한 폐쇄적 커뮤니케이션 분위기를 없애기 위해서는 문제제기보다는 경청하는 방법을 숙지하고 많은 시간을 할애하는 것이 필요하다. 구성원의 건설적인 토의가 이루어지기 위해서는 자유롭게 아이디어를 발표할 수 있고, 의견을 제안하는 구성원을 격려할 필요가 있으며 자유롭게 발언할 수 있도록 하여야 한다.

(3) 비윤리적 커뮤니케이션

조직은 불법적이거나 비윤리적인 메시지를 만들어 내면 안 되며 장기적인 관점에서 신뢰의 조직문화를 만들어야 한다. 조직의 내·외부와의 관계는 공정성과 신뢰를 어떻게 구축하느냐에 따라 달라진다. 이러한 비윤리적인 장벽을 극복하기 위해서 메시지는 윤리적이고 당위적인 정보를 포함하여야 한다. 비윤리적인 메시지는 구성원간의 커뮤니케이션을 왜곡하거나 꺼리게 되며 다음에 계속되는 진실한 메시지의 소통에도 나쁜 영향을 미치게 된다.

(4) 적절하지 않은 커뮤니케이션 구조

조직 커뮤니케이션은 커뮤니케이션의 경로와 의사결정에 관한 내용이 공식적인 제약에 의하여 이루어진다. 하지만 지나친 공식화는 커뮤니케이션의 유효성을 떨어드린다. 권위적인 조직문화와 집권화된 조직의 경우 커뮤니케이션의 유효성을 감소시키므로 수직적인 커뮤니케이션보다 수평적인 커뮤니케이션을 늘이려는 노력이 필요하다. 이러한 위계를 줄이려는 노력은 부문 간 협조를 증가시키거나 쌍방향 커뮤니케이션을 활성화시키는 등의 노력이 필요하다.

(5) 신분과 지위

낮은 지위의 구성원은 상급자로부터 메시지를 받거나 상급자가 관심을 기울이는 분야에 대하여 이야기할 때 매우 조심스럽게 된다. 반대의 경우로 높은 지위에 있는 사람은 자신의 권위를 지키면서 대화에 참여하게 되고, 조직이나 부문에 대한 부정적인 메시지는 거절하면서 커뮤니케이션을 하여야 한다. 이렇게 지위의 차이에 의한 커뮤니케이션의 장애를 극복하기 위해서는 서로 정보를 공유하는 조직분위기를 가져야 한다. 과감하게 다른 사람에게 정보를 공개하여 공유하는 것이 바람직하다.

2 조직 커뮤니케이션의 개선 방안

(1) 커뮤니케이션 환경의 개선

조직의 역사에 대한구성원들의 이해를 높이는 것, 즉 조직문화에 대한 구성원들의 교육이 필요하다. 특히 입수, 합병 등으로 상이한 조직문화에서 근무한 구성원들 간에 변화에 대한 갈등이나 저항 등 부작용을 겪는다. 기업 내에서 집단 간 문화적 이질성이 큰 경우에는 어떤 상황에 대한 해석하는 방식과 지각내용이 차이를 가져오고 효율적인 커뮤니케이션이 어려워지게 된다.

(2) 조직구조의 개선

조직 구성원이 활동하는 공간에 대한 배치(layout)에 대한 개선이 필요하다. 물리적인 공간의 개선과 더불어 조직 구조를 개선하여 원활한 커뮤니케이션이 이루어지도록 한다.

(3) 수평적 커뮤니케이션의 개선

평상시 정보의 자유로운 소통이 있어야 하며, 그렇게 하기 위해서는 조직 구성원들은 상급자에 대하여 신뢰하여야 한다. 또한 부문 간의 형평 유지에 관심을 기울여야 한다.

(4) 지시, 명령, 전달방법의 개선

직무수행자는 해당 직무에 대하여 충분히 숙지하도록 함으로써 직무가 요구하는 바를 정확하게 이해하도록 해야 한다. 또한 커뮤니케이션 경로를 다양화하여 공식적인 커뮤니케이션 경로 이외의 경로를 유지하고 이러한 경로를 이용하여 수시로 전달하며 복잡한 사항은 반복적인 커뮤니케이션을 한다.

(5) 보고, 제안, 설명방법의 개선

조직의 권위주의적 분위기는 자유로운 커뮤니케이션을 어렵게 한다. 따라서 권위주의적인 분위기를 없애고 개방적인 분위기를 유지하도록 하는 것이 필요하다. 보고나 제안 시 정보의 양이 많을 경우에는 우선순위를 정하여 수행하도록 하며, 정보의 핵심을 파악하여 보고하고, 예외적인 일과 중요한 일을 먼저 보고한다.

부 록

Workshop과 토의자료

제4장
Workshop과 토의자료

1. 인생태도는 나(I'm)와 너(you're)의 관계를 형성하는 기초입니다.
2. 인생태도의 개선은 긍정적인 인간관계 형성을 촉진합니다.
3. 〈부록 4-1〉의 인생태도 체크리스트를 통하여 자신의 인생태도를 체크하고 〈부록 4-2〉의 결과표를 작성합니다.
4. 관계가 좋은 사람과 관계가 좋지 않은 사람을 각각 떠올리고 왜 그런 관계가 형성되었는지를 생각하고 토의합니다.
5. 인생태도를 개선(OK랜드)하기 위한 구체적인 방안을 토의합니다.

인생태도 체크리스트

다음 각 문항의 우측기준에 따라 흰색 □에 점수를 기록하십시오.	매우 그렇다(강한 긍정) ························· 5 자주 그렇다(긍정) ································ 4 그저 그렇다(보통) ································ 3 별로 그렇지 않다(부정) ························· 2 거의 그러지 않다(강한 부정) ················· 1

진단 내용	항목별 점수			
1. 남의 말을 곧이곧대로 잘 믿는다.				
2. 자신의 생활에 충실하다.				
3. 타인에게 "당신과 있으면 안심이야"라는 소리를 자주 듣는다.				
4. 개인적인 비밀을 남에게 거의 이야기하지 않는다.				
5. 남의 이야기에 상처를 잘 받는다.				
6. 상대의 무신경함에 화내는 일이 종종 있다.				
7. 자신의 실수를 별로 마음에 담아 두지 않는다.				
8. 지금의 친구보다 더 좋은 사람이 반드시 있다고 생각한다.				
9. "내게는 그럴 만한 능력이 없어" 하고 포기하는 경우가 많다.				
10. 자신의 패션 감각에 자신이 있다.				
11. 상대가 이야기하는 것을 잘 듣는다.				
12. 남이 호의를 베풀어도 달갑지 않게 느끼는 일이 종종 있다.				
13. 자신에게는 아직 감춰진 재능이 있다고 생각한다.				
14. 누군가가 나에게 뭔가 해 주는 것을 좋아한다.				
15. 자신을 매력적인 사람이라고 생각한다.				
16. 자신이 먼저 다른 사람에게 접근하는 일은 거의 없다.				
17. 다툼이 생기면 타인의 탓으로 돌려 버리는 일이 많은 편이다.				
18. 기뻐하는 사람을 보면 자신의 기분까지 좋아진다.				
19. 무슨 일이든 "하면 된다"고 생각한다.				
20. "그 사람과 같이 있어 다행이야"라고 느끼는 일이 많다.				

진단 내용	항목별 점수			
21. 남과 함께 일을 하면 잘 되는 일이 많다.				
22. "내 호의가 상대를 불편하게 하는 것은 아닐까?" 걱정한다.				
23. 좋아하는 사람에게는 자신이 먼저 접근해 간다.				
24. 상대의 장점을 잘 찾아내는 편이다.				
25. 상대의 결점이 하나라도 눈에 띄면 그 사람 전체가 싫어진다.				
26. 남에게 비판을 받으면 아무 말도 못한다.				
27. 나는 다른 사람을 진심으로 좋아하는 편이다.				
28. "내가 왜 이런 짓을 했을까?" 하고 후회하는 적이 많다.				
29. 무엇을 해도 잘 해내지 못하는 사람이 많다고 생각한다.				
30. 자신의 말과 행동에 자신감을 갖지 못한다.				
31. 자신이 하고 싶어도 주위사람이 싫어하면 곧 잘 참아 버린다.				
32. 다른 사람의 실수나 실패에 대해 별로 초조해 하지 않는다.				
33. 기분 나쁜 일이 있어도 금방 기분전환을 할 수 있다.				
34. 앞으로도 즐거운 일이 많이 있을 것이라고 생각한다.				
35. 자신의 사고방식과 틀린 사람과도 잘 지낼 수 있다.				
36. 남과 비교해 부족한 것이 많다고 느끼는 일이 자주 있다.				
37. 자신의 취향과 틀린 사람과는 사귀고 싶지 않다.				
38. 자신이 느낀 것에 대해 잘 이야기하는 편이다.				
39. 싸움을 하더라도 화해의 실마리를 스스로 잘 찾는다.				
40. 남에게 폐를 끼치거나 제멋대로 말하는 것에 대해 별로 신경쓰지 않는다.				
41. 다른 사람이 관심을 갖고 있는 일을 많이 하는 편이다.				
42. 귀찮은 일에는 가급적 관여하지 않는다.				
43. 자신의 생활방식에 만족한다.				
44. "친구와 우정이란 이런 것"이라고 딱 잘라 결론을 낼 수 있다.				
45. 참 자기를 보이면 타인이 자신을 싫어할 것 같은 느낌이 든다.				
46. 상대의 싫은 면이 있더라도 사귈 수 있다.				
47. "나는 참 열심히 노력하고 있는데…"라는 생각을 자주 한다.				
48. 무엇을 해도 뜻대로 안 된다는 느낌이 든다.				
합 계				

인생태도 체크리스트 결과표

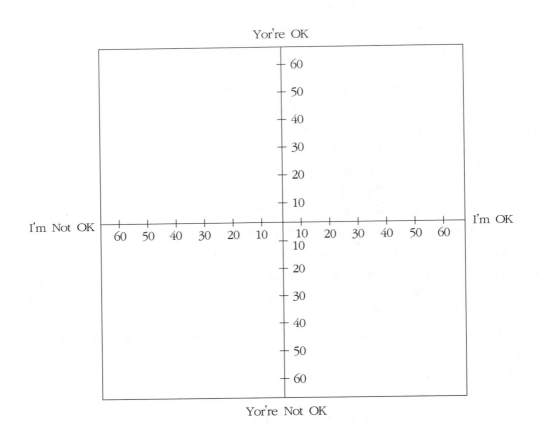

인생태도 결과해석

인생태도 체크리스트는 네 가지 인생태도를 각각 12문항씩 총 48개 문항으로 구성되어 있습니다. 체크리스트 각 문항별로 □ 안에 강한 긍정 5점~강한 부정 1점으로 점수를 기입하고 세로로 각 항목별 점수의 합계를 기록합니다.

각 항목은 앞의 두 칸은 You're의 인생태도를, 뒤의 두 칸은 I'm의 인생태도를 각각 나타내고 있으며, You're의 인생태도 중 앞은 Not OK를 뒤는 OK의 인생태도를, I'm의 인생태도 중 앞은 OK를 뒤는 Not OK의 인생태도를 나타냅니다.(아래 그림 참조)

각각의 합계 점수(최고점수 5×12=60)는 인생태도 결과표에 체크하여 각각의 체크점을 연결하여 가장 넓은 면적을 보이는 상한이 현재 본인의 인생태도입니다. 이러한 인생태도는 인생태도를 알고, 인생태도 개선행동을 통해 개선할 수 있습니다. '자기긍정-타인긍정'의 인생태도를 가지는 것이 바람직한 대인관계를 형성하고 긍정적 커뮤니케이션을 할 수 있습니다.

제 5 장
Workshop과 토의자료

■ **조해리의 창**

1. 조해리의 창은 자타 간의 이해증진의 정도를 알아봅니다.

2. 〈부록 5-1〉조해리의 창 자가진단을 통하여 자아개방과 피드백(듣기 영역) 타입을 진단하고 〈부록 5-2〉의 결과표를 작성합니다.

3. 평상시 본인의 자아개방(말하기)과 피드백(듣기)의 유형과 특징을 발표하고 본인의 타입에 대하여 타인과 견해를 토의합니다.

4. 자아개방과 피드백을 통한 신뢰와 개방성을 높이기 위한 방안을 토의합니다.

■ **에니어그램**

1. 에니어그램은 타고난 성격을 찾는 테스트입니다.

2. 〈부록 5-4〉에니어그램 진단지 Test 1과 Test 2의 항목을 체크하고 각 Test에서 가장 많은 체크를 한 1, 2의 조합이 자신의 에니어그램 유형을 진단해 봅니다.

3. 에니어그램 유형의 특성을 파악하고 발전방안을 토의합니다.

조해리의 창 자가진단

아래는 인간관계에서 나타날 수 있는 일반적인 양식이 기술되어 있습니다. 각 항목이 자신의 행동양식을 얼마나 잘 나타내는지 정도를 표시해 주십시오. 각 항목의 내용은 솔직하게, 깊이 생각하지 말고 편안하게 빨리 체크하여 주십시오.

진단 내용	그렇지 않다 매우 그렇다
1. 나는 잘 몰랐을 경우에는 이를 바로 인정한다.	1 2 3 4 5 6 7 8 9 10
2. 나는 다른 사람의 잘못을 지적할 필요가 있을 때에는 직접 말한다.	1 2 3 4 5 6 7 8 9 10
3. 다른 사람의 감정을 존중한다.	1 2 3 4 5 6 7 8 9 10
4. 나는 납득하기 어려운 지시를 받을 경우, 상사에게 지시한 이유를 물어 본다.	1 2 3 4 5 6 7 8 9 10
5. 나는 걱정거리가 생길 경우, 터놓고 의논한다.	1 2 3 4 5 6 7 8 9 10
6. 나의 의견을 남들이 어떻게 생각하는지 물어 본다.	1 2 3 4 5 6 7 8 9 10
7. 나 혼자 계속 이야기하여 남을 짜증나게 하지 않는다.	1 2 3 4 5 6 7 8 9 10
8. 나는 느낌을 솔직하게 표현한다.	1 2 3 4 5 6 7 8 9 10
9. 나는 진심으로 남의 이야기를 들어 준다.	1 2 3 4 5 6 7 8 9 10
10. 나는 잘못을 숨기거나 남의 탓으로 돌리지 않는다.	1 2 3 4 5 6 7 8 9 10
11. 나는 아이디어를 제출하도록 권장하고 대화를 독단적으로 끌어가지 않는다.	1 2 3 4 5 6 7 8 9 10
12. 나는 달가운 일이 아닐지라도 남이 알아야 할 사항이라면 알려 준다.	1 2 3 4 5 6 7 8 9 10
13. 나는 다른 사람의 충고를 잘 받아들인다.	1 2 3 4 5 6 7 8 9 10
14. 남의 의견이 나와 다를 경우, 나의 생각을 말하고 함께 검토한다.	1 2 3 4 5 6 7 8 9 10
15. 나는 변명을 하지 않고 비판에 귀를 기울인다.	1 2 3 4 5 6 7 8 9 10
16. 나는 말하기 거북한 내용을 거리낌 없이 말한다.	1 2 3 4 5 6 7 8 9 10
17. 나에게 찬성하지 않는다고 남의 마음을 상하게 하지 않는다.	1 2 3 4 5 6 7 8 9 10
18. 나는 있는 그대로를 나타내며 가식이 없는 편이다.	1 2 3 4 5 6 7 8 9 10
19. 나는 다른 사람에게 그들의 생각을 발표하도록 권장한다.	1 2 3 4 5 6 7 8 9 10
20. 나는 확신하는 것을 굽히지 않고 말한다.	1 2 3 4 5 6 7 8 9 10

조해리의 창 자기 진단 결과표

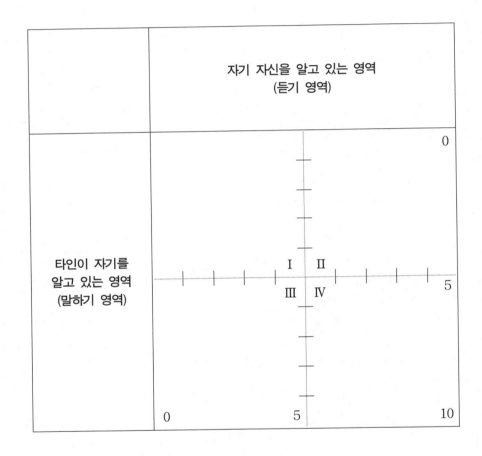

부록 5-3

조해리의 창 자기 진단 표시방법

(1) 말하기 영역의 크기

짝수번호 문항의 합계점수(최고 점수 : 10문항 *10점=100점)를 합계한 점수를 10으로 나누어 평균 점수를 산출한다. 산출된 평균점수에서 1.5점(자기 평가에 솔직한 그룹으로 학생이나 사회 초년생의 경우)~2.5점(자기 평가에 후한 점수를 주는 그룹으로 수년간의 조직생활을 한 경우)을 차감하여 본인의 말하기 정도를 진단 결과표에 가로방향으로 선으로 표기한다.

자기 진단의(짝수번호의 합÷10)−1.5~2.5로 하여 가로방향의 선으로 표시

(2) 듣기 영역의 크기

홀수번호 문항의 합계점수(최고 점수 : 10문항 *10점=100점)를 합계한 점수를 10 으로 나누어 평균 점수를 산출한다. 산출된 평균점수에서 1.5점(자기 평가에 솔직한 그룹으로 학생이나 사회 초년생의 경우)~2.5점(자기 평가에 후한 점수를 주는 그룹으로 수년간의 조직생활을 한 경우)을 차감하여 본인의 말하기 정도를 진단 결과표에 세로방향으로 선으로 표기한다.

자기 진단의 (홀수번호의 합÷10)−1.5~2.5로 하여 세로방향의 선으로 표시

원활한 커뮤니케이션으로 인간관계의 원활화를 기하려면 I 영역인 공개된 영역, 즉 자신도 알고 있는 나 자신의 공유영역을 넓히는 것이 가장 좋다. 그러기 위해서는 가로선의 하향이동과 세로선의 우향 이동이 필요한데 전자의 경우 자신의 많은 부분을 상대에게 노출시켜야 하며, 후자의 경우 남으로부터 자신에 대한 이미지나 인상에 대해 들어야

한다는 것이다. 공개된 영역이 넓어지면 서로에 대해 정확한 지각을 할 수 있으므로 그만큼 인간관계의 원활화가 이루어진다는 것이다. 인간관계에서 갈등과 오해가 많은 것은 내가 모르는 나의 부분과 타인이 모르는 나의 부분, 즉 II, III 영역이 크기 때문이므로 계속적인 자기 노출(말하기)과 타인의 자기에 대한 피드백(듣기)이 있어야 한다.

부록 **5-4**

에니어그램 진단

에니어그램 테스트는 사회적으로 학습된 후천적 성격이 아닌, 타고난 성격을 찾는 테스트로 서로 다른 여러 가지 유형이 있다.

다음은 테스트. 각 항목에서 평소 자신의 가치관과 행동 특성에 가장 가깝다고 생각하는 항목에 표시한다. 현재와 과거의 성격이 변해서 선택하기 어려울 때에는 정체성이 뚜렷해지기 시작하는 20대 초반에 주로 나타났던 성격을 선택하면 된다.

(1) TEST 1

A 그룹	
진단 내용	체크
1. 나는 목표를 빨리 성취해내는 순간 집중력이 뛰어난 편이다.	
2. 상황을 피하기보다는 정면으로 맞서서 해결하는 편이다.	
3. 다른 사람들과 함께 일할 때 적극적으로 내 주장을 하는 편이다.	
4. 필요할 땐 내 주장도 잘하고 독립적인 편이다.	
5. 아무 일 없이 가만히 있으면 몹시 답답해서 좋아하는 일을 찾아 나서는 편이다.	
6. 새로운 일들을 벌이고 추천하길 아주 좋아한다.	

B 그룹	
진단 내용	체크
1. 앞에 나서거나 경쟁하는 것을 좋아하지 않는다.	
2. 사회생활도 좋지만, 원래 조용히 혼자 있기를 더 좋아한다.	
3. 유행이나 시류를 따르기보다는 나만의 내면을 풍성하게 채우려고 노력한다.	
4. 사람들이 나를 충분히 이해하지 못한다는 느낌을 받을 때가 많다.	
5. 혼자만의 시간과 공간이 꼭 필요하며 충분히 주어지기를 원한다.	
6. 몽상가적 기질이 있어서 현실과는 다른 흥미로운 상상을 하곤 한다.	

C 그룹

진단 내용	체크
1. 사람들이 알아주든 알아주지 않든 그들을 위해 희생하곤 한다.	
2. 의무를 다하지 않으면 몹시 걸려서 주어진 역할에 최선을 다하는 편이다.	
3. 사람들이 필요할 때 도와줄 준비가 되어 있고, 그들이 그것을 알아주길 바란다.	
4. 책임감이 강하고 꾸준하며 성실하게 생활하는 편이다.	
5. 해야 할 일을 먼저 한 다음에 시간이 나면 휴식을 취하거나 개인적인 일을 한다.	
6. 가정에서든 직장에서든 모범적이며, 나의 할 도리에 최선을 다한다.	

(2) TEST 2

X 그룹

진단 내용	체크
1. 낙천적이어서 매사에 좋은 쪽으로 다 잘 풀릴 거라고 생각한다.	
2. 사람들과 어울리길 좋아하고, 그들의 기분이 좋아지게 도우려고 노력한다.	
3. 대체로 긍정적인 자세로 생활하며 부정적인 말이나 갈등 상황은 피한다.	
4. 늘 긍정적으로 보이려고 노력해서 종종 내 문제를 뒤로 미루기도 한다.	
5. 누군가와 다투고 나면 마음이 불편해서 어떻게든 화해를 하는 편이다.	
6. 부정적인 분위기는 편치 않아 나서서 좋게 만들거나 다른 곳으로 피하고 싶다.	

Y 그룹

진단 내용	체크
1. 지시나 구속을 몹시 싫어해서 내 뜻대로 결정하는 편이다.	
2. 내(우리) 편이라고 생각하는 사람에게는 훨씬 특별한 배려를 쏟는다.	
3. 한번 믿으면 완전히 믿어서 나를 속였다고 생각되면 심한 배신감을 느낀다.	
4. 화가 났을 때 친한 사람이 내 편에 서지 않으면 순간에 강한 배신감을 느낀다.	
5. 사람들은 평소에 내가 너무 비판적이거나 자기 방식대로라고 생각할지 모른다.	
6. 남들은 나를 강하게 보지만, 사실 상대의 반응에 몹시 민감한 편이다.	

Z 그룹

진단 내용	체크
1. 가끔 차갑고 냉정하며 의례적이라는 말을 들을 때가 있다.	
2. 감정 때문에 일을 그르치지 않으려고 최대한 감정이나 화를 자제한다.	
3. 보다 완벽해지기 위해서 자기개발에 꾸준히 노력하는 편이다.	
4. 계획을 세워서 효율적으로 일하고 시간 관리가 철저한 편이다.	

5. 감정을 배제하고 핵심을 찔러서 문제를 처리하는 것이 잘되는 편이다.	
6. 자기관리가 안 되는 사람을 매우 싫어해서 그럴 바엔 차라리 혼자 일하는 게 낫다.	

[결과]

테스트 1과 2에서 가장 많이 체크한 그룹을 조합한 것이 자신의 에니어그램 유형

7번(낙천자) AX	9번(중재자) BX	2번(조력자) CX
8번(지도자) AY	4번(개인주의자) BY	6번(충실자) CY
3번(성취자) AZ	5번(탐구자) BZ	1번(완벽주의자) CZ

제6장
Workshop과 토의자료

1. 〈부록 6-1〉 사실 확인하기 실습을 작성합니다.
2. 2인 1개조로 조를 편성하여 상대방의 말을 듣고, 반복하기, 환언하기로 바꾸어 이야기를 하여봅시다.
3. 평상시의 대화와 사실 확인하기를 통하여 이루어진 대화와의 차이를 토의합니다.
4. 〈부록 6-2〉 기분 알아주기를 작성합니다.
5. 2인 1개조로 조를 편성하여 상대방의 말을 듣고, 감정 파악하기, 공감하기로 바꾸어 이야기를 해봅시다.
6. 평상시의 대화와 상대방이 나의 기분을 알아주었을 때 대화와의 차이와 상대방에 대한 감정에 대하여 토의합니다.

사실 확인하기 실습

(1) 반복하기

상대방의 말	반복하기
1. 사장님! 더 이상 회사 다니기 싫습니다.	1. 더 이상 회사 다니기 싫다고요? 매우 어려운 일이 있는 것 같은데 말해 보세요.
2. 오늘은 하루 종일 짜증만 나네요. ●는 일이 하나도 없고.	2.
3. 선생님! 속상해요. 하루 종일 찾아봐도 필요한 자료를 찾을 수 없어요.	3.
4. 보고서 작성도 안 되지, 업무도 까다롭게 여겨지지, 암만해도 저에게는 이 일이 안 맞는가 봐요.	4.
5. 김성실 씨는 왜 지시한 대로 일을 처리하지 못하나?	5.
6. 과원들 일이 이렇게 엉망인 것은 과장이 일을 잘 못하고 있기 때문이야.	6.
7. 그 정도가 되면 알아서 해야지, 지시 안했다고 가만히 있어?	7.

(2) 환원하기

상대방의 입장	환언하기
1. 김○○ 씨의 행동을 이해할 수 없어요. 이렇게 하자고 해도 반응이 없고 저렇게 하자고 해도 반응이 없고 나로서는 속수무책인 것 같아요.	1.
2. 요새 같아서는 일이고 뭐고 다 그만두고 싶어요. 아래 사원들도 지시대로 안 하지, 일도 계획대로 안 되지, 어떻게 해야 할지 모르겠어요.	2.
3. 이○○ 씨하고는 같이 일 못하겠어요. 이것도 해라 저것도 해라 너무 고압적으로 지시를 하고, 그나마 그것도 불분명하게 하니까 항상 짜증이 나요.	3.
4. 부장님 의도는 잘 알겠지만 우리 팀의 실력으로는 부장님이 부여한 업무를 처리하기에는 역부족이에요. 특히 담당인 박 대리가 몸이 아파 요새 슬럼프에 빠져 있어 더욱 그래요.	4.
5. 요즘 우리 팀의 업무분위기가 엉망인 것 같아. 아래 직원들의 근무기강이 해이해진 것 아니야?	5.
6. 신입사원이 전화를 제대로 전달하지 않으면 어떻게 하나? 보고를 제때하나, 시킨 것을 제대로 하나, 도대체 일을 하는 것인지 뭔지 모르겠어.	6.

기분 알아주기 실습

(1) 감정 파악하기

상대방의 말	감정상태
1. 저는 매일같이 시간 외 근무를 하면서 일을 했는데 저보고 일을 이렇게밖에 못하느냐고 말씀하실 수 있어요?	1.
2. 지시만 하면 다 되는 줄 아십니까?	2.
3. 선생님은 많은 사람 앞에서 그렇게 창피를 주셔야 했습니까?	3.
4. 저는 참 쓸모가 없는 모양입니다.	4.

(2) 공감하기

상대방의 입장	공감 하기
1. ○○님! 다른 부서에 가서 저의 좋지 않은 이야기를 한 김○○씨 때문에 일을 같이 못 하겠어요.	1.
2. 제가 잘못한 것은 인정하지만 전체가 있는 앞에서 그렇게 야단을 칠 수 있어요?	2.
3. ○○님! 제가 한 일을 그런 식으로 망신을 주시다니, 그럴 수 있습니까? 저 나름대로 열심히 한 일인데…….	3.
4. 오늘 오기로 한 조사보고서가 그 쪽에 갑자기 사정이 생겨 올 수 없다고 하네요. 대리님에게 꼭 온다고 제가 이야기 했는데 약속을 못 지키게 되어서…….	4.
5. 과원이 저를 책임자로 여기지 않아요. 제가 온순해서 그런지 제 말을 듣지 않아요.	5.
6. 오늘까지 이 일을 마무리해야 하는데, 조사가 제대로 안 되어서 일을 마무리 할 수 없다고 하니 이 일을 어떻게 하나?	6.
7. ○○님께서 우리 팀의 팀원이 인사할 줄 모른다고 야단을 치시던데, 인사 하나 제대로 가르쳐 주지 못하고 뭐 하는 거야?	7.
8. 그 일 지시한 지가 언젠데 아직 보고도 안하고 뭐 하는 거야?	8.

제 7 장
Workshop과 토의자료

1. 〈부록 7-1〉의 평소의 말하기를 나-전달법으로 작성합니다.
2. 2인 1개조로 조를 편성하여 평소의 말하기와 나-전달법의 말하기로 대화를 하여봅시다.
3. 평상시의 대화와 나-전달법의 이야기의 차이점을 토의하고 나-전달법을 통한 대화 시 상대방에 대한 감정에 대하여 토의합니다.

나 – 전달법 실습

평소의 말하기(너·전달법)	나전달법
1. 김○○씨, 보고가 왜 매번 늦어요.	1.
2. 일 좀 제대로 할 수 없어요?	2.
3. ○○○씨, 이리 좀 와봐. 사람이 왜 그렇게 예의가 없어?	3.
4. 너는 늘 왜 그렇게 떠드니?	4.
5. 자네가 나에게 건방지게 말대꾸를 한단 말인 가?	5.
6. 지금 몇 시예요. 왜 매일같이 술 마시고 늦게 들어와요?	6.
7. 지난번 업무보고를 하지 않은 것은 도대체 무엇 때문인가?	7.

제 8장
Workshop과 토의자료

■ 에고그램

1. 에고그램은 자아상태의 정신에너지를 양적으로 보기 위해 나타낸 그래프이다.
2. 〈부록 8-1〉의 각 문항에 대하여 자기 모습의 정도를 점수로 기입하고 세로로 각 항목의 점수를 합계하여 각 항목의 점수를 에고그램 진단표에 꺾은 선 그래프로 작성하고 자신의 에고그램 유형의 특징을 살펴봅니다.
3. 본인의 자아를 활성화시키기 위한 방안을 찾아봅시다.
4. 본인과 관련이 있는 사람들의 특성을 생각하여 〈부록 8-2〉에 개략적인 에고그램을 작성하고, 본인과 상대방의 에고그램상의 특징을 분석합니다.
5. 상대방과의 관계를 개선하기 위하여 한 방안을 수립하고 그 내용을 토의합니다.

■ 스트로크

1. 〈부록 8-3〉은 긍정적 · 부정적 스트로크를 주고받는 정도를 보기 위한 것입니다.
2. 본인의 스트로크 패턴을 분석합니다.
3. 본인의 스트로크 패턴의 개선점을 기술하고, 그 내용을 상호토의합니다.
4. 실천을 위한 구체적인 Action Plan을 작성, 발표하여 봅니다.

부 록

부록 **8-1**

에고그램 진단

에고그램은 듀세이(John Dusay)가 개발한 자아상태의 정신에너지를 양적으로 보기 위해 나타낸 그래프이다. 진단표의 각 항목에 현재 자기의 모습을 그대로 체크하여 그 정도를 흰색 □ 안에 점수로 기입하고, 각 항목의 점수합계를 해당하는 곳에 표시한 후 꺾은선그래프로 나타낸다.

진단 내용	항목별 점수				
1. 다른 사람을 헐뜯기보다 칭찬 한다.					
2. 사태의 흑백을 명확히 가리지 않으면 마음이 편하지 않다.					
3. 무슨 일을 할 때 좀처럼 결심을 할 수 없다.					
4. 나는 명랑하게 행동하고 장난을 잘 한다.					
5. 말이나 행동을 냉정하고 침착하게 한다.					
6. 성미가 급하고 화를 잘 낸다.					
7. 인정(人情)을 중요시한다.					
8. 호기심이 강하고 창의적인 발상을 잘한다.					
9. 사물의 정돈을 잘한다.					
10. 농담을 하거나 익살부리기를 잘한다.					
11. 의존심이 강하다.					
12. 상대의 이야기를 경청하고 공감을 잘한다.					
13. 상대의 잘못이나 실패에 엄격하다.					
14. 어려움에 처해 있는 사람을 보면 도와주고 싶다.					
15. 통계나 자료를 사용해 이야기를 한다.					
16. 제멋대로 말하거나 행동한다.					
17. 과거 때문에 후회의 생각에 사로잡힌다.					
18. 좌절감을 맛보는 경우가 많다.					

382

진단 내용	항목별 점수			
19. 육하원칙(5W1H)에 따라 사리를 따지거나 설명한다.				
20. 일을 능률적으로 수행한다.				
21. 일을 할 때 요령이 없고 머뭇거린다.				
22. 무슨 일이나 사실에 입각해서 객관적으로 판단한다.				
23. 다른 사람으로부터 부탁을 받으면 거절하지 못한다.				
24. 주변 사람에게 긴장감을 준다.				
25. 봉사활동에 즐겨 참여한다.				
26. 배려나 동정심이 강하다.				
27. 신이 나면 도가 지나쳐 실수를 한다.				
28. 타인의 장점보다 결점이 눈에 잘 띈다.				
29. 타인의 반대에 부딪치면 자신의 생각을 바꾸고 만다.				
30. 다른 사람에 대해 온화하고 관대하다.				
31. 상대방의 말을 가로막고 자신의 생각을 말한다.				
32. 오락이나 술, 음식물 등을 만족할 때까지 취한다.				
33. 계획을 세우고 나서 실행한다.				
34. 완고하고 융통성이 전혀 없다.				
35. 타인의 안색을 살핀다.				
36. 스포츠나 노래를 즐길 수 있다.				
37. 현상을 관찰·분석하고 합리적으로 의사결정을 한다.				
38. 욕심이 나는 것을 가지지 않고는 못 배긴다.				
39. 열등감이 심하고 자신의 감정을 참고 억제한다.				
40. 상냥하고 부드러운 대화나 태도를 취한다.				
41. 일을 빨리 처리하는 것이 장점이다.				
42. 하고 싶은 말을 잘하지 않고 참는다.				
43. 상대방을 무시하거나 멸시하는 경향이 있다.				
44. 노는 분위기에 저항 없이 어울린다.				
45. 눈물에 약하다.				
46. 대화에서 감정적으로 되지 않고 이성적으로 풀어 간다.				
47. 부모나 상사가 시키는 대로 한다.				
48. "해야 한다, 하지 않으면 안 된다"는 식의 말투를 잘 쓴다.				
49. "야, 멋있다, 굉장하군, 아하!" 등의 감탄사를 잘 쓴다.				
50. 매사에 비판적이다.				
합 계				

나의 에고그램 진단 결과표

1. 에고그램 진단표의 항목은 CP, NP, A, FC, AC를 나타냅니다.
2. 항목별 합계점수를 아래 진단표에 표시하고 꺾은선그래프로 표시하세요.

성명 :   성별 :   연령 :   작성일 :   년   월   일

	CP	NP	A	FC	AC
44					
40					
36					
32					
28					
24					
20					
16					
12					
8					
4					
구분	CP	NP	A	FC	AC

타인의 에고그램 진단

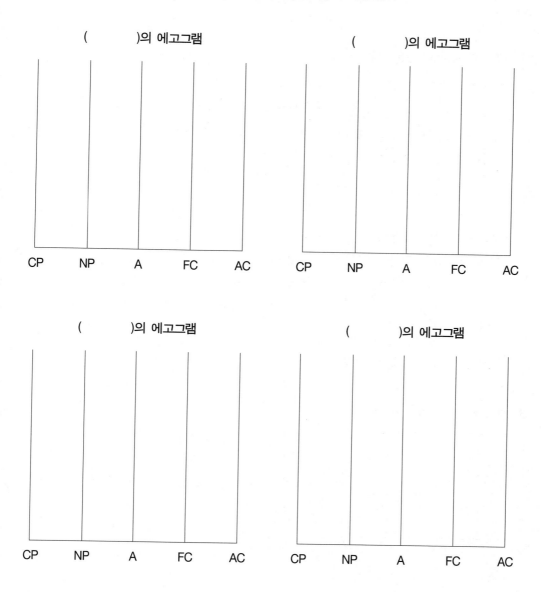

(　　　　)의 에고그램

CP　　NP　　A　　FC　　AC

(　　　　)의 에고그램

CP　　NP　　A　　FC　　AC

(　　　　)의 에고그램

CP　　NP　　A　　FC　　AC

(　　　　)의 에고그램

CP　　NP　　A　　FC　　AC

에고유형별 자아특성

(1) W형(CP, A, AC가 높은 경우)

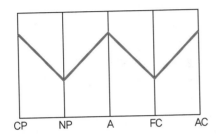

- 냉철하고 비판적인 시각
- 인생을 즐길 마음의 여유가 부족한 편
- 타인에 대한 이해심 부족

(2) M형(NP, FC가 높은 경우)

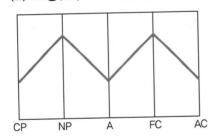

- 명랑하고 낙관적인 성격
- 동정심과 호기심이 많고 자유분방함
- 다소 충동적으로 무원칙 · 무계획적 생활영위

(3) N형(NP, AC가 높은 경우)

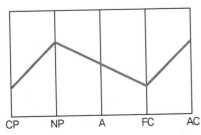

- 자기 희생정신이 강하며 온순함
- 자기주장이 약해 의타심이 있음
- 책임감과 비판성을 높이고 자기주장을 많이 하도록 하는 것이 필요

(4) 역 N형(CP, FC가 높은 경우)

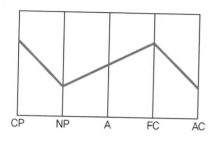

- 원칙에 충실하고 책임감이 강함
- 자기주장이 강하고 타협을 싫어함

(5) V형(CP, AC가 높고 A가 낮은 경우)

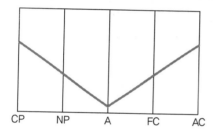

- 강한 책임감과 타인을 지나치게 의식하여 갈등에 빠지기 쉬움
- 능력 이상의 과대망상으로 열등감, 자기 불신에 처하기 쉬움

(6) 역 V형(CP, AC가 낮고 A가 높은 경우)

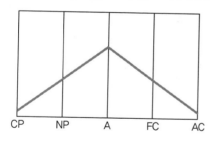

- 분석력, 판단력은 뛰어나지만 실행력, 책임감이 약함
- 자기 방식에 따른 삶 지향적임
- 타인과 협력하여 업무 처리하는 능력이 부족

(7) P 우위형(CP, NP가 높고 FC, AC가 낮은 경우)

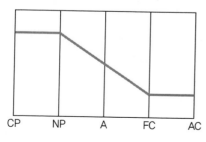

- 책임감이 강하고 이상주의적 성격
- 인간미가 부족하고 타인에 대한 이해, 배려가 부족
- 자기 기준이 뚜렷하여 타협이나 협상이 어려움

(8) C 우위형(CP, NP가 낮고 FC, AC가 높은 경우)

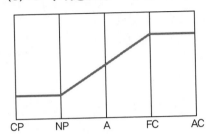

- 호기심, 본능적 욕구가 왕성한 성격
- 사회관습, 윤리성, 책임감이 부족
- 비판이나 충고를 수용하지 못함

(9) A 우위형

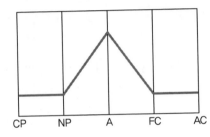

- 합리적·계산적이며 감정을 적절히 통제
- 균형 잡힌 성격으로 처세술과 대인관계가 원만

(10) A 결핍형

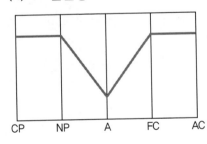

- 책임감·도덕성이 높으며 유머감각이 뛰어난 편
- 판단력·분석력이 부족하며 가치관, 인생관이 미약함
- 대인관계는 풍부하지만 자기 입장이 명확하지 못해 실속이 없는 관계지속

(11) CP 우위형

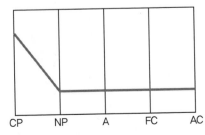

- 도덕성 이상주의적 성격
- 자기 자신에게뿐만 아니라 타인에게도 매우 엄격한 편
- 인생을 즐기지 못하고 모험을 싫어하는 성실·근면형

(12) CP 결핍형

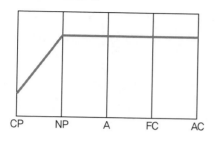

• 기존 질서에 거부감을 갖고 편안함을 추구하는 성격
• 자기주장과 표현력, 감수성이 풍부한 편

(13) NP 우위형

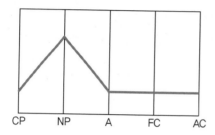

• 타인을 배려하는 호인성격
• 책임감 · 윤리성은 다소 부족한 편

(14) NP 결핍형

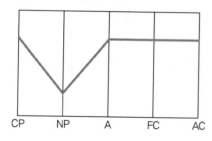

• 인정에 이끌리지 않고 냉정하게 일처리 하는 성격
• 타인배려가 부족하여 대인관계가 원활하지 못함
• 자신감이 있으나 타인에게 거만한 태도를 보이는 편

(15) FC 우위형

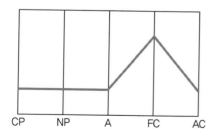

• 호기심이 강하고 놀기 좋아하는 자유분방한 성격
• 자기 중심적으로 타인에 대한 배려가 부족한 편

⒃ FC 결핍형

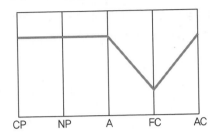

- 철두철미한 완벽주의적 성격
- 사회윤리를 엄격히 따지며, 책임감도 높으며 판단력도 정확한 편
- 실수를 용납하지 않아 여유가 부족한 편

⒄ AC 우위형

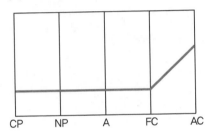

- 타인에 대한 열등감이 높고 자기 비하적 성격
- 자기주장이 적고 'No'라는 말을 하지 못해 스트레스를 많이 받는 편

⒅ AC 결핍형

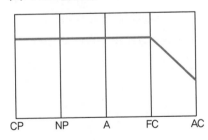

- 윤리의식과 책임감이 높고, 합리적 성격이면서도 자유 분방한 성격
- 고집이 세고 타협이 부족한 편

스트로크 패턴 실습

다음 (1)~(5)의 설문을 읽고 본인의 행동에 해당하는 것에는 2점, 어느 쪽인지 잘 분간할 수 없으면 1점, 해당되지 않으면 0점을 매겨 주십시오.

(1) 긍정적 스트로크를 주는 정도

설문 내용	점 수
1. 친구와 찻집이나 식당에 갈 때 자기가 먼저 권해서 가는 일이 많다.	
2. 귀가 시 가족의 지금 오세요라는 인사를 받기 전에 자신이 먼저 "나 왔어."라고 말한다.	
3. 곤경에 처한 사람을 지나치게 도와주려고 하기 때문에 가족이나 친구로부터 너무 참견하지 말라는 말을 듣는 일이 자주 있다.	
4. 직장이나 가정에서 남의 노고에 별 어려움 없이 위로하고 감사를 표시할 수 있다.	
5. 가족생일이나 기념일 등을 잘 기억해 두었다가 자기가 축하의 말을 먼저 건네는 편이다.	

(2) 부정적 스트로크를 주는 정도

설문 내용	점 수
1. 회의나 잡담을 하는 자리에서 남의 결점을 지적하는 발언을 많이 하는 편이다.	
2. 직장 후배나 부하에게 칭찬보다는 엄한 충고나 꾸중이 많은 편이다.	
3. 가족이 내 생각대로 행동하지 않을 때 그 자리에서 지적하는 편이다.	
4. 식당에서 서비스가 나쁘면 금세 불평을 토로하는 편이다.	
5. 새치기를 하거나 금연장소에서 담배 피우는 사람을 즉각 주의를 주는 편이다.	

(3) 긍정적 스트로크를 받는 정도

설문 내용	점 수
1. 귀가 시 자기가 나 왔어 하기 전에 누군가 지금 오세요라고 한다.	
2. 업무상 관계자(고객, 거래처, 공무원 등)로부터 고맙다거나 위로 받는 일이 비교적 많다.	
3. 일의 달성 여부에 상관없이 도중에서 노력을 인정받아 격려해 주는 상사나 선배가 있다.	
4. 뜻밖의 사람으로부터 생일카드나 인사장을 받고 놀란 일이 있다.	
5. 매우 곤란한 문제에 직면했을 때 바로 상의할 수 있는 신뢰할 만한 사람이 있다.	

(4) 부정적 스트로크를 받는 정도

설문 내용	점 수
1. 직장에서 작은 실패나 목표미달로 꾸중 듣거나 상당한 압력을 느낀 일이 있다.	
2. 지난 반년동안 자신의 직접적인 책임이 아닌 일로 직장에서 책망받았다고 느낀 일이 있다.	
3. 가족 중에 비교적 신경질적인 사람이 있어 악의는 없지만 당신을 비판하거나 엄히 책망하는 일이 있다.	
4. 상사나 선배 중에 보통 이상으로 엄격한 사람이 있어 당신을 지도·육성한다고 느낀 일이 최근에 있었다.	
5. 자기 가족은 남의 가족에 비해 서로가 너무 엄격하다고 느끼는 경우가 많다.	

(5) 외부와 스트로크를 교환하는 정도

설문 내용	점 수
1. 휴일에 하루 종일 혼자 지내도 고통스럽지 않고 오히려 친구가 찾아오면 부담을 느낀다.	

2. 길을 가는 데 반대편에서 아는 사람이 오는 것을 보았다 인사하기 귀찮아서 가능하면 길을 돌아가더라도 접촉을 피하고 싶다.

3. 남과 이야기를 나눌 때 갑자기 다른 생각에 잠겨 버려 상대측에서 재차 말을 하고서야 제정신을 차리는 경우가 많다.

4. 사정이 생겨 직장에서 점심식사를 혼자 하게 된 경우 해방감을 느낀다.

5. 회식이나 친목회와 같은 모임에 불가피한 사정으로 불참하게 될 경우 오히려 잘 되었다고 해방감을 느낀다.

(1)~(5)의 득점을 각각에 표시

9									
8									
7									
6									
5									
4									
3									
2									
1									
	(1)		(2)		(3)		(4)		(5)

• 자신의 스트로크 패턴으로 보아 개선점은?

1.
2.
3.
4.
5.

제 9 장
Workshop과 토의자료

1. DiSC는 네 가지 행동유형을 통하여 인간행동을 쉽게 이해할 수 있도록 한 진단방법이다.

2. 〈부록 9-1〉의 DiSC 간이 진단지의 작은 사각형의 네 개 문항에 대하여 자신을 표현하는 말에 가장 가까운 것부터 4점, 3점, 2점, 1점을 주어 합계 10점이 되도록 합니다 (여섯 개 사각형의 군으로 되어 있어 합계 60점이 되도록 합니다).

3. 유형별 점수분포표에 해당 문항의 점수를 합산하여 합계점수를 내어 본인의 유형을 판단합니다(레이더 차트에 각각의 유형별 합계점수로 표시하면 본인의 유형을 보다 정확히 볼 수 있습니다).

4. 각각의 유형별로 4개 그룹으로 나누어 그룹별로 하나의 주제를 선택하여 토의합니다 (토의시간 : 5~10분).
   - 1주제 : W/S계획을 수립(일정, 주제, 장소, 비용 등 모든 사항)
   - 2주제 : 일정지역에서 현 장소까지의 약도 그리기

5. 토의 결과를 각 그룹별로 전체 발표합니다.

6. 각 그룹별 차이에 대하여 생각되어지는 바를 토의합니다.

7. 각 그룹별로 상호이해를 증진하기 위한 방안을 토의합니다.

DiSC 유형 간이진단

성격유형 진단(personal profile system : PPS)은 마스턴(W. M. Marston)의 연구결과를 토대로 가이어(J. Geier)가 개발한 행동유형 진단도구이다. 네 가지 기본행동과 열다섯 가지 전형적인 행동유형을 제시하여 인간행동을 쉽게 이해할 수 있게 되어 있다.

다음에 표현된 각 단어 중에서 자신을 표현하는 말에 가장 가까운 것부터 4점, 3점, 2점, 거리가 먼 것에는 1점의 순으로 점수화하십시오(각각의 □에 4, 3, 2, 1의 점수로 표시).

```
  4           3           2           1
←──────────────────────────────────────→
```

1. 사교적인 ( )	5. 열정적인 ( )
2. 지지적인 ( )	6. 협력적인 ( )
3. 실제적인 ( )	7. 체계적인 ( )
4. 활동적인 ( )	8. 경쟁적인 ( )

9. 유연한 ( )	13. 융통성 있는 ( )
10. 부드러운 ( )	14. 수용적인 ( )
11. 집요한 ( )	15. 원리원칙 ( )
12. 강력한 ( )	16. 결단력 있는 ( )

17. 사람 중심의 ( )	21. 인정, 칭찬 ( )
18. 과정 중심의 ( )	22. 조화, 수용 ( )
19. 자료 중심의 ( )	23. 안전, 정보 ( )
20. 성과 중심의 ( )	24. 성취, 결과 ( )

DiSC 모델의 유형별 점수분포

해당 번호의 점수를 전부터 하여 (   ) 속에 점수를 적으십시오. 합한 점수 네 개의
합계점수가 60점이 되는지 확인하여 주십시오.

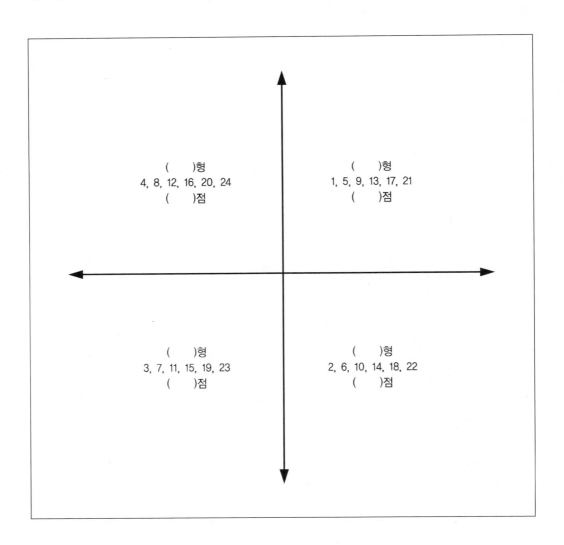

(   )형
4, 8, 12, 16, 20, 24
(   )점

(   )형
1, 5, 9, 13, 17, 21
(   )점

(   )형
3, 7, 11, 15, 19, 23
(   )점

(   )형
2, 6, 10, 14, 18, 22
(   )점

DiSC 모델의 레이더 차트(radar chart)

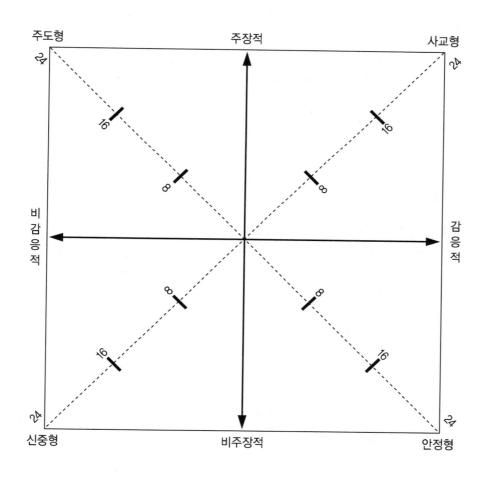

MBTI 견본

제1부

자신에게 자연스럽고 습관처럼 편안하게 느껴지고 자주 행동하는 경향과 가깝다고 생각되는 것을 선택하여 답안지에 표시하십시오.

1. 나는 대개

    A. 누구와도 잘 사귄다.   B. 조용하고 수줍어하는 편이다.

2. 내가 선생이라면 가르치고 싶은 과목은

    A. 사실을 강조하는 과목이다.   B. 이론이 들어 있는 과목이다.

3. 내가 따르는 것은

    A. 내 머리보다는 나의 마음이다.   B. 내 마음보다는 머리이다.

4. 하룻동안 어딘가 갈 때 나는

    A. 언제나 무엇을 하기를 계획하고 떠난다.

    B. 그냥 떠난다.

5. 여러 사람과 같이 있을 때

    A. 나는 섞여 대화한다.   B. 한 번에 한 사람과 대화한다.

6. 내가 더 잘 지내는 사람은 대개

    A. 상상력이 풍부한 사람이다.   B. 현실적인 사람이다.

7. 내게 더 좋은 칭찬은 나를

    A. 감정이 풍부한 사람이라고 할 때이다.

    B. 분별 있는 사람이라고 할 때이다.

8. 내가 좋아하는 것은

    A. 만날 약속이나 모임을 미리 짜는 것이다.

    B. 재미있게 보이는 것을 그때그때 자유스럽게 하는 것이다.

9. 열 사람이 같이 있을 때 나는

    A. 사람을 더 소개하는 편이다.   B. 사람에게 더 소개되는 편이다.

10. 나는 스스로를

    A. 실제적인 사람이라고 생각한다.   B. 창의적인 사람이라고 생각한다.

11. 내가 더 중요하게 여기는 것은

    A. 논리보다 감정이다.   B. 감정보다 논리이다.

12. 내가 더 잘하는 것은

    A. 예기치 않은 일을 처리하고 할 일을 빨리 알아내는 것이다.

    B. 신중히 계획한 일을 따르는 것이다.

13. A. 나는 소수의 사람과 깊은 우정을 나누는 편이다.

B. 나는 많은 사람과 폭넓게 사귀는 편이다.

14. A. 남의 눈에 띄지 않는 평범한 사람이다.

B. 독창적이고 개성이 강해 남의 이목을 관계하지 않는 사람이다.

15. 더 나쁜 결점이라고 생각하는 것은

A. 몰인정한 것이다.   B. 이성에 따르지 않는 것이다.

16. 시간표대로 따르는 것은

A. 마음에 든다.   B. 나를 속박한다.

17. 내 친구 중에서 나는

A. 모든 일을 나중에 알게 되는 한 사람이다.

B. 모든 소식을 다 알고 있다.

18. 내가 친구를 사귀고 싶은 사람은

A. 항상 새로운 아이디어를 내는 사람이다.

B. 현실적인 사람이다.

19. A. 나는 언제나 친절한 사람 밑에서 일하고 싶다.

B. 나는 언제나 공평한 사람 밑에서 일하고 싶다.

20. 주말에 꼭 해야 할 일을 짜 보는 것은

A. 흥미를 끈다.   B. 흥미 없다.   C. 우울하게 만든다.

21. A. 나는 해야 할 말은 거의 누구에게나 쉽게 이야기한다.

   B. 나는 특정한 사람이나 특정한 환경에서만 말을 많이 한다.

22. **가벼운 독서를 할 때 나는**

   A. 색다르거나 독창적인 표현을 즐긴다.

   B. 의미하는 바를 정확히 표현하는 작가를 좋아한다.

23. **더 나쁜 결점이란 내가 생각하기에**

   A. 온정을 너무 나타내는 것이다.

   B. 온정이 충분하지 못한 것이다.

   (이 답은 두개를 골라도 됩니다)

24. **일상생활에서 나는**

   A. 시간과 다투면서 일하는 비상사태를 즐기는 편이다.

   B. 몰려서 일하는 것을 싫어한다.

   C. 몰려서 일하지 않도록 늘 계획한다.

25. **처음 만난 사람에게 내가 좋아하는 것을**

   A. 금방 말할 수 있다.

   B. 나를 잘 알게 된 후에야 잘 말할 수 있다.

26. **많은 사람이 하는 일에서 내게 더 마음에 드는 것은**

   A. 기본방식대로 하는 것이다.

   B. 내 나름대로의 방식을 고안하는 것이다.

27. 내가 더 조심하는 것은 사람의

    A. 감정이다.   B. 권리이다.

28. 어떤 특정한 일을 할 때 나는

    A. 시작 전에 그 일을 면밀히 계획한다.

    B. 일을 해 가면서 필요한 것을 찾는다.

제 2 부

두 개의 낱말이 있는 문항에서는 자신에게 더 가깝다고 생각되는 말을 선택하여 답안지에 표시하십시오.

29. 나는 대개 내 감정을

    A. 자유롭게 표현한다.   B. 혼자 간직한다.

30. 생활양식에서 내가 좋아하는 것은

    A. 독창적인 것이다.   B. 전통적인 것이다.

31. A. 점잖다.   B. 과단성 있다.

32. 일정시간에 일정한 일을 하도록 잘 정해져 있을 때 나는

    A. 그대로 따르는 것이 유쾌하다.

    B. 계획에 매이는 것은 좀 불쾌하다.

33. 나는 다른 사람보다 일에

    A. 더 열정적이라고 생각한다.   B. 더 흥분된다고 생각한다.

34. 다른 사람에게 칭찬이 되는 것은 그가

    A. 상상력이 있다라고 말하는 것이다.

    B. 상식이 있다고 말하는 것이다.

35. A. 생각함   B. 감정

36. A. 누구와도 잘 사귄다.　　　　　B. 조용하고 수줍어하는 편이다.

37. 나는 막바지에 가서 일하는 것을
　　A. 좋아한다.　　　　　　　　B. 어렵고 신경질 난다.

38. 사교모임에서 나는
　　A. 때때로 지루함을 느낀다.　　B. 항상 즐겁게 지낸다.

39. 내가 더 풍요하게 생각하는 능력은
　　A. 상황에서 가능성을 보는 것이다.　B. 사실에 적응하는 것이다.

40. A. 설득력 있다.　　　　　　　　B. 감동시킨다.

41. A. 누구와도 잘 사귄다.　　　　　B. 조용하고 수줍어하는 편이다.

42. 매일 정해진 일을 갖는 것은
　　A. 일하기에 편한 방법이다.　　B. 필요한 때에도 고통스럽다.

43. 새로운 유행이 시작할 때 나는 대체로
　　A. 먼저 시도해 보는 사람 중의 한 사람이다.
　　B. 별로 관심이 없다.

44. 일을 처리하는 데 나는
　　A. 잘 확립된 방법을 따르겠다.
　　B. 잘못된 부분을 분석하고 해결되지 않은 문제를 풀려고 하겠다.

45. A. 분석한다.   B. 동정한다.

46. 적은 일을 하거나 사소한 것을 살 때, 나는 그것을

    A. 상당 동안 자주 잊는다.

    B. 잊지 않도록 늘 메모한다.

    C. 메모 없이도 언제나 챙긴다.

47. 나는 남에게

    A. 쉽게 알려진다.   B. 쉽사리 알려지지 않는다.

48. A. 사실   B. 이념

49. A. 정의   B. 자비

50. 내가 적응하기에 힘든 것은

    A. 틀에 박힌 절차이다.   B. 끊임없는 변화이다.

51. 당황스런 경우에 처할 때 나는

    A. 화제를 바꾼다.

    B. 농담으로 돌린다.

    C. 며칠 후에 그때 말했어야 했었던 것을 회상해 돌린다.

52. A. 연민   B. 통찰

53. A. 진술   B. 개념

54. **주일 내로 해야 할 일을 시작할 때 나는**

    A. 먼저 일의 목차와 순서를 정하는 데 시간을 보낸다.

    B. 곧바로 일을 시작한다.

55. **나와 친한 사람은 내 생각과 느낌을**

    A. 거의 다 안다.   B. 내가 말할 경우에만 안다.

56. A. 이론   B. 확실성

57. A. 이득   B. 축복

58. **일을 할 때, 나는**

    A. 여유 있게 끝내기 위하여 일찍 시작한다.

    B. 막바지에 최대속력을 낸다.

59. **사교모임에서 내가 좋아하는 것은**

    A. 모임이 잘 되도록 협조하는 것이다.

    B. 남이 즐기도록 하는 것이다.

60. A. 문자대로   B. 비유가 많은

61. A. 단호한   B. 헌신적인

62. **일요일 아침에 무엇을 할 예정이냐는 질문을 받으면 나는**

    A. 비교적 잘 대답할 수 있다.

    B. 몇 배나 더 많이 열거한다.

    C. 관망해야 한다.

63. A. 기운찬   B. 조용한

64. A. 상상력이 풍부한   B. 사실적

65. A. 굳은 마음   B. 따뜻한 마음

66. 하루일과 중 정해진 일을 하는 것은

    A. 편안하다.   B. 지겹다.

67. A. 말수가 적은   B. 많이 많은

68. A. 만들다   B. 창조하다

69. A. 화해자   B. 심판자

70. A. 계획적   B. 무계획적

71. A. 고요한   B. 활기에 넘친

72. A. 분별 있는   B. 매료하는

73. A. 부드러운   B. 경직된

74. A. 체계적인   B. 즉흥적인

75. A. 말하다   B. (글씨를) 쓰다.

76. A. 생산   B. 설계

77. A. 용서하다   B. 관대히 취급하다

78. A. 체계적   B. 자발적

79. A. 사교적   B. 고립된

80. A. 구체적   B. 추상적

81. A. 누구   B. 무엇

82. A. 충동   B. 결정

83. A. (사교상의) 모임   B. 극장

84. A. 건축하다   B. 발명하다

85. A. 비판적인   B. 비판적이 아닌

86. A. 시간을 잘 지키는   B. 느릿한

87. A. 기반   B. 탑의 꼭대기

88. A. 세심한   B. 신임하는

89. A. 변화하는   B. 영속하는

90. A. 이론   B. 경험

91. A. 합의하다   B. 논의하다

92. A. 정돈된   B. 태평스런

93. A. 기호   B. 상징

94. A. 빠른   B. 조심스런

95. A. 받아들이다   B. 변경하다

96. A. 이미 알려진   B. 안 알려진

DiSC 성격유형의 응답지 견본

1. • 주목받기를 꺼리는 • 과제를 분석하는 • 다른 사람에게 의존하지 않는 • 느낀 바를 말하고 싶어하는	8. • 부끄러워하는	15. • 일을 바르고 정확히 하려는 • 함께 이야기하기를 즐기는 • 다른 사람에게 양보하는 • 용감하게 행동하는	22. • 싫어하는 것을 미루는 • 일을 빠르게 추진하려는 • 외향적인 • 실수를 적게 하는
2. • 즐겁고 행복한 • 일을 정직하게 하려는 • 직선적으로 말하는 • 서둘러 결정하지 않으려는	9. • 대체로 여유가 있는 • 매사에 긍정적으로 생각하는 • 목적달성을 위해 노력하는 • 말을 적게 하는	16. • 신중하게 생각하는 • 남의 문제를 잘 들어 주는 • 자신을 적극적으로 알리는 • 기다리기 싫어하는	23. • 미리 계획하기를 좋아하는 • 의지가 강한 • 쉽게 반응하는 • 먼저 나서지 않는
3. • 다른 사람을 도와주려는 • 양보하기 싫어하는 • 유머 감각이 있는 • 시작한 일을 끝내는	10. • 낯선 사람을 쉽게 만나는 • 결정하기 전에 남을 생각하는 • 바로 행동에 옮기는 • 논리적으로 접근하는	17. • 폭넓게 친구를 사귀는 • 스스로 책임을 맡으려는 • 갈등을 피하려 하는 • 일을 올바르게 하려는	24. • 자신의 결정을 고수하는 • 정확하게 말하려는 • 다른 사람에게 동기를 부여하는 • 도움을 주고자 하는
4. • 논쟁하기를 피하는 • 당장 결과를 얻고자 하는 • 생각을 깊이 하는 • 분위기를 밝게 하는	11. • 쉽게 포기하지 않는 • 사람에게 자신을 알리는 • 혼자서 일을 하려는 • 타인의 감정을 이해하는	18. • 원칙을 중요시하는 • 즉시 행동하는 • 남을 잘 설득하는 • 타인을 의식하고 양보하는	25. • 자기감정을 잘 표현하는 • 할 일을 남에게 지시하는 • 사람을 편히 대하는 • 경험을 통해 배우는
5. • 쉽게 말을 건네는 • 남의 말을 잘 들어 주는 • 일을 적극적으로 추진하는 • 분석을 잘 하는	12. • 다른 사람과 편하게 지내는 • 스스로 즐거워하는 • 빠르게 행동하는 • 혼자서도 일을 잘하는	19. • 자신 있게 행동하는 • 남을 재미있게 하는 • 화를 잘 내지 않는 • 지나치게 관여하지 않으려는	26. • 자신이 강하다고 느끼는 • 사람에게 호감을 주는 • 다른 사람을 잘 따르는 • 쉽게 먼저 말하지 않는
6. • 일을 정확히 하려는 • 참을성이 적은 • 즐거움을 추구하는 • 문제를 일으키지 않으려는	13. • 신중하게 말하는 • 대체로 즐거운 표정을 짓는 • 남의 이야기를 잘 들어 주는 • 남에게 지지 않으려는	20. • 자기주장을 잘하는 • 만족해하는 • 친구를 쉽게 사귀는 • 한 번에 완벽히 하려는	27. • 남들을 부드럽게 대하는 • 친구를 잘 사귀는 • 남이 자신을 강하게 보는 • 원칙, 순서대로 일하는
7. • 남의 요구를 기꺼이 수용하는 • 빠르게 의사결정을 하는 • 지나친 관심을 싫어하는 • 사람 만나기를 좋아하는	14. • 남과 어울리기를 좋아하는 • 남에게 요구하지 못하는 • 규칙을 정하려는 • 세세한 것에 관심을 기울이는	21. • 정확하게 일하는 • 말하며 바로 행동하는 • 자신감이 있는 • 조용하고 편안한	28. • 남과 사이좋게 일하는 • 친구에게 인기 있는 • 자기 생각대로 행동하는 • 혼자 일하기를 좋아하는

자료 : 한국교육컨설팅연구소.

* 이 견본은 DiSC 진단 응답지 원본이다. 우리는 간이진단으로 워크숍을 했으나, 혹 필요한 경우 참고용
  으로 제시한다.

제10장
Workshop과 토의자료

1. 〈부록 10-1〉은 영어프레젠테이션의 실례입니다. 이를 참고로 하여 〈부록 10-2〉의 차트를 보고 내용을 영어프레젠테이션 실습을 합니다.
2. 영어 프레젠이션에서 문제점과 개선점을 토의합니다.

영어 프레젠테이션의 실례[111]

[수업집중(파이차트)]

Explain this graph in detail. 그래프를 보고 표현할 수 있는 10개 문장을 만들어 보고 3분 프레젠테이션을 직접 시도해 볼 것. The pie chart represents the class attendance of successful and unsuccessful high school students in 1969.

Welcome to the quarterly P&T meeting.

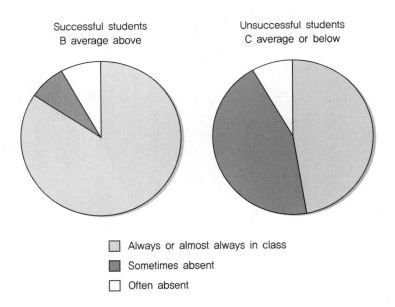

We all know that to get good grades you have to attend classes all the time.

---

111) http://edu.net/soriclub2/today/presentation.

Take a look at these two pie charts.

As you can see, these pie charts represent the attendance and grades of successful and unsuccessful students.

The charts clearly support the statement that there is a close link between good grades and class attendance.

Successful students are the ones that have received a B average or above; unsuccessful students are the ones that have received a C average or below.

Let me go through each chart.

The first chart you see is about successful students.

The majority of students, about 84%, always or almost always attend class. Only about 8% of successful students turn up for class sometimes.

From the chart, it is interesting to see that 8% of the successful students are often absent.

However, it is clear that if you want to do well in class and be successful, attending classes is the way to go.

Now, let's look at the second chart. As you can see, almost half of the students always or almost always attend class and 45% were often in class. Even if you attend class, there is a 50/50 chance that you'll receive grades of C or below.

Even if you attend classes regularly, if you are not attentive in class, you will not receive good grades.

Students who attended classes from time to time comprised the smallest group at about 10%.

According to the charts, you can clearly see that the statement: "We all know that to receive good grades you have to attend classes all the time" is true.

Now we have to find a solution to help those unsuccessful students.

영어 프레젠테이션 워크숍

워크숍 ① : 비용지출(파이차트)

다음 파이차트를 보고 프레젠테이션을 실습해 보시오.

The pie chart represents how a young woman named Jeanne spends her money.

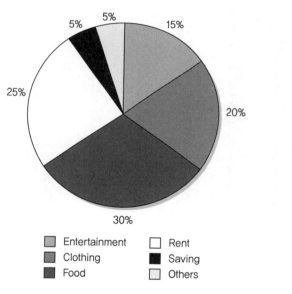

■	Entertainment	□	Rent
■	Clothing	■	Saving
■	Food	□	Others

워크숍 ② : 휴대폰 보유증가(겹친 바차트)

다음 바차트를 보고 프레젠테이션을 실습해 보시오.

This graph depicts the growth in the number of portable phone owners around the world from 1995 and 2000.

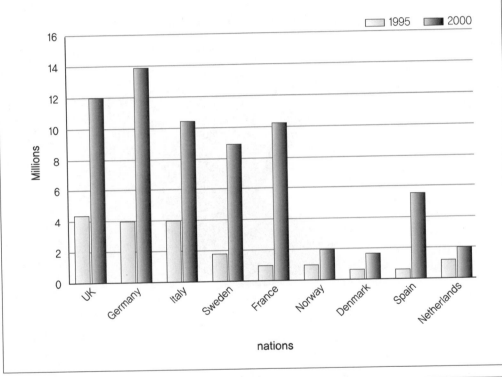

워크숍 ③ : 연간매출액의 월별비교(꺾은선그래프)

다음 꺾은선그래프를 보고 프레젠테이션을 실습해 보시오.

This graph represents TTA's Annual sales of ice cream bars in 2001. It shows the number of ice cream bars that were sold each month

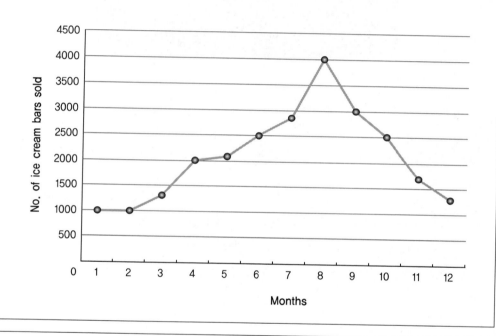

제11장
Workshop과 토의자료

1. 〈부록 11-1〉의 체크리스트를 각 문항을 Yes/No로 체크하여 체크리스트를 정리합니다.
2. A부터 F의 항목을 가로로 합산하여 각각의 점수를 레이더 차트에 기입합니다.
3. 레이더 차트에서 어디에 개선할 곳이 있는지를 찾아봅시다.
4. 회의 풍토 개선을 위한 구체적인 실천 방안을 수립하고 그 내용을 토의합니다.

우리의 회의모습에 대한 체크리스트

설문 내용	Yes	No
1. 문서로 끝낼 수 있는 일도 회의를 열어 해결하는 경우가 있다.		
2. 리더가 의견을 잘 이끌어 내지 못한다.		
3. 회의참석자보다 리더의 발언이 더 많다.		
4. 사전 배부자료를 읽어 보는 등의 준비를 하고 참석하는 사람이 적다.		
5. 다음 회의의 검토사항이 제시되지 않고 종료된다.		
6. 회의시작과 종료시간이 잘 지켜지지 않는다.		
7. 발언하는 사람과 침묵하는 사람이 극단으로 나뉜다.		
8. 회의가 끝난 후 이러쿵저러쿵 말하는 사람이 있다.		
9. 리더가 특정 참석자에게 너무 신경을 쓴다.		
10. 별로 중요하지 않은 안건에 너무 시간을 사용한다.		
11. 회의의 경과내용을 확인하지 않고 종료한다.		
12. 누가, 언제, 어디서, 어떤 회의에 참석하고 있는지 알 수 없다.		
13. 회의참석자 중 지각자가 많아 짜증이 난다.		
14. 발언하지 않는 대리로 참석하는 사람이 있다.		
15. 가끔 파벌주의가 형성될 때가 있다.		
16. 리더가 의견의 조정이나 정리를 하지 않는다.		
17. 회의가 무계획적으로 진행되며 시간이 지연되는 경우가 있다.		
18. 중도 참석자가 있고 시간이 지날수록 열기가 식는다.		
19. 기술방법과 회의기술에 재고의 여지가 있다.		
20. 자기 부문을 대표해 발언을 준비해 오는 사람이 적다.		
21. 의견을 교환하기에는 너무 참석자가 많을 때가 있다.		
22. 결론이 나지 않은 채 끝나는 경우가 있다.		

설문 내용	Yes	No
23. 회의도중 전화나 참석자의 이동으로 회의분위기가 흐려진다.		
24. 부문으로 되돌아가서 회의결과를 전달이나 보고를 잘하지 않는다.		
25. 회의목적 또는 안건에 관한 사전설명이 거의 없다.		
26. 리더의 표정이나 태도가 부드럽지 못하다.		
27. 회의진행을 방해하려는 사람이 있다.		
28. 회의의 결과보고를 상사가 진지하게 요구하지 않는다.		
29. 사담이나 잡담을 하는 사람이 있다.		
30. 리더에게 일임해 버리고 자발적 참여의식이 부족하다.		
31. 회의의 비용에 아무도 신경을 쓰지 않는다.		
32. 시간에 비해 안건이 너무 많다.		
33. 토의결과가 업무에 반영되지 않는다.		
34. 참석자들이 리더의 표정을 살피는 경향이 있다.		
35. 무사안일주의가 만연하고 결론의 내용이 빈약하다.		
36. 회의의 중요성에 대한 의식이 약하다.		

[체크리스트 정리]

* No는 1점, Yes는 0점으로 계산

항 목	문항별 체크리스트						계
A(내용)	1	4	15	20	25	32	
B(참석자)	7	14	27	29	30	34	
C(회의시간)	6	10	12	13	18	23	
D(회의리더)	2	3	9	16	17	26	
E(마무리)	5	11	19	21	22	35	
F(회의풍토)	8	24	28	31	33	36	

[우리 회의모습의 레이더 차트]

A~F의 항목을 아래의 레이더 차트에 기입하여 문제점을 도출하여 어디에 개선할 곳이 있는지를 검토할 수 있다.

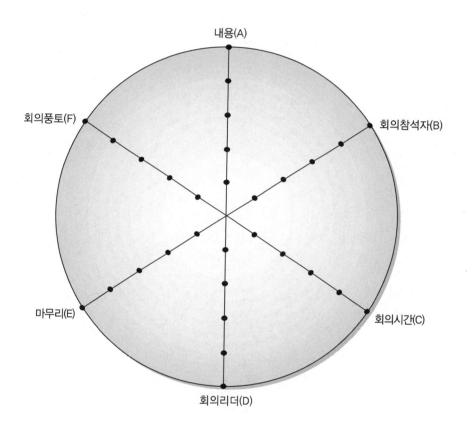

■ 참고문헌

[국내문헌]

Boone, L. E., Kurtz, D. L., and Block, J. R. 저, 양창삼 역, 『비즈니스 커뮤니케이션』, 도서출판 석정, 1998.

Terazawa Meguu 저, 열린생각 편, 『영문이력서 작성법』, 2000.

강길호 · 김현주, 『커뮤니케이션과 인간』, 한겨레, 1996.

강태완 외, 『토론의 방법』, 커뮤니케니션북스, 2001.

구현서, 『인간관계의 이해』, 청목출판사, 2001.

구현정, 『대화의 기법』, 경진문화사, 2002.

권기남, "문화 간 커뮤니케이션 교육에 관한 연구", 중앙대학교 박사학위논문, 1998.

김성국, 『조직과 인간행동』, 명경사, 2001.

김정아, "문화 간 비즈니스 커뮤니케이션 훈련내용 개발을 위한 기초연구", 이화여자대학교 석사학위논문, 2002.

니시다 히로코 저, 박용구 역, 『이문화간 커뮤니케이션』, 커뮤니케이션북스, 2005.

박상화, "문화 간 비즈니스 커뮤니케이션의 장애요인에 관한 연구", 계명대학교 박사학위논문, 2001.

박연호, 『현대인간관계론』, 박영사, 2002.

박재린 · 윤대혁, 『인간관계의 이해』, 무역경영사, 1998.

송운석, 『인간관계의 이해』, 학현사, 2001.

앨런피즈 & 바바라 피즈 저, 이종인 역, 『말을 듣지 않는 남자 지도를 읽지 못하는 여자』, 가야넷, 2000.

양춘희 · 권용만, 『대인교류와 글로벌에티켓』, 다솔, 2001.

양춘희 · 권용만 · 황규일, 『비즈니스커뮤니케이션』, 북코리아, 2004.

유기현, 『조직행동론』, 무역경영사, 2002.

유동수, 『인간관계 개선훈련』, 청년문화, 1997.

윤대혁, 『인간관계론』, 무역경영사, 1999.

이상철, 『문화와 커뮤니케이션』, 일지사, 1988.

이성혜, 『현대인의 인간관계론』, 학문사, 1997.

이한검, 『인간행동론』, 형설출판사, 1994.

이홍기·홍용기, 『인간관계론』, 한올출판사, 1998.

임창희 외, 『비즈니스 커뮤니케이션』, 한올출판사, 2001.

임창희, 『조직행동』 제3판, 학현사, 2007.

임칠성 역, 『대인관계와 의사소통』, 집문당, 1998.

전영우, 『토의토론과 회의』, 집문당, 1999.

조성목·김재득·박은미, 『인간관계의 이해』, 동림사, 2001.

최성애, 『인간커뮤니케이션』, 한단북스, 2000.

최윤희, "문화 간 커뮤니케이션과 문화 간 관계 훈련", 『한국커뮤니케이션학』, 제5호.

최정희, "문화 간 커뮤니케이션에 관한 연구—문화 간 가치를 중심으로", 단국대학교 석사학위논문, 2001.

카네기 저, 정성호 역, 『효과적인 대화와 인간관계』, 삼일서적, 1994.

[국외문헌]

Adler, R. B., and Towne, N., *Looking Out Looking In, Fort Worth*, TX: Holt, Rinehart & Winston, 1990.

Bagby J. W., *Dominance in Binocular Rivalry in Mexico and the United States, in Cross Cultural Studies of Behavior, IhsanAlissa, and O. Wayne.*, New York: Holt, Rinehart and Winston.

Berelson, B., and Steiner, G. A., *Human Behavior*, New York: Horcourt, Brace & World, 1964.

Berne, E., *Game People Play*, Grove Press, 1964.

Berne, E., *Games People Play*, Grove Press, 1961.

Chung, K. H., and Megginson, L. C., *Organizational Behavior: Developing Mangerial Skills*, New York: Harper Row, Publisher, 1981.

Davis, K., and Newstrom, J. W., *Human Behavior at Work*, 8th ed., McGraw-Hill, 1989.

DuBrin, A. J., and Ireland, R. D., *Management and Organization*, 2nd ed., South-Western, 1993.

Ellenson, A., *Human Relations*, 2nd ed., Prentice-Hall, 1982.

Fred, E. J. *Intercultural Communication*, C.A.: Sage Publications, 1995.

Freeley, A. J. *Argumentation and Debate*, 9th ed., Belmont, CA: Wadsworth, 1996.

French, J. R. P., Ismel, J. Jr., and Dagfinn, A. S., *An Experment on Participation in a Norwegian Factory: Interpersonal Dimensions of Decision-Making*, Human Relation, Vol. 13, 1960.

Gibson, J. L., Ivancevich, J. M., and Donnelly, J. H. Jr., *Organization: Behavior, Structure Process*, 2nd ed., Dallas, Texas: Business Publication, Inc., 1976.

Gordon, T. and Gordon Sands, J., *Parent Effectiveness Training in Action*, The Putnam Publishing Group, 1976.

Gordon, T., and Gordon Sands, J., *Parent Effectiveness Training in Action*, The Putnam Publishing Group, 1976.

Guo-Ming Chen, and William J. S., *Intercultural Communication*, Allyn & Bacon, 1998.

Hall, E., *The Hidden Dimension*, New York: Doubleday, 1966.

Harris, T. A., *I'm OK-You're OK*, New York: Harpers & Row Publishers, Inc., 1966.

Hersey, P., and Blanchard, K. H., *Management of Organizational Behavior*, 6th ed., Prentice-Hall, 1993.

James, M. L., and John, M., P., *Business Communication-Strategies and Skills*, 5th ed., Prentice-Hall, 1997.

Joseph Luft, The Johari Window, *Human Training News*, Vol. 5, No. 1, 1961.

Jourard, S. M., *The Transparent Self*, New York: D. Van Nostrand Company, 1971.

Kelly, C. M., *Empathic Listening*, in R. Cathcart and L. Samovar, (eds), Small Group Communication, Wm. C. Brown, Dubuque, Iowa, 1979.

Krizan, A. C., Merrier, P., and Jones, C. L., *Business Communication 6th*, Thomson, 2005.

Lenge, R. H., and Daft, R. L., *The Selection of Communication Media as an Executive Skill*, Academy of Management Executive, 1988.

Loden, M., and Rosener, J. B., *Workforce 2000: Managing Employee Diversity as a Vital Resource*, IL: Business One Irwin, 2000.

McKay, M., Davis, M., and Fanning, P., *Message: The Communication Skills Book*, Oakland, CA: New Harbinger Publications, Inc., 1995.

Myers, G. E., and Myers, M. T., *The Dynamic of Human Communication: A Laboratory Approach*, McGraw-Hill, Inc., 1985.

Norton, R. W., and Pettegrew, L. S., Attentiveness as a Style of Communication, *Communication*

Monographs, Vol. 46, No. 1, March 1979.

Pettigrew, A. M., "On Studying Organizational Culture," *Administrative Science Quarterly*, Vol. 24, 1979.

Robertson, L., *A Brief Introduction*, New York: Worth Publishers, 1989.

Rogers, C., Communication: Its Blocking and Facilitating, *Northwestern University Information*, Vol. 20, 1952.

Rubin, R. B., Assessing Speaking and Listening Competence at the College Level, *Communication Education*, Vol. 31, No.1, January 1982.

Sayles, L. R., and Strauss, G., *Human Behavior in Organizations*, Cliff, N. J.: Prentice-Hall, 1965.

Scharman, W., *The Uniqure Perspective of communication: A Retrospective View, Journal of Communication*, Vol. 33, Summer 1983.

Schein, E. H., *Organizational Culture and Leadership*, Jessy-Bass Pub., 1985.

Schein, E. H., *Organizational Psychology*, 2nd ed., Englewood Cliffs, N. J.: Prentice-Hall, 1970.

Shannon C. E., and Weaver, W., *The Mathematical Theory of Communication,* Urbana Illinois: University of Illinois Press, 1949.

Steinmetz, L. L., *Human Relation: People and Work*, Harper & Row, 1979.

Sxilagy, A. D., *Management and Performance, Goodyear*, 1981.

Turner, J., *Rediscovering the Social Group: A Self-Categorization Theory*, New York: Basil Blackwell. 1987.

Wiener, N., *Cybernetics*, New York: Wiley & Sons, 1948.

Wiener, N., *Cybernetics*, New York: Wiley & Sons, 1948.

■ 찾아보기

429